路遥新传

平凡的世界，不平凡的人生

路遥新传

平凡的世界，不平凡的人生

他是一个优秀的作家，他是一个出色的政治家，他是一个气势磅礴的人。但他是夸父，倒在干渴的路上。他虽然去世了，他的作品仍然被读者捶读，他的故事依旧被传颂。

——著名作家 贾平凹

如果说陈忠实给中国农村描写的增加了一个最重要的问题就是把文化视角引入了农村话题，创建了百家村这样一个文化人格，路遥就是把创新精神，理想精神寄入农村。这是他的秘密，也是他的作品长久不衰的原因。

——中国作协党组副书记 王巨才

就生命的经历而言，路遥是短暂的；就生命的质量而言，路遥是辉煌的。

——著名作家 陈忠实

路遥新传

『平凡的世界，不平凡的人生』

王拥军◎著

中国商业出版社

图书在版编目（CIP）数据

路遥新传：平凡的世界，不平凡的人生 / 王拥军著 .
— 北京：中国商业出版社，2015.9
ISBN 978-7-5044-9109-1

Ⅰ．①路… Ⅱ．①王… Ⅲ．①路遥（1949 ~ 1992）－
传记 Ⅳ．① K825.6

中国版本图书馆 CIP 数据核字 (2015) 第 211899 号

责任编辑：唐伟荣

中国商业出版社出版发行
010 － 63180647 www.c － cbook.com
(100053 北京广安门内报国寺 1 号）
新华书店总店北京发行所经销
天津冠豪恒胜业印刷有限公司印刷
*
710×1000 毫米 1/16 17.5 印张 235 千字
2015 年 9 月第 1 版 2019 年 10 月第 3 次印刷
定价：38.00 元

* * * *

（如有印装质量问题可更换）

前　言

“如果说陈忠实给中国农村的描写增加了一个最重要的问题就是把文化视角引入了农村话题，创建了百家村这样一个文化人格，路遥就是把创新精神、理想精神寄入农村。这是他的秘密，也是他的作品长久不衰的原因。” 中国作家协会党组副书记王巨才曾对路遥作出过这样的评价。贾平凹在《怀念路遥》中说：“他是一个优秀的作家，他是一个出色的政治家，他是一个气势磅礴的人。但他是夸父，倒在干渴的路上。”

出生在陕北清涧县一个贫困农民家庭的路遥，从小饱尝了贫穷的滋味和世俗的眼光，也正是这些，为他提供了写作的基础和灵感，他一直都认为自己是一个“农民血统的儿子”，是既有“农村味道”又有“城市气息”的人，他常说“人生最大的幸福也许在于创作的过程，而不在那个结果”，所以对他而言，那些无比沉重的劳动并不是生命的负担，而是人生的意义所在。

路遥始终带着深深纠缠他的故乡情结和沉重的生命责任去感悟生活、创作作品，在他的笔下，生存环境的悲苦不仅仅是生计问题，更包含着发展空间等种种的限制。他所描绘的主人公都是坚毅而倔强的，《平凡的世界》中的孙少安、孙少平两兄弟，《人生》中的高加林等人物，无一不体现着不断追求发展和日臻完美的特质。这是路遥所钟爱的笔法，苦难越是深重，越是能够体现出战胜苦难的人的品行和道德，越是能够体现出那种难能可贵的执着和坚定。

古语云：“古之立大事者，不惟有超世之才，亦必有坚忍不拔之志。”路遥就是这样一位拥有“坚忍不拔之志”的作家。他六岁便因为贫穷被过继到自己的大伯家，上学后更是受尽了同学们的嘲笑与讥讽，历经千辛万苦终于有了自己的成名作品，获得了茅盾文学奖，而他却拮据得连去参加颁奖典礼的路费都凑不齐，赠送给文人好友的书籍还是借别人的钱买来的。一个作家，连自己出的书都买不起，这是多么荒唐的事情。路遥一生生活在贫穷中，但是，他却并没有因此而畏惧，反而愈战愈勇，成就了一个更加强大的自己。

对于路遥来说，他敢于花六年的时间创作一部反映中国当代城乡社会巨大历史性变迁的史诗性小说，这在中国文坛上可以说是寥寥无几；他敢于忍受创作过程中常人无法想像的艰苦和寂寞，甚至为了创作，失去了家庭和爱人；他敢于迎风而立，对“惟洋是举”的文坛风气发出质疑和挑战，这种勇气和自信永远让人敬仰。在他与友人的通信中有这么一段话：“当别人用西式餐具吃中国这盘菜的时候，我并不为自己仍然拿筷子吃饭而害臊。”他就是这样固执的一个人，他不在意世人的眼光，只在乎自己的心声。然而，时间也证明他是正确的，他的坚持是有价值的，茅盾文学奖就是对他最大的肯定。

有人说，一个作家的生命长度并不是由他的年龄来决定的，而是取决于他的作品的价值和思想。的确是这样，与新中国诞生于同一年的路遥，如果活到今天，也只有66岁，也仅仅是一个作家有所收获的年龄，可是他却在43岁的时候就永远离开了这个世界，离开了那些爱他和恨他的人们，如同一颗流星般短暂地划过夜空，但是却留给了人们永远无法磨灭的辉煌和灿烂。

路遥的作品不仅绵延不绝地对无数读者进行着心灵的共振，还激励了一代又一代的有理想有抱负的青年人朝着自己的梦想而奋斗。SOHO中国的董事长，中国地产界的大腕潘石屹曾经说过，他之所以能够走出黄土高原，之所以能够有今天的成就，很大一部分“功劳”归结于路遥，每当他前进的道路遇到阻碍时，每当他的生活出现挫折和困难时，他都会读一读路遥的书籍，看看书中人物的行为和思想，然后，他就会产生更多向前走的信心与勇气。

今天，就让我们怀着崇敬的心情走近路遥，走近这位充满传奇和神秘色彩的作家，他虽然已经永远地离开了我们，但是他的精神和品质却如同松柏般永久地屹立在文坛，屹立在社会，屹立在人们的心中！

目 录

上部 逆流而上——艰难困苦中成长的少年

下部　尘埃落定——一世短暂却永恒

逆流而上

——艰难困苦中成长的少年

第一章 黑白色调的童年

经历了战火的洗礼，陕北大地上满目疮痍，人民的生活也陷入了贫穷和饥饿的循环之中。就是在这一片晦暗之中，陕北大地上爆发了一束光芒，尽管是那么地微弱，那么地不起眼。但是就是在这样充满磨砺与考验的生活中，锻炼了这束光芒的力量，让他幼小的内心变得倔强而坚强，变得无坚不摧、势不可挡。

当饥饿将他困扰，当贫穷让他潦倒，他始终没有放弃自己心中的信念，他要凭借自己的努力，改变现在单调到只剩黑与白、生与死的境况，他要让自己变得不一样。他同样知道面对自己的梦想，父母帮不了什么忙，一切都要靠自己，战胜饥饿与彷徨。

1. 窑洞里开始的人生

1949年12月，新中国成立后的第三个月头上，全国上下一片新气象，即使陕北的条件还很落后，也处处洋溢着翻身做主人的兴奋劲儿。但是毕竟已经到了数九寒天的时令，陕北的土地上已经刮起了肃杀的风，到处都是一副萧条的景色。

陕北绥德专区清涧县石嘴驿镇王家堡村的沟渠里，农民王玉宽家却是一副与周围格格不入的热闹景象。他家的窑洞门前挂着一把高粱秆做的弓，这是清涧县一带的风俗，也是陕北人的风俗，寄托了父母对孩子早日成人的希冀，也预示着黄土高坡的孩子要像高粱秆一样的直，既压不跨也要立得住。月子里的产妇和孩子是不见生人的，这个小小的弓也是在告诉邻人不要莽撞，不要冲撞了大人和孩子。

王玉宽是王家堡土生土长的农民，兄弟姐妹一共四个，他是老二。上面还有一个哥哥，下面是一双弟妹。王玉宽的父亲王再朝在1940年的时候，响应边区政府号召，从王家堡“走南路”落户到了延安一带开荒谋活计，王玉宽的媳妇就是他在距离王家堡一百七八十里地的延川县给说下的亲事。

当时清涧王家堡一带是典型的地少人多，可耕地少得可怜，人们的生活也很贫苦，对于王再朝这一大家子六七口子人来说更是难上加难，尤其是日后几个儿子成家立业，家里的几垧薄地恐怕是养活不了这么一大家子了。于是区政府的号召一下来，王再朝就积极响应，向榆林南边的延安地区“南迁”。但老头心里明白，王家堡的祖产不能丢啊，“南迁”之前就说好了“破窑不卖，薄地不退”给自己留好了后路，想着万一“南迁”寻不着好地方，还有个去处。就这样拖家带口的来到了延川县的郭家沟。

后来由于陕甘宁边区土改，王再朝惦记着老家的几间破窑和几垧薄地，虽说不要求分到多少地吧，却也担心自己的祖产被分了，于是就自己带着二儿子王玉宽一家回到了王家堡，留大儿子一家在郭家沟料理营生。说起来这个孩子还是王玉宽的头生子了。

生孩子放在哪家哪户都是大事，尤其是黄土高坡上。那里的条件要更苦一些，生养的孩子也更加不容易一些。所以陕北的人们都喜欢把出生叫“落草”——在这黄土高坡上，人可不就是被风吹来的草籽吗？找个合适的土壤扎下了根，就要努力地长，克服一切困难地长，在黄土高坡的怀抱里，人跟随风飘的草木，没有什么区别。当时的陕北农村，一家夫妇生养六七个孩子都是普遍现象，所以孩子一落地，就要使劲地长，努力地活。

受当时的医疗卫生水平限制，生产时，产妇的死亡率很高，所以陕北又有着“人生人，怕死人”的俗语。这一胎又是王玉宽的头一个孩子，所以他心里难免慌乱，早早地赶着驴车接来了丈母娘，又找了自认为最稳妥的接生婆，好让婆姨顺利生产。

虽然一切都已安排妥当，但是真到了临盆的这一刻，王玉宽还是心里七上八下的，焦急地在窑洞外踱着步子，恨不能自己冲进去替婆姨使劲。就在王玉宽越来越着急的时候，窑洞里传出来了一阵清脆响亮的婴儿啼哭，王玉宽一家几乎提到嗓子眼的心才算踏实地落到了肚子里，紧接着就听见接生婆喊了一声：“母子平安，是个带把的！”王玉宽本不高大的身材似乎也挺拔了几分，整个人都精神了，是个男娃啊！

王玉宽没光顾着高兴，赶忙摸出早就准备好的票子，塞进了走出窑洞的接生婆的手里，道了声辛苦。接生婆先说了声“恭喜”，又接着说：“玉宽兄弟，赶紧去看看你的宝贝儿子和婆姨吧。”说完便走了。

王玉宽急匆匆地进了窑洞，就看见婆姨身旁多了一个粗布包袱，走近了才看清那是裹得严严实实的襁褓，里面是一个精致的粉娃娃——还没有吹过黄土高坡的风，还显得那么的娇嫩；小肚子一起一落的，已经睡着了。

这个熟睡着的小生命，就是路遥。按中国人的生肖，这一年是牛年，这个孩子生肖属牛。

路遥的父亲是个朴实的农村汉子，还曾经担任过农村的基层干部；路遥的母亲马芝兰则是村里有名的民歌手，有着一副天生的好嗓子。马氏一生勤俭持家，为人善良温和。在生下路遥后，除了早夭的几个，又先后养活了八个孩子，分别是路遥的四个胞弟：王卫军、王天云、王天乐、王天笑；两个胞妹：王平、王英。

在20世纪五六十年代的陕北农村，这也属于正常情况。但是无节制的生育，也直接导致吃饭的嘴增加了，这也让陕北一带的贫困状况加剧。1947年胡宗南部队进攻陕北，持续两年多的战争，使得陕北一带民不聊生，农活也被一再耽误，而且当时边区政府“坚壁清野”，不给胡宗南部队任何可乘之机，各家各户仅靠余粮度日。加上国军的肆意抢掠，老百姓的余粮也保不住了。这样一来，尽管战争结束，新政府成立，但遗留下来的粮食短缺问题依旧严峻。

路遥就是在这样艰难的情况下出生的。但因为是王家的长男，不仅父母疼爱有加，就连祖父王再朝也亲自出马，想尽一切办法让大人吃好，让孩子有奶吃，可以说在断奶以前，全家人都在围着路遥母子转。当然这种情况也只能维持一阵子，毕竟一大家子还要做农活，过日子，而且在路遥一岁之后他的弟妹们便一个接一个地来到了这个世界上。要养活这么多孩子，自然不能再只把心血倾注在一人身上了。

2. 有一个孩子叫“卫儿”

1950年1月2日，农历己丑年十一月十四，路遥满月了。

那个时候的陕北，像路遥家这样高密度的生育方式，比比皆是。这就导致一大家子的兄弟姐妹年龄差距特别的小，所以陕北人一般都习惯以虚岁计算年龄。像路遥这样生在近年关的月份，在陕北都算作月份小，过完年就算是长了一岁，所以到了1950年的1月2日，路遥满月的时候，实际上已经是两虚岁了。

1949年是中国生肖里的牛年，路遥这个属牛的小生命的降生，也给这个饱受贫穷之苦的家带了短暂的欢乐。

陕北在新生儿满月的时候，有闹满月的乡俗。到了这一天，一定要请路遥的外家人来主持剃头仪式，也叫“落胎发”，被剃去的胎发也不会就这样扔掉，而是被搓成密密的一团，缝在新生儿的枕头上，据说可以保佑孩子晚上睡觉不哭闹。就好像中原风俗出生不久的小儿夜里啼哭，要请人在黄表纸写“天皇皇，地皇皇，我家有个夜哭郎，过路君子念一遍，一觉睡到大天亮”之类的话，贴在宅前的路旁或者是树上。

当时人们的生活大多清苦，但无论怎样，总是不愿意亏欠了孩子的满月庆典，说起来这也是陕北穷苦人家难得的欢乐时光了。到了路遥过满月日的这一天，路遥的姥姥带来了特意用当时能吃到的顶好的面粉，蒸成的十二个面鱼及面篮、石榴各一对，并以十二股红线系起来的铜钱戴在了路遥的脖子上，这样的做法叫做锁钱，并且这种仪式要一直持续到路遥十二虚岁。

除了这些仪式，主人家免不了备下一些酒肉招待前来贺喜的亲友和邻里，也就是满月酒。满月酒一般分为三顿，第一顿是满月日之前，要吃臊子面，寓意就如同长寿面一样；第二顿是在满月日当天的上午，要吃炸糕和烩菜，这是对孩子高升成才的期盼；第三顿才是满月酒的正席，也叫满月席，是在满月当日的下午，有条件的是要吃“八碗席”的，红烧猪肉、炖猪肉、白条肉、清蒸羊肉、酥鸡、排骨、酥肉、丸子等一个菜一碗。

满月酒本来就是陕北人人生中的重要仪式，再加上路遥是王玉宽的头生子，更是要好好热闹一番，一点也马虎不得。王玉宽早早备下了酒肉，做好了油糕款待亲友，只是当时正处在困难时期，八碗席是肯定没有了，只是象征性地上了几个家常菜，里面掺着少许的肉丁。

正席之前，路遥的姥姥给路遥剃了胎发，经过了这个仪式，路遥母子俩也就可以走出窑洞见人了；又给他绑好了锁线，又在他身边摆好了带来的面食。做完这一切，姥姥在一旁絮絮地念“鱼鱼授起，石榴留起”。做完了这些，正席也就可以准备开始了。

按照习俗，孩子满月的时候，得请长辈给起个名儿。当时那个时候，陕北的各项情况都还很落后，再加上缺衣少食，生下孩子就像在地里种下的庄稼，能不能养大还得看天。陕北人跟土地亲近，所以老辈人都觉得孩子取个贱名儿好养活，所以一般的小孩儿满月的时候大多会取个猫儿啊狗儿啊的小名，贱名贱养活，取这么个名儿也是想让孩子无论在多恶劣的情况下，也能使劲扑腾着活。

正席开始后，王玉宽就把孩子抱过来，让孩子爷爷给起个名儿。王再朝一把年纪还操持着这一大家子，俨然是一代大家长啊。他想了想就给这长孙起了个小名叫“wei”，还说孩子上学先这么叫着，大名等以后请先生取。由于年代久远，这个小名儿“wei”只留下了个读音，曾经有好事者问过路遥的兄弟，这个“wei”到底该怎么写，但同样没有得到确切答案，只知道传到后来，“wei”就变成了卫，上学之后路遥也就有了正式的名字“王卫国”。当然在这之前，家人和邻里都是“卫儿”、“卫儿”地叫着。

转眼到了1950年的4月2日，农历庚寅年的二月十六，路遥也就是卫儿，迎来了他的百天日。陕北穷是穷了点，苦是苦了些，但是民风习俗却保留得全得很，这一天家里要给他过百晬。

说起来这个百晬和闹满月大同小异，都是承载了爹娘对孩子的无限期盼，形式也不过是亲戚朋友聚在一起吃吃喝喝，惟一不同的是这百晬还多了一个抓周。

不止是陕北，中原许多地区也留有这样的习俗，只是到了今天大多演变成了一个象征性的游戏。抓周的时候，会在孩子身边，用书、笔、算盘、秤杆之类的物品围成一圈，任凭孩子自己去抓，抓着什么就寓意着孩子长大后会从事与之相关的职业。卫儿当时抓周的情况，已不得而知，但凭着极大的善意揣测，他当时多半抓的是笔或着是书吧。

卫儿的降生，给原本不堪重负的家庭，又增加了一份重量，却又同时给这个家庭注入了一丝希望。短暂的喜悦之后，卫儿的爹娘——王玉宽夫妇不得不埋下头来为一家人的生计忙碌。尽管在怀孕和坐月子的时候，王再朝一再帮衬偏袒二儿子家，兄弟妯娌之间也没有多说什么，但毕竟王玉宽已经是当了爹的人了，卫儿的出生让他腰杆挺直自立门户的同时，也催促着他开始为这个家奔忙。

3. 过继延川郭家沟

卫儿要过头晬了。这是陕北人满周岁时过的第一个生日，此后一直到了十二虚岁完晬儿，摘了锁线，才叫长起来了，同时也意味着这个孩子已经能帮爹娘顶上事了。

彼年新中国刚刚成立，被欺压奴役了近一百年的中国人民站起来了，但是经年肆虐的战火，只给新中国留下了满目疮痍的大地和百废待兴的困局。

陕北这块西北红军早期的革命根据地，伟大领袖毛泽东生活战斗了十三年之久的革命圣地，即使曾经满载荣光与辉煌，可如今却依旧摆脱不了贫瘠的土地和困苦的生活。

尽管彼时的陕北条件落后，但革命老区的底子还在，县里传播着各种各样关于新中国的消息，王玉宽也弄清楚了他的儿子是出生在新中国的。

在陕北这片堪称穷山恶水的土地，清涧更是出了名的苦，这份苦深深掺杂进了再平凡不过的黄土里，被塑进了路遥家那再常见不过的一孔窑洞里，被卫儿嗅进了微弱的气息里。裹在襁褓中的路遥并不知道的是，在短暂的得子之乐之后，他的生身父母将要面对的是怎样的苦中作乐的生活。

西北风从黄土高坡上吹过，卫儿就像一根野草一样，被风吹着渐渐长大了，他像根细弱的草，却尝过了最猛烈的风——就算碾压过他幼小的并不硬挺的脊梁，也不能把他连根吹倒，这是黄土高坡上的草，扎根最深的草。

因为这个世界，压根儿就没有想过要把他当做弱小的孩子看待。

贫苦人家第一等的大事就是吃饭，而当时那个年代，从土里刨食的庄稼人，还是过着靠天吃饭的日子，明年有没有的吃，要看老天爷肯不肯赏脸；一年的收成是好是坏，更要看老天爷的脸色。

穷山恶水造就了陕北人吃苦耐劳的性格，更养育了他们轻易不向困难低头的脖颈。穷人的孩子早当家成为了陕北的基本生存法则。小子不吃十年闲饭，事实上，卫儿作为长子，并没有享受到父母更多的爱护，早在四五岁的时候就开始帮着爹娘做自己力所能及的事情了。

在卫儿出生后不久，母亲马芝兰又怀上了一胎，转年弟弟妹妹们接二连三地降生在这个世界上。添丁进口本来是好事，但也更加加重了生活的负担。最困难的时候，全家人都只有一床被子，孩子们也渐渐长大，但却没有穿过一条囫囵裤子，不夸张的说，要不是还有一孔窑洞遮风挡雨，全家人早就可以出去乞讨当“叫花子”了。

正如前面说起过的，这样高密度的毫无节制的生育，在当时的陕北还属于普遍的生存状态。因为没有适合的节育措施，一旦怀孕就只能把孩子生出来。所以在当时的历史条件下，这种困苦不止卫儿一家，更不止卫儿一个，可以说这一代的孩子面对生活只能被动地接受，苦难成为了他们人生的第一堂课，他们对生活的希冀仅限于能够吃上一顿饱饭，穿上适时得体的衣服。

但是面对苦难，卫儿没有怨天尤人。作为家里的老大，卫儿早早明白了爹娘的不容易，照看弟妹成为了他每天最基本的劳动。除此之外还要去割猪草喂猪，拾柴砍柴。村里人都知道卫儿的乖巧懂事，小小年纪就懂得把砍好的柴在自家院落里码成整整齐齐的一垛。

很多年后，变成了作家路遥的卫儿曾经说过这样一句话：“像牛一样劳动，像土地一样奉献。”无意中成为了对他童年的真实写照。卫儿就是属牛的，而且还是一头有着极强的耐力的，不知疲倦的，不愿意走捷径，相信通过艰苦努力能够获得成功的牛。尽管上山砍柴的时候，因为年纪太小，卫儿几次遇到了危险，有两次甚至威胁生命，但他知道砍柴是他能帮家人的最直接的办法，这就是他的目标，他必须坚持下来。这不仅是他，也是陕北山区孩子们的共识。

除了希望能这吃饱穿暖，卫儿最大的愿望就是能够上学。只可惜家里太穷，吃饱穿暖都尚且做不到，更何况供他上学呢？可是孩子一天天长大，总不能让他长大了还窝在这小窑洞里吧，再不济也不能叫他做个睁眼瞎啊。赶巧那一年王家堡开办了一所小学，卫儿的爹娘本身不识字，但是又希望儿子能上学，能识文断字。父母本着哪怕再穷也不能耽误卫儿学文化、把孩子前程耽误了的想法把他送到了学校。

从卫儿算起往上追溯王家三代人，就没有一个正儿八经上过学的。卫儿可以说是老王家的第一人了。之前没有上过学也就罢了，这次上了两天学，卫儿满心里都想着读书识字，干活就开始分心了，常常是一边含着眼泪一边干活。王玉宽夫妇看了也是跟着着急，但是他们家现在的情况根本不能送孩子上学。再加上家里的拖累越来越大，王玉宽夫妇想到了让卫儿过继给大哥王玉德家，一来可以减轻家里的负累，二来王玉德家的条件要稍好一些，也有能力供卫儿上学。

王玉宽去大哥家商量这件事，王玉德夫妇欣然同意。原来在那个高密度生育的时代，王玉德膝下却是人丁稀薄，王玉德的婆姨李桂英也曾生下个男娃，但是没裹住——还没养出月子就夭折了。老话讲“不孝有三，无后为大”，陕北人更是看重这后嗣的事情，中国人对无后之事看得非常重，当然王玉德也不例外。

本来王玉德想把弟弟家的老四要过来，更何况陕北有老话：“光景行不行，长子不顶门。”过继历来是中国乡村维持谱系秩序的一种宗法。清涧县把抱养外姓男儿或女儿称作“抚义”，由兄弟的儿子过继，称作“顶门”。卫儿已经大了，要过来之后，等于拆了弟弟家的顶梁柱啊。但老二婆姨马芝兰却坚持要把长子卫儿送过来“顶门”，王玉德也明白他们其实是想要自己供孩子上学。

王玉德家虽说光景过得也不怎么好，但是毕竟强过王玉宽家里，再说王再朝在的时候一直叮嘱他们：老二家孩子多负累大，你们兄弟几个要帮衬帮衬老二。而且虽然卫儿是老大，但是不管怎样说，有子“顶门”，总比没有强，更何况是自己的嫡亲侄子呢！王玉德没有犹豫就答应了下来。

兄弟两家“密谋”这件事的时候，有意没有让卫儿知道，怕孩子还小听了这话心里难受。但是卫儿人小鬼大，从爹娘的神情和只言片语中猜出了个大概。而且他对远在延川的郭家村的大伯一家并不陌生，在卫儿大约长到一岁的时候，母亲马芝兰又怀孕了，因为年龄尚小，爹娘又疏于照顾，所以就被送到了奶奶家抚养。后来到了卫儿四岁的时候，王再朝去世了，奶奶带着他投奔了住在延川的大儿子王玉德家。至于为什么舍近求远，宁肯带着小卫儿远去延川也不肯在王家堡帮衬着“负累大”的二儿子，好事者多有求证，却一直没有定论。

无论如何幼年时跟随在奶奶身边，让卫儿体会到了少有的温暖呵护，一直到后来写成长篇小说《平凡的世界》时，也塑造了一个能把世间的苦难转化成温暖的老奶奶的形象。这份感情也直接促使卫儿在过继给大伯王玉德时，少了些惶恐，多了些期盼，毕竟去了延川就能见到奶奶了，这在卫儿心里是一件值得高兴的事。

4. 新爸爸，新妈妈

王家堡村在清涧县出了名的穷，但却并不是人们想像中的那样封闭，恰恰相反的是，村里有一条穿村而过的咸榆公路，是在陕北地区贯穿南北的、惟一的一条交通干道——而且它并不仅仅是个摆设，在那个时代，汽车就已经开始在那条路上驰骋了。

这条在现在看来极其简陋的简易公路，还是在中华民国时代修筑的。旧时代的事物却带给了卫儿对新世界的向往——这条路向南连接着延川，一路走去就可以找到奶奶，见到大伯，就可以接触到山外面的世界。

虽然这条路也意味着卫儿以后就要去大伯家，做别人家的儿子了，但只要去到延川就可以坐到学堂里听老师讲课，这对卫儿来说又是莫大的诱惑，所以这条路成了一根小小的引线，引出了小人儿心中的纠结。

说起延川，可谓是历史悠久，文化绵长。华夏民族的许多先民都曾在这里留下了有关他们那个时代的文明的印记。传说中，华夏先祖伏羲氏曾经在这里的黄河乾坤湾推演八卦；禹村则是史前治水英雄大禹曾经居住过的地方。后来到了春秋时期，延川又变成了少数民族赤狄频繁活动的区域，而赤狄同时又是晋文公姬重耳的母邦属地。

在陕北民间自古有着“文出两川，武看三边”的俗语，“两川”其中的一川指的就是“延川”。可以说，延川的文化氛围由来已久，而这在今后的岁月里也将对卫儿的成长走向与路径产生极其重要的影响。

郭家沟村就位于延川县文安驿川一个距离县城有十华里的小山沟，它与阳面的刘家圪塄村隔河相望，村口面对文安驿川。它与刘家圪塄、马家店等自然村，共同组成了刘家圪塄大队。

那是1957年秋的一个清晨，太阳还在费力地从山坳里往上爬，早早起身收拾停当的王玉宽终于在这个时候把大儿子卫儿叫醒了。他告诉卫儿，今天要领他到延川去，找大伯玩几天。

刚刚生下弟弟“四锤”的母亲马芝兰，不顾身体的虚弱，强撑着起身，勉强给爷俩做了一顿少有的可口的早饭，一边叮嘱卫儿“慢点吃，多吃点，路上还远呢”，一边拿出专门给卫儿做好的一双新布鞋给卫儿穿上了。

饭后，王玉宽领着卫儿，踏上了咸榆公路，一路南下走上了去往延川的路程。

这一天是卫儿的一生中重要的转折点，“出清涧”更是在他只有短短的四十三年的精彩人生中占据了极其重要的位置。从此以后，卫儿就不得不离开这个虽然贫穷困苦，但却熟悉充满温暖的窑洞，离开一起长大的玩伴，走向了一个崭新的并不熟悉的世界，尽管是去他的大伯家，但一切都要从陌生重新开始。最重要的是，卫儿没有选择，这是无法逃脱的命运。

就是在这样一个清冷的早晨，在咸榆公路由王家堡到清涧县城的公路上，来往并不紧密的车辆旁，走来了一大一小两个身影。个头大的自然是父亲王玉宽，事实上他也没有多大，二十出头的样子，放在现在也就是个刚毕业的大学生，一米五高的身材，更是很难给人一种顶门立户的感觉。可就是这个其貌不扬的男人，养活着自己的婆姨和四个孩子，他不仅是一个年轻人，更是一个丈夫一个父亲，生活的重担过旱地压弯了他本就不挺拔的腰杆。跟在他身旁的，则是他的长子卫儿，年仅7岁的他，因为长期营养不良，身材要显得比他实际年龄小一些，而他们在王家堡的家里还有三个更小的孩子，最小的此时尚在襁褓之中。

眼下家里几垧贫瘠的土地已经无力供养家中这么多人口了，为了全家活命，父亲王玉宽只能将卫儿过继给他的大哥王玉德家做继子。临行前，他首先找到了村里的冯先生，请他为卫儿取一个正式的名字。先生沉吟了一会儿，就给卫儿取了个响亮的名字——王卫国！而这个孩子就是在未来闻名中国的路遥。

行走在凛冽的秋风中，父子俩并肩走在十七年前祖父王再朝曾经为了寻活路，带着全家远走延川的路上。

从清涧县的王家堡南下到延川县的郭家沟，要走上将近二百华里，中间还要越过一座叫九里山的土山。这段路程对于仅有七岁的弱小的卫国来说，无异于万里长征。早上吃的饭早已经被常年饥渴的小肠胃消化得干干净净，肚里空空走起路来也脚步虚浮。但是小卫国没有说出一句怨言，只是一小步一小步地向前挪动着。父亲王玉宽看在眼里，心里难受得像被刀子绞了一样。王玉宽很不愿意看着瘦小的儿子在离开自己的路上受折磨，但是却又心有余而力不足。因为卫国又太大了，已经没办法坐进父亲背上的粪筐里了，更不能架在父亲的脖颈上了。

就这样一小步一小步的，父子俩拖着虚弱不堪的身子，终于来到郭家沟。一路上父子俩多么想这条路快点走完，又多么想这条路永远也不要走完。

进了郭家沟村已经是薄暮时分了，卫国和父亲脚上都磨出了血泡，已经筋疲力尽了。

大哥王玉德和大嫂李桂英见到二弟王玉宽领来了侄儿——以后的儿子王卫国，高兴都写在了脸上。大嫂更是忙不迭地取出家里省出的一点点稀罕的白面，为远道而来的父子俩擀了一碗面条。

王玉德家要比王玉宽家的情况好一点，有两孔窑洞。当天晚上，兄弟俩睡在一孔，说了大半宿的话，把这些年来生活的不容易都从肚子里掏了出来。大嫂则是带着卫国睡在了另一孔窑洞里，看着累得躺在炕上就睡着的卫国，李桂英发自内心的高兴，更是把平时不舍得用的麻油灯也点起来了，借着灯光，仔细地打量着沉沉入睡的卫国，看着看着李桂英很舒心地笑了。

他们有了儿子了，也就有了生活的希望了。

王玉宽在大哥家歇了两天，无所事事的他，每天都认真地和卫国做着“走亲戚”的游戏。一直到第二天晚上，他才告诉卫国，明天上午要去延川县城赶集，如果没什么事的话，下午就能回来，父子俩再休息一晚上，转天就一起回清涧去。

王玉宽话是这么说，但是事实是怎样的，9岁的卫国却很清楚，明天一早爹就要自己回清涧去了。这对一个不到十岁的孩子来说，实在是一件残忍的事情，明明知道自己要被父母过继给大伯家，却要装做若无其事，只能把眼泪咽到肚子里。

其实，如果那天早晨卫国趁着大家都不知道，偷偷跟在父亲身后他还是能够回去的。而事实上，卫国只是早早起床躲在村里一棵老树后面，偷偷看着父亲走上了公路。

王卫国留了下来，成为了王玉德夫妇的儿子。这不是他的选择，是一种早已定好的宿命。大伯家虽然也是赤贫如洗，但是相较于王家堡的家，还有一些余力能够供养他上学。这一点对于卫国来说，绝对是任何事情都替代不了的能够使他留下来的理由。

当时，大伯家中除了卫国只有三口人：奶奶、大伯、大妈。无论在哪里都只算是个小家庭，而且一家人除卫国之外，都是劳动力，只有他一个是孩子，这样的家庭对卫国来说应该是稍好一点的情况了——和老家相比就好了不少，在那边卫国是长子，他一定是也必须是“吃苦在前，享受在后”，他有照顾弟妹的责任；而在这里，他则是惟一的孩子，有什么好东西总要优先给他呀。

养父母是最难当的。因为孩子潜意识里的亲生父母亲的位置是不容替代的。尤其是像卫国这样已经长大懂事的孩子，一旦离开了父母，性格往往变得孤僻。

再加上从小经历的饥贫交加的生活屈辱，造就了少年王卫国的孤独、内向、压抑的性格。现如今，他又不得已远离了亲生父母，这对他和两个家庭来说，都是一场重大的人生考验。

好在大爸和大妈都是老实厚道的农民，性格又是非常的温和。他们没有自己的孩子，过继来了路遥，自然对他百般疼爱。奶奶又是在他小的时候就抚育过他，现在自然也不例外。所以说，即使卫国当时离开了生身父母，却不能断言，少年时代的卫国是缺少关爱和抚慰的。

越是贫困的农民家庭对子女的爱，越是会用一种极其简单质朴的形式表现出来。何况，在那样一个饥荒遍地的年代，一个瘦弱饥饿的孩子对于爱的需求，是要远远低于生存的需求的，而饥饿则是生命需要直接面对的威胁。

5. 千辛万苦上学堂

大妈李桂英对这个“儿子”可以说是疼爱有加，甚至是无微不至——尽管在这样一个苦难的时代，贫穷的家庭，惟一能让这个“儿子”感到开心的，也许只是一顿饱饭而已。但无论如何，李桂英都在变着法地哄卫国开心。当时住在大爸家的奶奶，也是让卫国很快定下心来的一个非常重要的因素，每天晚上躺在奶奶怀抱里入睡，让卫国从心底里想起了幼年的温馨，疼爱着孙子的奶奶，总是在晚上把卫国搂在怀里，任由他的小手抚摸着自己的乳房。

过继之后，卫国一直没有改口，管大伯叫大爸，管伯母叫大妈。根据陕北的农村，成了年的孩子给人家“顶门”为儿，继承香火是件天大的事情，过继的时候还有由家族中的长辈主持一场仪式，在这场仪式中，过继过来为他人“顶门”的人要向自己的养父母叩头行礼，然后就要改口称呼所顶门户的父母，从此成为别人家的儿子，全心全意承担做儿子的责任与义务；而被“顶门”的父母，也要在这个仪式之后，将养子视为己出，不论家中有没有孩子，都不能偏心眼儿，更不能虐待养子。这也是陕北农村的善良风俗，“顶门”的人舍弃自己的家庭，来侍奉毫无关系的养父母，这本来已是善行，若是养父母再心存歹意，实在是为陕北人所不齿——一旦事情败露，让同村的人知道了，都是要咒骂这家人绝户的。反过来，养子不孝顺养父母也是要被人戳脊梁骨的，而且即便日后养子想要与养父母家解除关系，也要通过一个正式场合的仪式，讲出个说法来，说出为什么要解除关系，不然的话，养子在村里的名声也要臭了，会被人骂做是“白眼狼”，连畜生都不如。

像卫国这样年纪还小，或者更小的、不记事的孩子当“顶门人”的时候，双方父母还要立个契约，抱养一方还要付出一定的经济补偿，基本上孩子长大之后也不会记得自己的亲生父母了。但是卫国不同，他是在懂事之后过继给大伯家的，所以这没有任何仪式契约形式。大妈李桂英一开始也想让卫国改口，让他以后都管自己叫妈。但卫国说，我妈说我得叫你大妈，到了你家就会供我念书。孩子毕竟懂事了，虽然心里念着大妈的好，但还是忘不了王家堡的家。李桂英心里不舒服，为此生了好久的闷气。后来又偷偷告诉了丈夫王玉德，哪知道王玉德却并不意外，他知道顶门这件事肯定不会是那么简单的事情，卫国已经9岁了，想让他现在改口实在有些困难，但是只要自己家对卫国真心实意的好，孩子也对自己尽心，在自己身后有个料理的人就好了，叫什么并不重要。听丈夫这么一说，李桂英也就释然了。于是在王玉德的包容下，卫国一直管他们夫妇俩叫大爸、大妈，哪怕是成名之后也没有改口。

王玉德虽然是个老实巴交的农民，但是却心如明镜，不计较这些小事。卫国虽说没有改口，却一直尽着为人子的责任。农忙的时候，卫国只要看到大人在忙碌，就会主动地去给大爸大妈打下手，要不然就在家里干一些力所能及的活。这一切，大妈李桂英都看在眼里，心里不住地夸儿子又懂事、又听话，对卫国也越来越好。

而年幼的儿子越是受到照顾，越懂得投桃报李、乌鸦反哺的道理，拦羊、扒草、背粪、掏地，在劳动中将嫩弱的肩膀和双手早早地磨出了棱角。其实卫国从一来到这个世界上就开始逐渐明白了他肩上的责任，来到了郭家沟更是明白了需要在这个家庭里担任什么角色。

尽管有些农活会让他瘦小的身板有些吃不消，但是属牛的他最不缺乏的就是倔强、不示弱、不服输的劲头，所以无论多么苦他都自己承受了下来。

就是他这种不服输的劲，给那些在王卫国刚来到郭家沟时，对他有些冷落的小伙伴留下了深刻的记忆，他们渐渐明白卫国有着与年龄不相符的极强的自尊心，即使是与一些比自己大好多的男孩子打架，他也从不认输。

大爸大妈看在眼里，也知道这个过继来的儿子，日后准能做出点事来，因为他身上有着与这个贫穷的世界格格不入的气质。

卫国来到郭家沟就是为了上学，转眼间来到郭家沟也快半年了，已经临近年关了。过完年，村里的学校就要开始招收学生了。只是家里一贫如洗，一时间也拿不出钱来给他买纸笔课本，供他上学。要知道，王玉德家也就是因为吃饭的嘴少，才比王玉宽家好过一些，实际上也是过的穷苦日子。卫国不是个不懂事的孩子，他知道家里的不容易，看着别人家的孩子都已经开始高高兴兴地准备新书包，把羡慕深深地藏在心里。

一个寒冷的冬夜，大妈担心儿子晚上睡觉着凉，就把卫国冰冷的脚丫，拉进自己的被窝取暖。这时候卫国并没有睡着，而是在被窝里动来动去。大妈就问他：

“卫儿，你怎么不睡觉啊，在被窝里干什么呢？”

“大妈，我在练着写字呢。”卫国回答道。

大妈把被窝撩起一点，向里一看，发现卫国用手在小肚皮上写写画画，仔细看就像是先生在学堂的板子上写字的模样。大妈看着看着，眼眶就湿了，心里可不是个滋味。她不愿意儿子受委屈，“卫儿，赶过了年，妈就送你上学去！”一边说着，一边拍着卫国睡觉。卫国迷迷糊糊的听到了，喃喃地答应着。

转年开了春，眼瞅着到了开学的日子。这天早晨，大妈把卫国从被窝里叫醒，给他穿戴好衣裳，然后挂在他脖子上一个书包，“卫儿，你能上学了！”

卫国简直不敢相信，嘴唇动了动想说什么，却没有说出来，只是“嗯”的一声，用力地点点头，眼睛里闪着光。

当时的郭家沟是隶属于刘家圪塄大队的一个自然村，而整个刘家圪塄大队就只有一所小学，坐落在自然村马家店。刘家圪塄大队的各个自然村，是一种散漫的排列形式，这个马家店小学就处在散漫的各个自然村中间。大队也没有能力新建一栋学堂，只好征用了一座废弃的庙宇，再改建成学校。学校总共建有三孔窑洞，其中一孔是教师办公室，剩下的两孔当做教室用，一共挤了四个年级——二年级复式班占一孔，另一孔则是三四年级复式班。原来庙宇的院子很小，改建成学校后只好长期借用河滩当做操场。

大妈领着卫国去学校报了名，拿到了低年级的课本。卫国一看，觉得自己都能看得明白，又想到自己家里没有那么多的钱来交学费，就想跳过第一、第二册，直接从第三册开始学起。卫国把自己的想法跟大妈说了，大妈觉得也有道理，就让王玉德带着他去找学校的老师。

当时，马家店小学只有一位老师，叫刘正安。说明来意之后，刘老师想了想，给卫国出了几道题。他先是问了卫国几个笔画比较多、字形比较复杂的字怎么写，凭着在清涧县上学的那一点底子，卫国思考了一下，就能正确地写出来了。接着，刘老师又出了几道算术题，因为没学过，所以卫国一看到题就傻在那儿了。刘老师见状，耐心地给他解释，这就是咱们平时数数，加法就是添上，整着数数，减法就是去掉，倒着数数。刘老师了解卫国的知识情况，同意让他作为“插班生”，跟着一年级上第二学期的课程。当时延川县实行的是初小四年，高小两年制。初小是在秋季报名入学的，所以一年级的第二学期正好是春季，也就是说卫国可以马上入学，正式成为一名小学生了。

6. 比饥饿更饥饿的饥饿

王卫国正式成为了延川县马家店小学的一年级学生。

当时的马家店小学，由于师资力量和教学场所的不足，只能选择复式班的教学方式，低年级和高年级合在一个教室里上课，老师先给高年级的学生上课，再教低年级的学生，高年级的学生还要负责低年级的辅导。当时王卫国虽然是一年级的学生，但是由于复式教学的缘故，也能听到高年级的课，基本已经能跟得上二年级的课程了。他的学习成绩优秀，每学期结束，都能拿回一张奖状。

在这个时候，他已经能够与新环境相适应了。但一开始，因为自己是外来的而受到过小伙伴们的嘲笑。小孩子们的嘲笑方式很简单却又很尖酸：王卫国的清涧口音。他们会派一个孩子先来问他话，当听到他回答之后，所有的孩子都会大笑，然后夸张地模仿他的“清涧口音”；渐渐地就有粗鲁野蛮的孩子开始叫他“外路脑子”。

原先在王家堡的时候，王家算是村里的大户，而王卫国一直都是孩子王，什么时候受过这种窝囊气？所以他理所当然地发起了反抗，只不过因为自己一家是外迁到郭家沟的，大爸平时待人的谦逊平和他也是看在眼里的，所以他只是向孩子们提出了抗议。没想到当他提出抗议的时候，嘲笑他的小伙伴们竟然做出了大吃一惊的表情，他们没有想到这个“外路脑子”居然敢反抗他们。

于是他们开始变着法子地孤立王卫国：在村里的时候，没有人和他一块儿玩耍，只要看见他走过来，大家就会大笑着散开，把他一个人晒在那里；上山砍柴的时候，总是有人早他一步“占山为王”，把所有可以砍到柴的地方，都分给自己人，但是惟独不让王卫国砍。

现在情况不同了，上学的时候他会和村里小伙伴们结伴；下课了，也有人和他一起打闹；放学了，也会有小伙伴和他一起打猪草、砍柴了。导致着翻天覆地变化的是因为王卫国身上不肯服输的劲头，自尊心极强的他，面对鼓励和嘲笑，没有变得越来越唯唯诺诺，而是抬头挺胸做人。有时受到比自己大的孩子欺负，他也会勇敢地反抗，打起架来也是一点不含糊，慢慢地小伙伴们发现，这个“外路脑子”并没有想像中的那么好欺负，孩子心性也是三分钟热度，王卫国的个性也让大家越来越喜欢他了。

王卫国在学校越来越适应，王玉德夫妇也正想着法子供小卫国念书。那时，社会上热闹非凡，今天要搞“大跃进”，明天要搞“反右倾”，这么整来整去反倒让农村人的日子过得紧巴巴的。不过好在他们家里不过是四口人，而且只有一个小孩，日子虽说过得紧，但是想想办法总能凑合过去。

1958年开学，王卫国在马家店四年制初级小学里升到了二年级。

与此同时，从20世纪50年代后期起，人民群众拥有了土地，却在短时间内失去了目标，刚刚摆脱封建土地制度下的中国农村在前进的道路上举步维艰，而这种艰难在现实社会中具体表现为脱离客观规律的社会运动。

与人民群众日益高涨的热情有所不同，王卫国并没有为大跃进等一系列运动取得的“成绩”所迷糊，这一切对于他来说最大的记忆就是“饥饿”，涵盖一整个时代的饥饿。这份饥饿并不只是肉体上的，还有心灵上的影响，同样也是巨大的——这个时代太残酷，但同时也进一步刺激他养成了忍耐、刚毅、倔强、自立的个性。

其实早在1957年，少年王卫国刚刚来到郭家沟的时候，反右斗争就已经在全国迅速展开了。当然，由于地理性因素，再加上庄稼人大多是靠土地吃饭的本分人，所以即使这是一场全国性的大运动，也远远没有波及到王卫国的生活。

然而到了1958年，这场运动却很突然，无法避免地摆在了每一个中国人面前。

1958年5月，中共八大二次会议召开，确立了“鼓足干劲，力争上游，多快好省地建设社会主义”的总路线，“大跃进”运动如火如荼地席卷了全国。

全国性的“大跃进”运动开始之后，由于盲目的繁重的工作和劳动，造成了劳动力的大量消耗，为了解决吃饭问题，也为了更快地完成社会主义建设指标，跑步进入共产主义，农村人民公社紧随其后的诞生了，于是家家砸坏自家的饭锅，送到了冶铁厂，开始在公社大食堂吃大锅饭。

农村人民公社，是在高级农业生产合作社的基础上联合起来组成的劳动群众集体所有制的经济组织，又是乡级政府机构。公社取消了自留地，这就等于把土地从农民手中收了回去，在一定程度上影响了农民的生产积极性。

原本在土改时分到的土地，先是归了农业社，农业社又归了人民公社，打下的粮食反倒比过去单干和互助组时少了。王卫国家更是艰难，本来只要肯下苦力气，靠着大伯王玉德一个人的劳力，完全可以供得起一个四口之家，哪怕并不富裕，至少是可以满足一家人的温饱的。可现如今，加入了人民公社，哪怕再起早贪黑，流多少汗，受多少苦，一年挣下来的工分也是均等的，而且少得可怜，公社里分的粮食，也不够一家三口的口粮，也没有多余的哪怕一点点钱，更别说满足其他的花销了。

其实，这种情况要放在以前，王玉德一家也就凑合凑合，紧紧裤腰带挺过来了，可是现在王卫国不仅要长身体，还要上学，这可是他们一家子的支柱啊，说什么也不能委屈了儿子。可是每当到要给儿子添置上学所必须的东西时，王玉德就不住的犯愁，这些花费付出放在

20世纪40年代，虽然也是一时拿不出手，但是当时只要肯卖力气，总能凭着一分辛苦得到一分收获，哪怕是前几年，也能做到满足温饱，更不会为儿子上学的纸笔费用着急啊。

王玉德的难处，王卫国也是看在眼里的。他从小就是个懂事的孩子，眼下更是能体谅家里的困难，也不愿意让老人跟着他着急，所以只要学习用具能用，哪怕将就一些也没有一句怨言，从来没有提过过多的要求。

上学的用具能省就省，但是王卫国正是长身体的时候，俗话说的好，“半大小子，吃死老子”，总是吃不饱饭，确实让他苦不堪言。但是他又知道家里眼下的光景不好，拿不出那么多粮食来，所以他平时在吃上也没有跟大爸大妈嚷过。

平时是能忍得住，可是一看到别人家的孩子在吃东西，自己的眼睛就不受控制地盯着人家。这也没有什么丢人的，他毕竟是个孩子，毕竟没有怎么吃过饱饭。有一次大妈看见了这情况，就问他：“卫儿啊，你看到别人家的娃娃吃好吃的，你想吃不？”

儿子回答：“想吃，有时看到人家吃我都想流口水，可要是看不见人家吃，我也就不觉得想吃了。”。

儿子的回答，让夫妇俩心疼不已。王卫国太懂事了，懂事的让人心疼，所以夫妇俩暗下决心，无论如何，哪怕日子再不好过，宁可自己多受些苦，也得供儿子念书，也得把孩子养成材。朴实的父母在王卫国的成长道路上有着重要的影响，他们明白不念书的孩子成不了事，正是他们这样无私的付出，才使得王卫国有机会成为日后享誉中国的路遥。

7. 他是“半灶生”

王卫国从小聪明又淘气，顺利地在马家店小学读完了四年的初级小学。转眼到了1961年的夏天，王卫国从初级小学毕业，顺利考上了高级小学。高小并不是设在马家店小学，而是需要进入延川县城关小学读书。

当时延川县小学的设置是这样的：县里的各个公社都有属于当地大队的初级小学，负责各地的初小教学任务。学生从初小毕业，如果要上高小五六年级的话，就只能通过统考到县里，也就是公社办的高级小学里学习。王卫国所在的郭家沟是属于刘家圪塄大队的，而刘家圪塄大队又是属于城关公社，对于打小就机灵的王卫国来说，初小的毕业考试自然不在话下，所以他在1961年顺利地通过统考考到了城关小学高小部。王卫国能考到城关小学高小部，以当时的情况来看，并不是小聪明小机灵可以做到的，这也就说明他的学习成绩已经相当优秀了，至少在农村孩子中属于出类拔萃者。

当年8月，王卫国来到了延川县城关小学。

城关小学位于延川县城的唐坡上，当时也设有初级小学，而且四年级以下的无一例外全部都是县城干部和城镇市民子弟，无论当时整个社会的大环境怎么样，城市孩子的吃穿用度都远远不是农村学生可比的。而高小部的五六年级，则全部是由经过全县统考的学生组成，所以也就包括了城关公社范围内的一小部分来自农村的学生，这些学生，因为离家较远，平时来往不便，所以需要住校，再加上当时的社会情况，学校也没办法供给这么多学生的饮食，所以就需要这些农村来的孩子上灶，也就是要从家里带来小米、白面、杂面等，交给学校的食堂，由学校食堂统一做成熟饭。而一些家庭情况比较困难的学生，由于交不起米面，就只好在家里蒸好了菜叶加麸糠做成的干粮，带到学校里，在吃饭的时候让食堂热一下，这类学生被称为“半灶生”。

以优异的成绩考进县城的王卫国，很快就迎来最大的困难——吃饭。因为他也是个半灶生，这还不是最困难的，最主要的是他家虽然不是最穷的农家，但他却成为了城关小学最穷的学生。

当时的高小部一共只有两个年级四个班，大约有180名学生。而这些学生又大致分为两类，一类是家住在县城里的，来自机关、事业、企业的干部、职工家庭的孩子和城关大队农民的子女；另一类是城关公社下辖的四十个村子里的农民子女。前者因为离家比较近，可以在家里吃饭、住宿，被称为走读生；后者因为离家远的缘故，在学校里住宿、吃饭，被称为住校生。按照当时的情况来分析，住校生的人数是要远远小于走读生的，可以肯定基本不会超过二十人。因为那时农村的小孩能考得上高小的人很少，具体到王卫国他们这一年级，平均两个村子有一个上高小的孩子就已经烧高香了。

吃饭对于住校生来说可是天大的事情，由于远离父母，每次来上学都要带上足量的米面，也因此又在住校生中分出了两种类别：全灶生和半灶生。全灶生里又分为两类，第一类指的是学生能够给学校食堂交纳足以维持学生日常饮食的米面和菜金，这一类学生就可以根据粮食库存情况报饭吃，甚至于吃什么吃多少都可以自己定；第二类就是没有办法交足伙食费，但是可以从自家带来满足自己饮食的米、面、菜的学生，这样的学生一般也能自给自足；剩下的就是半灶生了，顾名思义就是只能用半个灶头，说白了，就是自己从家带来用菜叶加麸糠的团子，带到学校的灶房加热了。王卫国就是属于这一类的，他在城关小学上高小期间，正赶上我国处在三年困难时期，只靠着几垧薄地维生的陕北农民，已经到了食不果腹、衣不蔽体的地步了，再加上家底本来就薄，已经拿不出足够的粮食了，所以只能吃加了麸糠才蒸出的团子。

对于城关小学的住校生，尤其是半灶生来说，吃饭绝对是一场考验。每天早中晚的饭钟一响，第一个冲进灶房的一定是“半灶生”，因为他们要以最快的速度赶往灶房，抢先取出自己的团子。

团子大多是用麸糠蒸的，没有什么团力，如果半灶生不早些把自己的团子抢出来，要是被别的学生一翻搅，这些“团粒结构”的干粮立马就会散架，根本没办法捧在手里，更不用说吃了。学校有规定，“半灶生”在每周的星期三和星期六下午，上完主课后就可以离校，回家取干粮，以保证一个星期的食物维持量。到了炎热的夏季，糠菜团子放不住，会很快发霉变质，所以学校才会让半灶生每周回去两次，一次不要取太多的团子。可是即便如此，他们的团子也还是会坏掉，但是他们也绝不会轻易扔掉，因为没有了这个发霉了的团子，就要饿肚子了，当时的人没有不了解饥饿的感觉的，即使变质了也要硬着头皮吃下去。

每到这时，这些“半灶生”就会悄悄地躲到墙角，不看不想的把团子几大口吃完，再紧接着喝一碗“熬锅水”，大口吞咽几次就算吃完了一顿饭。可以说，吃干粮，喝“熬锅水”，在“半灶生”的生活中已经常态化了。

然而王卫国带去的团子，一定是所有团子里“团力”最差的一个，因为他的团子麸糠少苦菜多，几乎不能上灶加热，因为只要一上灶，没有黏力的团子肯定会散架。所以每到吃饭时，王卫国就和其他的半灶生一样，躲在墙角旮旯，就着酸菜大口地吃冷糠团子，尽管冷硬的糠团子难以下咽，但总比饿肚子要强。

在王卫国的记忆里，他的童年几乎就没有吃过一顿饱饭，即使是在学校当半灶生他也很知足了，这一定比大爸大妈吃的要好多了——老人吃的东西里糠更多，“团力”也更差，因为他们把为数不多的菜都和在了王卫国的团子里。

大妈很想念一个人在外求学的王卫国，怕他吃不饱，怕他不习惯，毕竟他是这个家的粘合剂，是这个家的精神支柱。只要城里有了集，大妈一定会挎上一篮子红薯、洋芋之类的去赶集。这些瓜果顶多也就只卖得出几毛钱，远不如自己留着改善伙食，但是大妈却宁愿把这些换成钱，赶上十五里路，给在县城读书的孩子送去。她也知道，这些钱并不能让王卫国吃饱穿暖，但是哪怕有一点好东西，她都愿意奉献给儿子，即使是在家里已经揭不开锅的时候，哪怕蒸了来年的红薯苗种，也不舍得儿子在学校里断了粮。

甚至在家里穷得实在没办法的时候，为了不让儿子中断学业，大妈宁可拄着打狗棍跑到延长县一带的村庄去讨饭，再把讨来的食物卖掉，换成零钱供孩子上学。虽然在苦难时期，讨饭已经成为了陕北农民的一种普遍行为，但是我们仍然可以感受到大妈对王卫国无私付出所彰显出的母爱。

在那样一个年代里，王卫国几乎每时每刻都在跟饥饿作斗争，饥饿曾经使他无限地接近死亡。在他后来的文学作品中，关于“饥饿”的描写和由于饥饿所带来的影响都那么令人印象深刻，我们也可以从中读到那个时代与“饥饿”奋力抗争的人那种超强的毅力。惟有亲身经历过什么叫做饥饿，才能对那种情感有如此深刻的体会吧！

8. 用知识填补饥饿

当时王卫国在城关小学就学的班级是出了名的尖子班，班上没有几个同学的情况是和他相近的，相反，大部分都是县城干部与职工的子弟，在当时的那个环境下，虽然不会说过得多么多么好，但是在衣着上还是和王卫国形成了鲜明的对比。处在一群衣着干净整洁的同学中，王卫国一身补丁摞补丁的衣着更是显得寒碜。

相比之下，对王卫国威胁的饥饿的压迫，反倒显得不是那么急迫了，毕竟吃饭似的窘迫只是在灶房才能看到，衣着确实朝夕相处都能看到眼里的。这对从小就自尊心极强，内向而又倔强的王卫国来说，几乎是灭顶之灾。

可是在不久之后，王卫国才真真切切地体会到了这种无时无刻不存在的灾难。因为城关小学的住校生数量激增，学校为了方便管理，在住校生的管理制度上取消了“半灶生”这个尴尬的存在，要求住校生必须是“上灶生”，这一改变使得像王卫国这样的贫苦家庭的孩子连惟一的临时救急措施都没有了。这也意味着变为“上灶生”的他们要每月按时缴粮缴菜金，以王卫国家当时的生活水平，这几乎是做不到的。

“上灶生”由伙房统一安排伙食。那时，学校一天安排两顿饭，根据每个住校生交纳的菜金和粮食的多少，分配每个人的伙食。于是每顿饭的饭菜又因为缴粮的多少分为了甲、乙、丙三个等级。甲等级的菜自然是最好的：有洋芋、白菜、粉条，里面还会时不时的掺杂进几片让人流口水的猪肉片子，主食主要以白面馍为主，这样“丰盛”的一顿饭，每份要三毛钱；乙等级和甲等级从伙食上说没什么差别，只是没有肉，油水也相对要少，主食方面也掺杂进了玉米面的馍，总的来说吃得也算不错，所以这样的饭每份要一毛五分钱；丙等级自然是最差的，一般只能吃清水煮萝卜或者清水白菜，主食也只有高粱面的馍，因为简单所以每份只要五分钱。

当时学校没有设置学生的餐厅，一到饭钟响起的时候，学生灶房里就会排起十几路取饭的“上灶生”纵队，队尾能一直排到墙根。取到饭的学生，就在院子里自行围成一圈，三下五除二就能打发完一顿，周围同学吃什么，大伙都一清二楚。

王卫国毫无例外地成为了吃丙等级菜的“上灶生”，事实上他连每个月只有四五块钱的伙食费都交不起（尽管当时的四五块钱也不是个小数目），即使是五分钱的清水煮萝卜，也不是顿顿能吃得起的，而他之所以能勉强维持每天的伙食，还是靠几个要好的同学一起凑起来的。

正在长身体的时候，每天清汤寡水还常常吃不饱饭的王卫国，经常会饿得发晕，甚至饿得发疯，饿得绝望，仿佛已经挺到了生命的最后时刻。若干年后，成为了路遥的王卫国曾经在《在困难的日子里》中真实地刻画了他当年忍饥挨饿时的情形：

“饥饿迫使我凭着本能向山野里走去。县城周围这一带是偏过一两场小雨的，因此大地上还不像我们家乡那般荒凉，远远近近可见些绿颜色。我在城郊的土地上疯狂地寻觅着酸枣、野菜、草根，一切嚼起来不苦的东西统统往肚子里吞咽。要是能碰巧找到几个野雀蛋，那对我来说真像从地上挖出元宝一样高兴。我拿枯树枝烧一堆火，急躁地把这些宝贝蛋埋在火灰里，而往往又等不得熟就扒出来几口吞掉了。

节气已经到了秋天。虽然不很景气的大地上，看来总还有些收获的：瓜呀、果呀、庄稼呀，有的已经成熟，有的正接近于成熟。这些东西对一个饿汉的诱惑力量是可想而知的。但我总是拼命地咽着口水，远远地绕开这些叫人嘴馋的东西。我只寻找那些野生的植物充饥——而这些东西如水和空气一样，不专属于任何人。除此之外，我绝不跨越雷池一步的！不，不会的！我现在已经被人瞧不起，除过自己的清白，我还再有什么东西来支撑自己的精神世界呢？假如真的因为饥饿做些什么不道德的行为来，那不光别人，连我自己都要鄙视自己了。”

在王卫国以后的日子里，这种刻骨铭心的饥饿感一直如影随形。在上中学期间，王卫国难得回了一趟清涧老家，多年未曾见面的母亲欣喜不已，知道王卫国从小就爱吃，所以用家里仅剩下的高粱面和土豆丝包了一大锅“扁食”。独特的“扁食”是经不起沸腾的开水的，全都烂在了锅里。站在灶台旁，原本兴冲冲的母亲，在揭开锅盖的一刹那就愣在了那里，紧接着就趴在灶台上痛哭起来。王卫国看着这四分五裂的“扁食”，心里五味杂陈，他没有说话，只是狠狠地操起筷子，一口一口地狠命地强咽着滚烫的、破碎的扁食。

这种来源于饥饿感的屈辱，并没有使王卫国屈服，而是给了他更大的动力——学习的动力。早在学校还没有取消“半灶生”制度的时候，每周三和周六，回家取干粮的时候，王卫国总是第一个匆匆忙忙地离开学校，但他并不是马上回到郭家沟，而是直接跑到了县文化馆的阅览室。

延川县的文化馆设有一个小小的阅览室，在那个物质极度贫乏的时代，人们的精神世界因为受到物质的影响，也不得不萎缩。阅览室不仅小，而且在仅有的几张黄油漆桌子上只摆放着几份可供人们阅览的书报。但是这对王卫国来说已经够了，他一本一本、一份一份地阅读过。每个周三和周六，王卫国都要等到阅览室下班关门，才会依依不舍地离开。

有时，被前来阅读的老师撞上，老师奇怪王卫国怎么还没有回家去取干粮，王卫国就搪塞老师，他是要和村里伙伴约好了一块儿回家的，人家让他在这里等着了。

因为忘我地投入到了阅读书报当中，王卫国总是很晚才能回到郭家沟的家里，大爸、大妈担心他，也总是抱怨他为什么这么晚才回来呀？王卫国总是编谎说，学校有规定，必须到规定的时间，“半灶生”才可以离校回家取干粮。

就是这间小小的图书馆和简陋的阅览室，让少年时代的王卫国逐渐领略到了延川外面的世界的风采，增长了见识。

城关小学毕竟设在延川县城，在教学质量上到底是要比马家店小学好了不少，开设了许多马家店小学没有的课程，比如美术课、音乐课。其中美术课是最让王卫国头疼的，他已经没有钱去解决吃饭问题了，更别说去准备绘画用的纸和水彩笔了。所以每到美术课，王卫国就很是苦恼，他只能呆呆地坐在那里，看着同学们画画；要不然就随便找个借口跟老师请假，等到下课了再回来。教美术的老师也是明白人，渐渐发现了王卫国这逃课是有原因的，于是每次上课就会主动送给他几张教案纸，再帮他向其他同学借几支笔，好让他完成作业，老师这么做也是为了维护王卫国小小的自尊心。所以每到这个时候，王卫国就会很快地在纸上画画，然后交给善解人意的老师。老师理解也愿意照顾这个家里困难的孩子，每个学期结束时，也总是会给他一个能够顺利及格的分数，并不会为难他。

相比美术课，上音乐课却是令王卫国很开心的一件事。因为唱歌是王卫国的强项。生母马芝兰虽然识字不多，却是十里八村出了名的好嗓子，而且很有艺术天分，陕北民歌张嘴就能唱出来。童年时的王卫国，就是在母亲吟唱的民歌声里成长起来的。不仅如此，王卫国的本家五叔，也是位能歌能唱能说的民间能人，弹三弦、说链子嘴，样样信手拈来。

正是在身边这些多才多艺的亲人的耳濡目染下，王卫国深深地迷恋上了陕北那富有人情味又生动活泼的信天游。所以，在音乐课上，王卫国一扫之前的自卑与怯懦，不仅兴奋地用高门大嗓吼出了信天游，而且新的歌曲也学得非常快，常常是在别的学生还没有学会的时候，他已经能够把新歌唱得如行云流水了。

虽然在吃的穿的物质上，王卫国都比不了县城的同学，但是他依旧凭着自己不屈不挠的劲头，逐渐赢得了老师和同学们的喜爱。

9. 中学生王卫国

随着王卫国知识面的不断扩充，和在音乐方面获得的自信的力量，他已经逐渐在精神层面上获得自身的超越，那是一种彻底地超越物质生活的力量。这种力量使他很快地完全融入城关小学那个县城干部子女占大多数的班级，并开始有同学主动地“紧密团结”在他身边。

可以说在城关小学上“完小”的后半程，这个在饥饿中不断成长、在饥饿中完成精神层面超越的男生王卫国，无论走到哪里，都会带来一片笑声。而且王卫国读的书比起他所在的班级中的任何一个孩子都多，所以当其他的孩子还不知道《三国演义》是本讲什么故事的书的时候，王卫国已经能够在课堂上，绘声绘色地给同学们讲述其中的精彩片段了。凭借着拥有着丰富的知识信息以及出色的组织才能的王卫国，俨然已经成为了全班同学的核心，并开始担任起班长的职务。

转眼间到了1963年，彼时我们的国家刚刚从三年自然灾害中挺过来。在这困难的时代，陕北大地也是陷入了极端贫困的境地。当时14岁的王卫国就在这种衣不蔽体、食不果腹的艰难中完成了高小的学业，迎来了初中的升学考试。

刚刚经历了三年自然灾害的困难时期，没钱、没粮，已经成为了陕北农村普通人家最真实的生活状况了，王卫国大爸家自然也不例外，而且不仅仅是这种吃了上顿没下顿的煎熬，最让王玉德头疼的是，家里已经没有能力再供王卫国上学了。这一残酷的现实，让王玉德整日里唉声叹气，到了无可奈何的时候，他只好对王卫国说，卫儿，中学就不要念了吧！

王卫国不是不清楚家里饥贫交迫的窘困处境，也不是不能理解大爸的无可奈何与力不从心，但是从小就生性好强倔强的王卫国不愿意就这样回到家里受苦，他看惯了亲生父母和大爸大妈面朝黄土背朝天的辛苦，不愿意就这样再次面对饥饿的威胁，尤其是在通过学习增长了视野之后。于是王卫国还是毅然决然的上了考场，他并不是任性，当时的他只是简单地想证明自己："哪怕没有机会再让我继续读书，我也要证明我能考上！"

当时与王卫国同台竞技的学生一共有1000多名，而延川县的县立中学却只录取100名左右的新生。就是在这样十进一的残酷竞争下，王卫国凭借着扎实的知识功底脱颖而出，以优异的成绩考取了当地最高学府——延川中学。一切都是那么的顺利，就在王卫国为自己取得的成绩而感到满意和自豪的时候，一个消息仿佛一道晴天霹雳，结结实实地打在了他的头上——家里实在无力供他继续读书了。

其实，大爸王玉德也并不愿意就此中断儿子的学业，但是家里的情况又不由得他不这样想。万般无奈之下，他只好去找人商量，是让儿子继续上学读书，还是尽早回到家里跟自己务农受苦？

俗话说穷帮穷富帮富，王玉德请教的人们也大多是穷人，少有几个日子能比他过得舒坦的，相同的贫乏的物质基础使得这些人的看法自然也大致相同："穷不供书，富不教学，吃饭穿衣得看家当。"家里本来就已经揭不开锅了，没有必要再穷尽心力让一家人忍饥挨饿去供王卫国上学了。

听了邻人的建议，王玉德心里敲定了主意。虽然他觉得这样做很对不起儿子，但是能够供他小学毕业就已经很不错了，毕竟家里的日子过得越来越紧巴了。心里拿定了主意，王玉德也不再跟儿子商量了，但凡儿子问起上中学的事，他总是顾左右而言他，打着哈哈糊弄过去。

眼看着开学的日子越来越近了，王卫国几次询问大爸上学的事情，满心期待着大爸能像以前一样，再把自己送进学校。但是等来的却是大爸递来的一把锄头和一句如同晴天霹雳的话语：“卫儿，跟我锄地去。”

王卫国愣住了，回过神来的时候，猛地把锄头扔到了地上，一边大声哭，一边喊道：“我想上学！”。大爸看着眼前像一头小牛犊一样发怒的儿子，没有说话，心却好像被锄头狠狠地锄了一下，因为他面对这一切是那样的无能为力。

眼看着别人家的孩子，一个个兴高采烈地背起书包去上学，王卫国心中苦不堪言。一时情急的他，猛地想到了大爸的拜识（陕北人管结拜兄弟叫拜识）——大队书记刘俊宽。为了能上学，王卫国不顾自己的倔强与自尊，哭着去找刘俊宽：“干爹，我想上学，我想上学，你给我想想办法吧。”

王玉德早年跟着父亲王再朝在郭家沟落了根，因为是外乡人，多少年来一直为人低调谨慎，谁家有了红白喜事，总是一家子主动地去帮忙，再加上他本来为人就老实，在乡邻之间留下了极好的印象。于是渐渐的王玉德也就在郭家沟站稳了脚跟，还结交了自己的拜识。有了拜识，王家在郭家沟也就算真正有了底气，不再是外乡人了。这个拜识刘俊宽也是个老实巴交的汉子，王卫国过继过来之后，也真心的为王玉德高兴，当下就认了王卫国当干儿子，后来看王卫国聪明机灵，十分支持他上学。这也是王卫国为什么会在这时候想到他的原因。

干儿子哭着来向自己求救，而且是为了上学哭得这么伤心，作为干爹的刘俊宽心里别提多难过了。可是他现在也是自身难保，就算想要帮干儿子，也是力不从心。毕竟能和王玉德做拜识，总归也不会是什么富裕的大户人家。不仅不富裕，眼下这个时候也是要靠糠菜充饥的，这样怎么才能帮到干儿子呢?

刘俊宽沉默了半晌，缓缓地站起身，像是做出了一个很大的决定，对干儿子说，走，卫儿，干爹给你借粮去。

前面也说过了，那个年月陕北刚刚挺过了三年困难时期，家家户户的情况都差不了多少，都是一样的穷，要想从朝不保夕的陕北农人家里借到粮食，本身就是一件痛苦的事情。好在刘俊宽在平日里为人仗义，作为大队书记有着很好的群众基础，再加上在那一带的群众中有很高的威望，总算在他奔波了几天、跑过了许多家之后，借到了两斗黑豆。

在那个时候，有了粮食也就等于有了上学的希望。这让王卫国一下子兴奋不已，他二话不说立即收拾好铺盖卷，扛起两斗黑豆，匆忙向县城赶去。谁知道出发的当天下午，王卫国就一脸失望沮丧地回到了郭家沟村干爹刘俊宽的窑洞里。

“干爹，延川中学不要我了！”

刘俊宽惊讶地问：“为啥啊？”

王卫国一边哭一边跟刘俊宽解释着。刘俊宽这才知道原来学校有规定，超过一个礼拜不去报到的新生就算自动退学，不再予以接收。刘俊宽听完了王卫国的话，犯起了难，如果说是家里没法供王卫国上学，他还能帮衬帮衬，可现在是学校方面不收学生了，自己又能怎么办呢？

王卫国并不知道此时干爹的心中所想，只是一个劲地哭。刘俊宽想了想，起身替王卫国把满脸的泪水擦干净，带着他匆忙地向延川县城赶去。

原来刘俊宽早些年曾经在延川县城工作过几年，并且与时任延川中学校长的杜永福关系处的很不错。这次刘俊宽就是要去拜托杜永福来接收自己的干儿子。父子俩紧赶慢赶赶到了延川县城，拔腿就直奔着延川中学去了，并且很快找到了校长杜永福，把王卫国的学习情况和家庭的情况详细地向杜永福作了介绍。

杜永福校长也没有想到多年的老友，会为了干儿子上学的事来找自己。在了解了王卫国的学习情况和考试成绩之后，觉得有必要给王卫国一个机会。虽然杜永福是感动于刘俊宽的仗义，但毕竟王卫国也是一个人才，而杜永福也是十分爱惜人才的，所以他当即召开校委会研究讨论，并且很快就在学校通过了决定，破例接收王卫国入校学习。

通过争取到延川中学上学这件事的经历，王卫国充分认识到了把握自己命运的重要因素——能力。这既包括自己的实力与努力，也包括人事关系。可以说这一步的成长在很多年后成为作家路遥的王卫国的人生中，也是极为关键的一步。

1963年9月，路遥终于成功地进入了延川中学初中六六级乙班进行学习。延川中学位于延川县城的南山坡上，虽然是延川县城的最高学府，校舍却非常简陋，只有几排古老的平房与窑洞分别作为教室与宿舍。

初六六乙班还是延川中学的一个尖子班，学生们不仅学习成绩优异，而且大都很有个性，也正是这两个原因，使初六六乙班成为了当时整个延川中学最难管理的一个班级，先后换过四任班主任，都难以把这群学生驯服。

王卫国上学时，六六级乙班的班主任正好是一位刚从西北大学数学系毕业的老师常有润，而语文老师则是毕业于陕西师范大学中文系的程国祥。但是耐人寻味的是，王卫国就读于数学老师任班主任的班级，却偏偏不擅长数理化，反而更喜欢文学。所以他在上课时的状态一般都是，要么就认真地听，要么就干脆不听，自己偷偷看小说。

这样的状态无论在什么时代都是上课的大忌。好在班主任常有润老师的教学态度很开放，对待学生也很宽容，他对王卫国说："你可以不喜欢数学，我知道你喜欢文学，但是如果你感兴趣就要多下功夫。"

也正是因为有这样宽容的班主任，才使王卫国有机会成为路遥。因为他在初中阶段有条件去广泛地接触自己喜爱的文学作品。当时的延川中学已经修建了一座不错的图书馆，王卫国毫无疑问地成为了那里的常客，还从语文老师那里借到了已经有很多年头的文学杂志。他就是这样如饥似渴地汲取着一切他所能触及到的精神能量。因为王卫国抓住了一切可利用的时间来读书看报，所以他的语文成绩在整个年级都是相当出色的，写出的作文甚至被当做范文在各个年级间传阅。可以说，在延川中学的经历，让王卫国演变成路遥成为了可能！

第二章　山沟里也有春天

席卷全国的狂热，没有放过王卫国，他也成为了这一片汪洋中的一部分。他并没有深陷其中，只是希望借此可以掌控自己的命运与前途。但是身处洪流中的他，已经失去了对自己的管辖权，情势所致，大势所趋，没有一个人可以在这场排山倒海的运动中独善其身，要么被碾过，要么被染色，无一例外。

当热情消退，王卫国开始正视自己的所作所为、所思所想，他发现自己想要的结果并不是这样，改变命运的路也不止一条。于是他把自己这些年来的经历与感悟，化成了笔尖流淌的文字，通过文学把自己重新塑造，让世界从此多了一个路遥！

1. 万众狂欢闹革命

一转眼到了1966年，王卫国完成了在延川中学的初中学业，并且参加了陕西省初中升中专考试。在考试中，他以优异成绩考到了西安石油化工学校。在当时的情况下，这是农家子弟“鲤鱼跃龙门”式的壮举，要是能考到中专学校去，就意味着有机会彻底脱离农村这个苦海；意味着有机会过上衣食无忧的生活，而不是日复一日年复一年的面朝黄土靠天吃饭；甚至意味着从此上学可以拿到国家的学习补助，能够吃上“国库粮”，能够成为“国家的人”……总之，王卫国考上中专对王玉德一家来说，或者是对整个刘家圪塄大队的人来说，都是一件天大的喜事。王玉德夫妇也在庆幸当初没有执意让王卫国退学。

就在刘家圪塄大队的人开始一户一户地来看望王卫国的时候，就在王玉德夫妇开始为王卫国准备去省城上学的行囊的时候，就在王卫国本人憧憬自己人生的时候，“文化大革命”悄无声息却又极其迅速地来到了陕北大地上。

命运总是喜欢捉弄强者，这是为了让他以后能够承担更大的责任，显然王卫国现在就面临着这样一种“苦其心志”的考验。随着“文化大革命”的爆发，全国所有大专院校的招生无限期停止，所有已经毕业的班级都要留在母校就地“闹革命”，就连那些已经成功考取大专院校的学生们也要返校参加劳动。

彼时的王卫国，正在专心致志地为参加全省初中升中专考试做着积极的准备，即便如此，从城关小学上学时就养成的读报习惯，他也没有落下，经常在学习之余溜去县文化馆翻阅报纸，关注时事，其中自然包括有关于“文化大革命”的蛛丝马迹，他甚至注意到了1966年6月1日《人民日报》发表的社论《横扫一切牛鬼蛇神》，但由于自己年龄阅历和准备考试的原因，他也只是知道“文化大革命”已经开始了，却并不明白这场运动对于他，对于整个中国有着怎样巨大的影响。

王卫国真正开始认真看待这一系列时间的意义与价值的时候，已经是中考结束后了。

1966年6月13日，中共中央和国务院发出《关于改革高等学校招生考试办法的通知》，决定将1966年高等院校的新生招收工作推迟半年进行。紧接着《人民日报》在6月18日全文刊发了这个决定，并发表了《彻底搞好文化革命彻底改革教育制度》的社论，宣布废除高考制度。而这一份通知和一篇社论，彻底击碎了王卫国憧憬已久的走出农村的成功之路，他又开始为自己的前途担忧了……

“文化大革命”顾名思义，最先受到冲击的就是“文化单位”。而延川中学作为全县惟一的一所全日制中学，自然而然地成为了延川县“文化大革命”的主阵地。当时，延川中学设有高中部和初中部，初中部设三个年级每年级两个班，高中部设三个年级每年级一个班，一共九个班。延川中学的第一个红卫兵组织，主体就是高中生，而且几乎吸收了所有家庭出身“正”，并且在同学间很有威望的学生，真的可以说是“根正苗红”。

这个红卫兵组织是在县委工作组的指导下成立的，在他们统一配发的红袖章上印着醒目的三个黑色大字“红卫兵”。当时县里的人都称他们为“黑字红卫兵”。很快，县委工作组被以执行“资产阶级反动路线”为由受到了批判。而“黑字红卫兵”也受到了一定的牵连，组织骨干力量逐渐瓦解，这就给了延川中学的初中生们一个借势做大的机会。

本来在人数上，以高中部每班三十人的班级容量，跟初中部每班大约有五十人左右的班级容量相比，高中部是处在绝对的劣势的，他们的总人数只能占到全校学生总数的四分之一。但是因为“黑字红卫兵”是在县委的授意下组织成立的，所以初中生尽管颇有微词却又奈何不得。

不过随着“造反”的不断深入，县委也成为了批判的对象，这时候延川中学的初中部“红卫兵”才有了翻身的机会。一开始，这些组织只是以班为单位，在班主任的领导下小心翼翼地跟在“黑字红卫兵”身后做事。随着县委的垮台，“黑字红卫兵”也就自然受到了冲击，初中部的“红卫兵组织”开始逐渐活跃起来，甚至已经走出校门的学生也被召集了回来，这中间自然少不了王卫国。

本来在上学期间，王卫国就是出了名的调皮学生，只不过他不会扰乱课堂秩序而已。又因为他看的书读的报要远远超过其他人，所以他的文采和对时事的敏感度也是超越众人的。再加上当时的班主任常有润有意的培养，王卫国变得能言善辩，加入到“红卫兵组织”更是很快积累起了人气，只是不知道常有润老师知道了他悉心培养的学生最后误入歧途又会作何感想呢?

其实在当时那个时代，王卫国投身“红卫兵组织”，实在是正常不过的选择：陕北是红色革命根据地，革命对于生长在这片土地上的人来说毫不陌生，甚至可以说这里本身就是造反者的天堂。常年生活在这片革命底蕴深厚的土地上，王卫国心里也有这一股不安分的因素，只不过此时被一个错误的目标引导了出来而已；其次，因为“文化大革命”的到来，王卫国已经捧到手里的“铁饭碗”，被砸了个稀碎，即使他具有再高的政治敏感度，他也只是个17岁的孩子，他所有的期望都被稀里糊涂地卷入了这场浩劫之中。于是王卫国理所当然地、全身心地投入到了这场“造反有理”的浪潮中。

2. “红四野”中的“王军长”

1966年8月，全国各地的“红卫兵”组织，开始有组织有意识地在全国进行“大串联”活动，当月18日，毛泽东主席在天安门广场首次接见了全国各地的红卫兵代表。这一举动对于各地的“红卫兵”们，无异于一剂强心针，促使全国“红卫兵”运动愈演愈烈，一直到当年11月26日，毛泽东主席在北京共八次接见了全国各地的约一千一百万以上的“红卫兵”，“红卫兵”也因此成为了那个时代荣耀的象征。

就在1966年10月，延川中学也派出了七名男生三名女生，共计十名学生组成“红卫兵长征队”，去参加全国各地的“串联”。王卫国因为在初中六六乙班的红卫兵组织中展现出了突出的组织才能和领导才能，并且发挥他的文学才能，带头写大字报，揭发当权派，获得了极高的威望，所以也成为了这十人“长征队”中的一员。“长征队”首先要在永坪、延安一带完成串联任务，然后将见闻和沿途抄回来的各地“造反”的大字报，在延川县进行宣传。之后他们还自绣了一面红旗，从延川徒步走向北京，一路还要进行一系列的串联活动。最后还要在天安门广场接受伟大领袖毛主席的接见，在那个年代这实在是一场无上的荣光，对于身处时代洪流中的小小的王卫国而言，更是有着极其重要的意义。

很快，延川县的“红卫兵长征队”离开了县城，开始了在延安一带的串联。之后他们又从本县的延水关渡口坐船，向东渡过了黄河，来到了山西省永和县，为了搭乘蒲太线火车，又匆忙赶到了临汾，乘火车辗转到太原、石家庄，一步步地向北京城靠近。

当然，这并不是单纯的徒步旅行，“红卫兵”们也不会只是在沿途看看风景，而是会随时随地在沿途的城市、乡镇发动“批斗”活动，甚至可以直接“揪斗”当地的当权派。这也从侧面不断地加深了他们作为毛主席的“红卫兵”的荣誉感，换句话说，这种荣誉感也使得他们变得愈发狂热。

“红卫兵”到达北京后会有专人接待，然后就是等待毛主席的接见。在这期间，他们也不会浪费时间，而是每天组织学习《毛主席语录》，可以说在这段时间里，每天的生活很有规律。此时的压抑与沉默都在站在天安门广场上，接受伟大领袖毛主席检阅的时候爆发了出来。作为农民的儿子，毛主席的忠诚战士，身为“红卫兵”的王卫国内心是无比幸福的，也是无比虔诚的，没有一丝杂念的，他当时所能想到的只是怎么样才能出色地完成毛主席交给他们的任务。

接见结束后，王卫国怀着无比激动与幸福的心情，手拿《毛主席语录》在天安门前庄重地留影纪念。之后，他很严肃地对一起来北京串联的同学说，回去之后，咱们一定要有自己的组织，不再做“黑字红卫兵”了。

在接受了毛主席的接见之后，延川县的“红卫兵长征队”并没有就此离开，而是一直留到了1967年3月，在接受了周恩来总理的接见后，才返回延川继续“革命”的。因为其在北京驻留的时间较长，又得到了党和国家领导人的接见，所以这支队伍顺理成章地成为陕西省红卫兵联络总部。

等到他们回到延川县才发现，在他们离开的这一段时间，延川县的所有城镇、乡村都已经成立了“红卫兵组织”，全县已经建立了1000余个红卫兵组织，一时之间延川县风头大涨，甚至北京、内蒙古、甘肃、山西等地的红卫兵也不远万里纷纷来到延川县大串联。

此时的王卫国正积极活跃于延川县造反派活动中，其中最主要的动机当然就是“听从毛主席指示”了。但抛开这些客观因素，从他本人的内心来说，这更像是一种本能，或者更为复杂的想法。从小生活在“革命圣地”陕北的王卫国，深刻的明白它的历史地位，当然他还不能预见的是这样积极的行动给他带来的特别的结果。他现在所能知道的是，“文化大革命”虽然砸碎了他的考学梦，但是却让他过上了不用为吃饭发愁的日子，这对长期挨饿吃不饱的他来说，实在太重要了；而且还给了他一个舞台，来展示他潜在的能力，种种原因都由不得他不积极地投身到这场运动中去。

1967年5月14日发生的一件事彻底把王卫国推到了风口浪尖上。当时安塞县的“造反派”派人来延川县，想要带走延川县的县委副书记霍学礼回安塞进行批斗。这在当时那个时代是无可厚非的，被批斗的对象在哪里受批斗都是一样。但其实各地的批斗对象已经变成了各个地区“造反派”的奇货可居之物，怎么能让人说带走就带走呢?

于是延川县造反派内部很快就划分成了两派，分别是“放车派”与“拦车派”。王卫国是“拦车”派的，他冲锋在前，发动群众挡住安塞县的造反派不让他们把人抓走，并最终使得安塞县的造反派没有得逞。事情很快过去了，但是王卫国大智大勇、敢作敢为的形象，已经在他所在的这一派红卫兵组织中慢慢树立起来了，并且很快他就被推举为本阵营的学生领袖。

此时随着斗争形势的变化，延川县造反派的基本格局已经逐渐形成了，全县的造反派们开始有意识地联合成两大阵营——一方是由延川中学初六六乙班等红卫兵组织联合成立的“延川县红色造反派第四野战军”（简称“红四野”），由于王卫国的能力和威望都是有目共睹的，所以红卫兵们一致推举他担任“红四野”的“军长”；另一阵营则是由延川中学高六六级、高六七级等红卫兵组织，也就是以前的“黑字红卫兵”组织，联合成立的“延川革命造反派总司令部”（简称“红总司”），司令员由高六六级的学生娄新文担任。

就这样，王卫国一改往日贫弱的形象，扶摇直上成为了造反派“红四野”的首领，一个能够在延川中学呼风唤雨的人物，他甚至还给自己刻了一枚刻着自己名字的斗大的印章。之后他还带领“红四野”抢了县武装部的武器，砸开了延川县银行的门，真正做起了这座城市的主宰。

或许是因为长期以来被压抑的屈辱情绪的爆发，一想到数以万计的城里人都要对自己言听计从，王卫国就有一种难以抑制的兴奋。当然这种兴奋，只不过是18岁青年，在一种全民狂热的时代形势下的随心之举，或许也可以说是王卫国对闭塞社会的精神上的发泄，只不过在这个全民狂热的浪潮中，我们又怎能要求一位年仅18岁的青年独善其身呢？这实在是太苛刻了。

3. 相见恨晚——初识曹谷溪

要谈到路遥，就不得不谈到曹谷溪这个人。在路遥还是王卫国，还是“红四野”的“王军长”的时候，他就见过曹谷溪了。事实上，在这之前他就知道曹谷溪了。只不过彼时的王卫国与曹谷溪是站在两个对立阵营之中的。

说起来曹谷溪和王卫国还算是老乡。曹谷溪所在的郭家嘴村和王卫国的老家王家堡，都是属于榆林地区的清涧县的。1956年郭家嘴的曹谷溪，同样因为上学的原因，从清涧县辗转来到了延川这个贫瘠而且落后的小县城。

那个时候延川中学刚刚成立不久，初中班开始大量招生，三个班一共要招180名学生。不凑巧的是，延川县能够达到录取分数线的只有115人，那剩下的65人只好从绥德考区调拨过来，于是曹谷溪就幸运地成为了其中的一员。

三年之后，也就是1959年，曹谷溪顺利地从延川中学毕业。彼时，王卫国正无比艰难地走在通向延川中学的路上。作为同乡又作为校友的他们怎么也不会想到，相差八岁的两人，会因为这场席卷全国的疯狂运动而结识。

曹谷溪在陕北已经算是小有名气了，在1965年的时候，曾经出席过全国青年业余文学创作积极分子代表大会，还受到了周恩来、朱德等领导人的亲切接见。作为成名较早的前辈，他总是不遗余力地做着提携后辈的工作。

只可惜本来前程似锦的曹谷溪，遇到了“文化大革命”。

1968年的农历二月，陕北高原没有一点即将迎来春天的迹象，依旧是寒风刺骨，滴水成冰。不寻常的天象，总是在隐晦地阐述着人间气象，迟迟不到的春天，是不是就预示着曹谷溪此时的处境呢?

当然此时曹谷溪本人可没有心情考虑这些，他正被关押在延川县城唐坡，那座专门用来羁押罪犯的一孔石窑洞里，他已经快要冻僵了。身处延川县两大造反派竞争的洪流中，曹谷溪单薄得就连一叶扁舟也算不上，所以关押快要冻僵的他，并不需要派人看守，陪着他的只有窑洞门楣上的铁条，和糊住窗户的厚厚的报纸。曹谷溪与世隔绝了，他的心比身体还要冰凉，他难以穿透外面狭窄且昏暗不明的世界。

绝境会让最懦弱的人萌生视死如归的气魄，一旦知道了必死的结局，坦然也将会是囚犯最终的情感归宿，只是，当时曹谷溪要面对的不知道是什么结果，等待死亡的过程比死亡更可怕！

在“文化大革命”武斗之风乍起之时，曹谷溪和王卫国还分属延川县两个势不两立的群众组织。比曹谷溪小八岁的王卫国已经是延川中学“红四野”造反派的“王军长”了，换句话说也就是全县一大造反派的头头；而曹谷溪却因为听过彭真、周扬的报告，出于文艺工作者的风骨，不愿意也不屑于诋毁彭真、周扬，甚至也是惟一一个在群众中“吹捧”过彭真、周扬的角色。

原本尽职尽责的炊事员曹谷溪，并不满足只做一名炊事员，在每天做完炒菜做饭、洗锅涮碗的工作后，总是找一个安静的地方，默默地拿起笔鼓捣着文字。很快，他根据发生在贺家湾公社刘家河村的真实事例，完成了秧歌小戏《脚印》的创作，并且被批准在春节期间演出；撰文初有成效之后，他又编写了许多新秧歌词，并且很快被县委宣传部印成《秧歌百首》推广到了全县各社队；之后他又趁热打铁写了一篇通讯《一只手表》，这次居然能够在《延安报》上发表。之后，因为一首在《陕西日报》发表的《镢头歌》，文艺工作者们都喜欢叫他“老镢头诗人”。

只是好景不长，因舞文弄墨成为贾家坪公社团委书记的曹谷溪，很快在“文化大革命”的大风暴中被波及，成为了“黑诗人”。

尽管受到不公正的对待，受到了残酷的迫害，曹谷溪仍然把持着作为诗人的一颗赤诚之心。即使在低谷时期，曹谷溪也没有放弃文学创作，只是因为生活经历所限，风格比较单一。

后来，因为曹谷溪的立场与“红四野”相对，这样一来，在“红四野”的势力范围内，曹谷溪这个“黑诗人”的牢狱之灾就说什么也逃不过了。所以他才会落到严冬里一个人险些冻僵在牢房的地步。

然而，过了不久，曹谷溪开始收到对立面的人带给他的干柴和玉米饭。虽然坐着对立面的监牢，却享受到了在牢狱外享受不到的待遇，他还听说对立面的头头王卫国，因为曾经读过他的诗，所以十分崇拜他，还准备串联着把他搭救出去了。这一消息让曹谷溪丈二和尚摸不着头脑，虽然他搞不明白到底是为什么，但是却知道了虽然对立面不共戴天，可是对立面里却是有好人的，至少不是势不两立的仇敌。而且这个人还是对立面的头头，这个头头还读过自己的诗，这多少都让曹谷溪的心里甜滋滋的。也许他与王卫国，也就是路遥的情缘就是这时候种下的根吧。

很快，由于中央发文，全国的武斗之风被平息，延川县的两大造反派组织相继解散了，曹谷溪也因此重新获得了自由。俗话说，大难不死，必有后福。从鬼门关上走了一遭的曹谷溪，对派性之争有了深刻的认识，他选择离开公社相互揪斗的人群，被调到了延川县革委会政工组的通讯组，成为了一名宣传干事，说起来这也算是曹谷溪的老本行，他在之后的工作中一边搞新闻，一边搞创作，也算走出了人生的低谷。

更重要的是曹谷溪进入县革委工作，也就正式成为了年仅18岁的县革委会副主任王卫国的同事，也就促成了他们两个人的正式见面。

初次见面曹谷溪，还向王卫国打趣道，我之前听说过你的名字，还坐过你们的监牢。

英气逼人的王卫国，听了这话，脸上不由得有了一丝尴尬，俺也很早就听说过你了，俺这次来是要拜你为师，跟你学习写作。曹谷溪看他说的很诚恳，也就没有再和他开玩笑，只是告诉他说咱们互相学习。

听了这话，王卫国就算是吃了一颗定心丸，此后很长的一段时间，他都是曹谷溪窑洞的常客。曹谷溪住的窑洞是延川县革委会2排18号。曹谷溪作为成名诗人，可以毫不夸张地说，是整个延川县私人藏书最多的人，在他的这孔窑洞里，既有苏俄作家的一大批著名长篇小说，还有世界各国的著名作家的各类名著，像歌德、普希金、马雅可夫斯基、高尔基、海涅、惠特曼、泰戈尔的书，曹谷溪那里都有。

只不过靠着一个铜板一个铜板攒起来买书的曹谷溪，可是遇到了克星了。自从答应了王卫国互相学习之后，曹谷溪的这些藏书就遭到了王卫国的“荼毒”。对于求知若渴的王卫国来说，这些书无异于一份巨大的宝藏，更贴切的说，就像是让常年吃不饱的他过上了衣食无忧的日子。所以王卫国每次来到曹谷溪的2排18号窑洞都异常兴奋，不仅要在这里读，还要像刘备借荆州一样，每次离开还要带走几本，至于他有没有还回去，就只有曹谷溪知道了。

可以说，王卫国之所以能够走上文学创作这条艰辛之路，并且成为日后著名的路遥，都与曹谷溪的影响与扶助有着极大的关系。

4. 志同道合的北京知青

时间转眼到了1968年的暑期，各地的大学仍然处在不招生的状态，工厂也没有恢复招工。全国范围内的1966届、1967届、1968届三届高中毕业生共计400多万人，待业在家整天无所事事，这也极大地加重了社会隐患。不仅如此，还有同时期的三届初中毕业生，人数也在百万级别，这三届的高中生与初中生被人们称作“老三届”，一时间如何妥善地为他们寻找一个出路成为了亟待解决的社会问题。

1968年12月22日的《人民日报》根据毛主席的指示，在头版全文转发12月8日《甘肃日报》的文章《我们也有两只手，不在城里吃闲饭》，“编者按”中引用了毛泽东的“最高指示”：“知识青年到农村去，接受贫下中农的再教育，很有必要。要说服城里的干部和其他人，把自己初中、高中、大学毕业的子女，送到乡下去，来一个动员。各地农村的同志应当欢迎他们去。”从此，拉开了中国在“文化大革命”时期，又一场规模空前的运动——“知识青年上山下乡运动”的序幕。

毛主席的号召，将老三届这一群内心迷茫不已的红卫兵的热情再度点燃，并且以无比的动力和干劲投入到了上山下乡运动中来，他们仿佛迷雾中的航船，看到了零星的灯塔之光，就不可遏制地为之疯狂。就在毛泽东发表了关于知识青年上山下乡指示的当晚，北京四中就有部分学生连夜打好了包裹，迈着步伐走向了农村的广阔天地。

当然这只是一部分的学生，真正的大规模上山下乡运动是从1968

年12月开始的。当时全国各地的“老三届”毕业生，通过社会与学校的统一安排，陆续走向了农村的广阔天地，去接受“很有必要”的“贫下中农再教育”了。这是一场规模庞大的人口迁移，这些还没有完全褪去学生气的学生们，告别了故土与亲人，搭载着各式各样的交通工具，独自来到了社会这个大熔炉之中。这样的运动一直持续到了1978年，在这十年的时间里，全国共有近3000万名知青上山下乡到农村去“修理地球”。

当时担任延川县革委会副主任的王卫国并没有参加这次下乡活动，但是除他之外的，延川县所有中学的知识青年全都要下乡，而且延川县也成为了知青插队的落脚点。当时延川县革命委员会还在延川县城的体育场，为从延川出发的知识青年举行了欢送会，一个月以后，“革命圣地”延安迎来了满载北京知青的“知青专列”，当地革命委员会组织群众夹道欢迎，之后各个公社就领走了分配到自己公社的知青们，坐上驴车晃晃悠悠地迈向了新的起点。

就这样从1968年12月开始，“知青专列”以每天三趟的速度奔跑了一个月的时间，将总共27211名北京的老三届运送到了延安地区，并分别落户在延安地区的1600个生产队。延川县也不例外，在1969年1月23日，这座贫瘠的小县城迎来了超过1300名的北京知识青年。

这些大多来自北京清华附中和北京101中学的学生们，脸上还挂着稚嫩，眼中却闪烁着坚定，同他们交谈就能看得出他们有着极为强烈的中心意识和强烈的权威意识，就好像他们不是来“接受贫下中农的再教育”，而是给农村带来了新希望一样。

这样的说法虽然有些夸张，但事实上这些插队在延川县的北京知青当中，有很多都是有本事的人，在后来的岁月里名声大振。其中有在窑洞里极其简陋的环境中完成了许多例高难度手术的“赤脚医生”孙立哲；还有后来凭借一篇描写插队生活的小说《我的遥远的清平湾》而一举成名的作家史铁生；还有激情澎湃的《理想之歌》的作者高红十、陶正等。

从历史上看，能够对陕北地区的文化产生巨大影响力的只有两件事，第一件毋庸置疑就是当年中央工农红军在陕北建立红色根据地的事情，这一事件的影响绵延至今：陕北尤其是延安一带成为了革命圣地；另一件很多人没想到的就是这场全国性的“知识青年上山下乡”运动，大量的北京知青在陕北落户插队。

跟随着知青们的到来，完全不同于陕北的全新的生活方式，在感到震惊的同时，陕北人也开始慢慢接受这种新的生活习惯，比如年轻人开始刷牙，妇女也开始用上了卫生纸。

来延川插队的北京知青中，有不少都成为了曹谷溪的老朋友。当时的曹谷溪是延川县革命委员会通讯组的干部，这个工作使他有更多的机会与这些北京来的知青交往，被知青们亲切地称为“知青专干”。曹谷溪曾以“延川县知青工作赴京汇报团”秘书长的身份在北京清华附中、清华园中学、海淀中学和北京二十中等十多所中学，向学校领导、知青家长作过汇报。与知青们相隔万里的家长们，为身在远方的孩子们操碎了心，这一情况使他有了很深的感触。所以在做新闻报道时，曹谷溪总是把更多的关注点放在知青们的生活上，并先后在《人民日报》《光明日报》《北京日报》和其他的省地报刊上发表过数十篇（幅）关于知青生活的文章和新闻图片。

前面提到过的陶正，是北京清华附中的一名热情奔放的“红卫兵”。与同伴们不同的是，他从北京带来延川的最贵重的东西只是一部油印机，在来到插队的关庄公社清水河大队不久，他就在那个全公社最偏僻的山村里办了一份《红卫兵报》，通过这份报纸，把自己对文学的热爱和人生的目标，深深地扎根在了这片黄土高坡上。因为这一点，他很快与曹谷溪打成了一片。

这些突然造访的，原本与王卫国没有半点关系的北京知识青年，就像是给王卫国树立了一座再清晰不过的路标，更是为他打开了一扇窗户，让他的视野一下子从黄土高坡，拓展到了全国甚至是全世界。

但是这些来自北京的知识青年，在带给王卫国启迪的同时，也冲击着他脆弱而又倔强的内心。因为他们无论从言谈举止还是气质风度上，都与黄土高坡上的年轻人有着本质的区别。当然，更多的刺激来源于知青们丰富的知识面和开阔的视野，所以王卫国越来越想要走近这些知识青年，去看看他们身上到底有什么是自己所没有的。

这是一种朦胧的人生目标和精神追求的萌发，以前从没有过的自惭形秽的感情在王卫国的内心深处蔓延。又好像是在他心里种下了一粒种子，只等着遇到一场甘霖，就能痛快恣意地生长起来——王卫国的人生希望就这样被激发出来，他开始懵懂地思考关于他自身的价值取向和人生目标。

彼时，陶正的《红卫兵报》刚刚开始“发行”，内容无所不包，不仅鞭辟入里地分析中国农民问题，也毫不避讳地讨论国际形势，在当时那种情况下，简直就是在“犯上作乱”。而且这份油印小报的传播范围还极其广泛，单是和它有联系的知青就遍及大江南北，所以这份小报没有“发行”多久，就被上面强制要求干预了。

这项干预工作，最终落在了曹谷溪身上。而经过这件事，曹谷溪凭借着清查大员的显赫和陕北文人特有的洒脱，一下子就和陶正看对了眼。两人都有相见恨晚之意，恨不得每天都绑在一起，谈他个昏天黑地，干预查封反倒成为了不重要的小事了。也正因为曹谷溪的关系，王卫国认识了陶正这个高材生。

经过了曹谷溪的启发，王卫国已经徘徊在文学大门之前许久了，只是一时不得其法。如果说曹谷溪的帮助是春风化雨，润物无声，那陶正给王卫国带来的影响就是一剂猛药，彻底使王卫国脱胎换骨。

陶正的学问与他特有的思考方式，甚至他作为知青的生活方式，对王卫国来说都是不可抗拒的诱惑，为了与北京知青有更多的接触机会，王卫国经常跑几十里的路，到北京知青插队的小村庄，跟他们同吃同住。每次一到知青插队的村庄，就能看见陶正扛着油印机，走到哪儿写到哪儿，写多少印多少，边干活边“传道”。也正是他们这种与文字相依为命的生活，让黄土高坡的后生王卫国，第一次知道了，原来写作也能当成一项营生。

5. 短暂的恋情

相比于北京知青陶正以及老朋友曹谷溪给王卫国带来的心灵上的刺激和人生道路的启迪，同样来自北京的女知识青年林琼带给王卫国的却是另外一种滋味。

这种滋味是一种说不清道不明的情愫，仿佛冥冥之中的指引，甚至早在北京知青来到陕北之后，王卫国就已经有了感应。陕西的本土作家李小巴，听说了北京知青孙立哲在条件简陋和缺乏器材的知青落户点，完成了许多台大手术之后，特地赶来采写。当时是王卫国接待了他，并“口出狂言”：我有预感，我的女朋友就在这群北京来的知识青年里。

王卫国这么想，并不代表着李小巴也这么想。在听了王卫国的这番话之后，李小巴甚至觉得，这个看似憨厚的陕北后生，怎么会这样的自不量力啊。他更多的以为，这是长期生活在农村的王卫国对北京、对城市生活的向往，所以只是把王卫国的话当成了耳旁风，不置可否地点了点头。

不得不说，有的时候，缘分来了就是想挡也挡不住的。当第一批北京知青到达延安之后，身为革委会副主任的王卫国，被安排进了某个工作组进行工作，要配合其他成员在百货公司开展路线教育。当时工作组里就有一位从北京来的女知青，她叫林琼。

这个来插队的姑娘，有着这个年纪该有的热情，对王卫国来说又有着这个年纪不该有的诱惑，她能歌善舞，聪明活泼，待人也大方。当看到她的第一眼，王卫国就被她深深地吸引住了，毫不夸张地说就是一见钟情，内心里的冲动催促着王卫国不断地接近林琼。

随着彼此之间相互了解的不断加深，王卫国看到了林琼不同于外貌的美丽，可爱的性情渐渐令王卫国为之绝倒，她出众的才华也对王卫国产生了深深的吸引力，王卫国觉得自己已经爱上了这个北京女知青。

随着工作上的合作逐渐增多，两人的关系也更加密切了，王卫国觉得自己的心与姑娘的心已经紧紧地凑到了一起，没有什么能把他们分开了。后来有一段时间，同样是因为工作的关系，林琼要返回插队的村庄处理一些事情，而王卫国需要继续留在百货公司，正处在浓情蜜意中的两人被迫分开，让双方都痛苦不已。于是两人只有通过书信传递彼此的思念，那段日子里，白纸黑字成为了承载王卫国思念的惟一寄托。只是这些甜蜜不能被随身的带着，王卫国只好把他都放在了与他同住的被整改对象“当权派”吕文斌的办公桌的抽屉里，只是后来因为某些原因，这些信件就像是王卫国从曹谷溪那里借来的书一样，一去不复返了，否则，我们今天研究一位早逝的作家会有更多的第一手权威性的情感资料。

书归正传，在去延川县革委会2排18号曹谷溪的窑洞里借书的时候，王卫国向窑洞的主人表露了心迹，他和林琼恋爱了。说出这个消息的时候，王卫国整个人都还沉浸在甜蜜中。

王卫国还记得，在那年寒冬，一个大雪纷飞的夜晚，王卫国因为激动而颤抖的手，紧紧地握住了林琼的手，那种美好使得王卫国就希望这场雪一直下，这条路走不到头，这双手永远不要分开，以至于在很多年之后，那种刻骨铭心的感觉还活跃在他的文字中。

他也还记得经常和林琼去的邮电大楼对面的秀延河畔，许多个夜晚，这对恋人都在漫天星辰下依偎着，倾诉着说不完的话，隔着秀延河，看着对岸熙熙攘攘的人，承诺着今生今世都要好下去，永远都不分开。

可是好景不长，两人的甜蜜并没有天长地久，憧憬也没有成为现实。

在当时的那个年代，凡是有过上山下乡经历的知青们，都明白插队的苦，都知道这并不是喊几句响亮的口号就能完成的大事，所以凡是能帮助他们回城或者是离开这个地方的方法，对他们来说都弥足珍贵，因为这些机会足以改变他们人生的命运。

当时能够离开农村，改变命运的无非“招工指标”、“参军名额”以及“推荐上大学名额”这几类，虽然这些名额每个大队都会有，但是面对数以万计的下乡知识青年，这么一点名额无异于杯水车薪，而且越是这样，越显得这些机会是多么的重要而来之不易。

就在铜川二号信号工厂开始招工的时候，王卫国所在的大队和公社，把王卫国和林琼都作为培养对象，推荐到了县上。但是根据招工条件的限制，两人只能走一个，再加上林琼因为体检没有达标，而被刷了下来，去工厂的只有王卫国一个人了。但是王卫国不想离开自己心爱的姑娘一个人去工厂，他觉得当初短暂的分别已经让自己痛苦万分了，他不愿意再面对这种磨难；另一方面，农村的环境对于下乡的知青来说实在是太苦了，根本不是只凭一腔热血就能忍受得下来的，他不愿意让自己热恋着的姑娘受这种苦，所以王卫国背着林琼把自己的指标让给了她，让她去了工厂。这事通过几个朋友周旋，最终还是成功了。

对于他这种做法，曹谷溪很不理解。并不是曹谷溪没有这种为爱人奉献的精神，而是他觉得，王卫国的做法太草率了。当王卫国被问起是否担心被林琼甩掉的时候，他坚定地说，我清楚地感觉到，没有什么能把我们的心分开。曹谷溪听了这样的答复，也只好放弃了劝说王卫国的打算。

在林琼要去工厂之前，王卫国还送给了她一件自己精心准备的、所谓的“定情”礼物。为此王卫国还专门回了一趟郭家沟，问大妈要来了几斤棉花，然后他扛着棉花回到了城里，又用自己作为“路线教育积极分子”每月18元的生活补贴，买了新布，做了一床新被子新褥子，连同他的一腔热爱交给了林琼。

于是这一对恋人又过上了鸿雁传情的日子，林琼在去到工厂的第一个月，也是十分想念王卫国的，不仅把她第一个月的工资全部寄给了王卫国，还给她买了一条“宝城”香烟。王卫国也是将自己满心的思念都化作了信笺飞到了信号工厂，两人就这样相互遥寄思念。

可是不知道什么原因，林琼的来信间隔时间越来越长了，从最开始的一月一封到了三月一封，到了最后干脆就终止了与王卫国的书信往来。这让王卫国感到十分苦恼，寄去了许多封信，也都如泥牛入海了无音信。

常言说，屋漏又遇连阴雨。就在王卫国为此苦恼不已的时候，县革委会军代表也找上门来了，跟他宣布了一个文件：经县革委会核心领导小组研究决定，要对王卫国进行停职审查。而就在同一天的中午，一封由内蒙古辗转而来的断交信，连带着被退回来的“定情礼物”，是林琼拜托在内蒙古插队的女友转寄来的，她害怕伤到了王卫国。

尽管林琼的本意是想婉转地告知王卫国，自己想要放下这段感情，但是这对王卫国来说就好像天塌了一样。在同一天，先是经历了仕途失意，然后遭遇了爱情失恋，这对年轻的王卫国来说，倔强的内心受到了巨大的打击，郁闷已久的王卫国，无处发泄，只有来到了曹谷溪的窑洞，在他面前毫无顾忌地失声痛哭起来。

面对哭得泣不成声的王卫国，曹谷溪语重心长地对他说：“陕北的汉子，不可能不受伤，重要的是，咱们受伤之后要怎么办？人不能只顾着眼前，眼光要放长远些，要看得见以后……”

在王卫国最低谷最脆弱的时候，是曹谷溪给了他最重要的支持，面对曹谷溪，王卫国既像是面对着老友，又像是面对着师长，这也许是为什么王卫国敢于在曹谷溪面前不顾及的痛哭，从此以后，曹谷溪与王卫国的关系也超越了友情，成为了近乎亲情的存在。

值得一提的是，就在林琼落户的大队，还有一位姓林的北京女知识青年，那就是清华附中的学生林达。林达与林琼用北京话来说叫发小，从小在一个机关大院里长大，关系也十分要好。后来作为通讯组组长的曹谷溪想办法把王卫国也调到了自己的身边，把同在通讯组工作的林达介绍给了王卫国。原本是想让林达在林琼面前为王卫国说说好话，最好能使他们破镜重圆，但没想到的是，竟然意外促成了林达与王卫国的姻缘，这当然是后话。

6. “路遥”的由来

1968年，王卫国离开延川县城这个留着他无数痕迹的城市，回到生养他的郭家沟村，重新拾起锄头，变成了一名农家子弟。

无论外面的世界如何变动，王卫国的父辈们，依旧是老实本分地侍弄着这片土地。王玉德还没来得及知道王卫国的风光，就在村口看见了落魄的儿子，但无论如何他都是自己的儿子。村民们也没有因为王卫国的停职而给他任何脸色看，王卫国虽说还只有二十岁，但是也算见过风浪了，在王卫国处在低谷时，憨厚的郭家沟村人朴实的做法，让他的心一次又一次地感动着。

但是，像父辈一样平凡，跟陕北贫瘠的土地打一辈子交道，就是王卫国想要的生活吗？不，不是！无论是从前的王卫国，还是现在的王卫国，都不甘心就这样度过自己的余生。他们没有瞧不起父辈的意思，只是贫穷和饥饿自从他幼年时起，就与他“形影不离”，生性敏感倔强的他比谁都要清楚生活的苦，这是他哪怕看到了自己必须回到农村的命运时也不曾动摇的信念。

于是在王卫国还没有回到郭家沟的时候，用百货公司的稿纸，郑重地写下了一份入党申请书：

我叫王卫国。现年20岁。家庭出身：贫农。本人出身：学生。

原籍：清涧县石嘴驿公社王家堡村。现住延川城关公社郭家沟村。

9岁（虚岁）到延川为我大爹过继。从小在家玩耍。

9-13岁在马家店小学初小上学（郝振富、刘凤梅可证明）。

13-20岁在延川中学上学（薛延清可证明）。现任延川县革委会副主任。

时间标注的是1969年10月6日。一个月后，也就是1969年的11月5日，经过刘家圪塄大队党支部成员的表决，在王卫国干爹、书记刘俊宽主持的支部大会上，一致通过接收王卫国同志为中国共产党党员。

于是在其他的“造反派”头头们还在接受各种各样的审问和调查的时候，被停职返乡的王卫国已经顺利地在郭家沟加入了中国共产党。

本着既来之则安之的想法，王卫国开始逐渐过起了农村生活，这对他来说本就不陌生。郭家沟在1969年的冬天组织兴修水利，王卫国就找到了上学时打篮球穿的运动服，和一起返乡的、下乡的同学们在农田基建中劳动着。

在打坝劳动中，挖土可以说是最重最累的活了。尤其是在陕北的冬天，冻土硬得好像石头，蓄满了力气狠狠地一镢头下去，也不过是在地上留一道浅浅的白印子。这还不是最糟糕的，土冻得硬梆梆的，但是挥镢头的手却受不了了，往往砸几下，就会震破虎口，所以有工作经验的人们，总是轮番来挖土，挖一会儿就做一会儿别的工作，要么运土，要么加固大坝，总之就是交替轮换着来。

但是王卫国却不是这样，他总是闷着头一个劲地挖土，而且常常是一整天一言不发，只能听见镢头和冻土接触发出的“哐哐”声响。在寒冷的冬天，王卫国也会累出一身的汗。这样无休止、不节制的劳动，先是把王卫国的虎口震破了，他简单地包扎了一下伤口，继续干；手上不断有伤，伤口又不断地愈合，最后双手结满了厚厚的老茧，但是他依旧没有停下来。

王卫国是在用这样单调乏味而又超出身体负荷的劳动来分散自己的注意力，让自己没有闲心去痛苦。虽然他很想以此来发泄苦闷，但是身体很快适应了这样强度的劳动，而他心里的苦闷非但一点也没有消解，反而诱发出了一股深深的绝望。那是一种眼看着自己即将坠入深渊却无能为力的绝望。

王卫国这样，乡亲们都看在眼里。即使王卫国深陷人生低谷，但是厚道的乡亲们却没有显现出对他哪怕一丝一毫的轻视与冷落，反而像是对待一个受了伤需要关怀的孩子一样，给他温暖的怀抱，竭力抚慰和包容着他。

其实，王玉德在郭家沟村多年来，人脉经营有道，虽然是个外来户，但是“拜识”却很多，像刘家圪塄大队革委会和党支部的几个掌权人物，都是大伯的拜识，也就都是王卫国的干爹。几个老伙计眼看着王卫国每天死气沉沉的，王玉德两口子也跟着愁眉苦脸的，觉着这么下去可不是个事，而且王卫国是王玉德的独苗苗，几个干爹不能坐视不管啊。

于是在几轮商量之后，刘家圪塄大队的几个领导决定，把王卫国安排到马家店小学担任民办教师。要知道马家店小学虽然小，但是也是几个大队联办的，虽然王卫国已经成为了共产党员，但依旧有着“造反派”头头的黑历史，所以这么做这几个干爹也是要顶着承担政治风险的压力的。

说来也巧了，当时要安排马家店小学的民办教师，必须先向城关公社申请汇报，而当时城关公社的书记许世斌居然和王卫国一起闹过“革命”，所以大队的请示一报上去，很快就加了红印批复同意了。

就这样，王卫国在回到郭家沟后不久，就幸运地当上了马家店小学的民办教师，这在其他“造反派”头头，或者其他普通人来说是想都不敢想的美事，因为这民办教师又省力气又有工分实在是个肥缺。

但是在短短几年内，经历了社会动荡与命运打击的王卫国，并不仅仅满足于此，尤其是在已经见识过外面世界的风采之后，他的思想境界已经不再只是当年一心想要走出郭家沟的懵懂小子了。现如今的他，无论如何也不能在这样荒凉的小山村里度过余生。

显然命运是垂青于他的，国家形势的变幻莫测，个人命运的跌宕起伏，都给王卫国敏感的内心带来了不小的冲击和启发。在加深了王卫国内心深处的孤独感的同时，也丰富了他的内心世界，也就是在思考人生方向的时候，他找到了文学这条路。

在马家店小学教学的业余时间，王卫国一直在进行着独立的尝试性创作，直到1970年的春天，王卫国写的一首小诗《我老汉走着就想跑》，被延川县文化馆选中，刊发在了油印小报《革命文化》上：

明明感冒发高烧，

干活还往人前跑。

书记劝，队长说，

谁说他就和谁吵。

学大寨就要拼命干，

我老汉走着就想跑。

如此看来，平淡无奇甚至有些粗糙的小诗的发表，对于当时的王卫国来说，可是意义重大啊，在他看来这是对自己能力的一种肯定，这也是完全不同于之前他所走的政治之路的一条新的创作之路，这意味着他还有机会改变环境与命运。曹谷溪也是因为从这首诗中看到了王卫国的才气与灵气，才把他调去了通讯组，这是后话。

1970年，王卫国跟随延川县革委会党校参观学习了榆林地区“学大寨先进县”吴堡县。本来这次参观学习人员里是没有王卫国的，但是党校校长白光明与老师黄殿武，借口王卫国能做记录，给了他这样一次机会。王卫国漫步在吴堡县黄河铁桥上时，获得了灵感，当晚在招待所，一气呵成完成了《车过南京桥》和《塞上柳》的创作。

回到延川后，王卫国拿着那首《车过南京桥》来到了延川县文化馆，并见到了当时在延川县革命委员会毛泽东思想文艺宣传队工作的诗人闻频。闻频接过稿子，只看了一篇就被王卫国的才华和真挚情感所感动了，并不是说王卫国当时的写作水平已经很高了，而是作为一名普通的民办教师，王卫国已经做得非常好了，就像一块未经雕琢的璞玉，散发着自然的光芒。

闻频当即决定在《延川文化》为王卫国发表这篇《车过南京桥》。当时王卫国在这篇诗歌上的署名是“缨依红”，闻频发现后告诉王卫国，笔名应该简单，而且要独特，让人过目不忘，但是这个缨依红就不是很好，拗口也不容易记住。

王卫国沉思了半晌，拿起笔划掉了原来的名字，郑重地在后面写上了一个新名字——“路遥”。闻频一看，不仅为他叫了句好，路遥知马力简单又有深意。其实他当时并不知道，眼前这个年轻人已经经历了太多的事，使他深刻地明白了什么叫路遥知马力，但他还想走得更远，他脚下的路还很遥远。

于是，《车过南京桥》就署上了“路遥”这个笔名，在《延川文化》发表了，严格来说这不是王卫国的处女作，但却是“路遥”的处女作。发表后不久，就被《延安报》和省群众艺术馆办的《群众艺术》选载，“路遥”这个名字也就从此诞生了。

7. 与林达的婚恋

前面说过，王卫国在遭遇了失恋的同时，也受到了“清理阶级队伍”运动的波及，很快就被打回了原型，回到了他的家乡郭家沟。但作为良师益友的曹谷溪，并不是只做了他情感上的倾听者，还在尝试帮他走出失恋阴影和人生的低谷。曹谷溪清楚地看到了王卫国身上的才情与灵气，他不希望这个有抱负有实力的年轻人埋没在那样一座荒凉的小山村，就是这么微小的恻隐之心，成就了后来的作家与诗人——路遥。

出于对王卫国——现在应该叫路遥——的赏识，时任延川县革委会通讯组副组长的曹谷溪极力说服了包括延川县政工组组长在内的，一系列的城关公社的领导，通过自己的工作关系，以培训“农村通讯员”的形式，把说话还带着浓厚的陕北土音的马家店小学的民办教师路遥，抽调到了县革委会通讯组，以“民工”身份进行为期一年的通讯员培训。

来到县革委会通讯组后，由于路遥是外调身份，加上窑洞不够，所以最开始是和曹谷溪合住在一个窑洞里的，这样也方便他指导路遥进行最初的创作启发。当然，即使是后来获得茅盾文学奖的路遥，在初出茅庐时的习作也还主要是一些“顺口溜”形式的创作。但路遥之所以能够在后来闻名全国，跟他的勤奋是分不开的，他没有因为得到了赞赏就沾沾自喜，而是很感激曹谷溪给他的这次读书学习的机会，当然也是改变命运的机会，所以很快就塌下心来，很勤奋地进行扎实的基本功练习。

当时曹谷溪与革委会通讯组的同事们在搞通讯报道的同时，还为了开展群众性的文艺创作，由曹谷溪、白军民、王荆竹、曹伯植等同志一起组建了“延川县工农兵文艺创作组”。延川县革委会的领导得知这个情况之后，表示了支持，尤其是马志亭、申易等同志，不仅对通讯组的做法提出了表扬，还对他们的工作给予了非常大的支持，并且很快把永坪中学的语文教师闻频，北京插队知识青年陶正、林达等创作骨干调进县城，安排进了革委会通讯组，方便他们开展工作。

为了尽快培养路遥的创作能力，曹谷溪每次下乡采访采风，几乎都会叫上他，为的是让他开阔视野，从而激发他更多的创作灵感。

在一次对新胜古大队的采访结束后，两人站在黄河畔的石崖上合影留念。背后是雄奇壮阔、苍茫神秘的峰峦，眼前是秦晋大峡谷中波涛汹涌、万古流淌的黄河，面对这大自然的鬼斧神工，路遥不禁心生豪气，更多出一种对未知的好奇与自信。在这一次对新胜古的采访中，曹谷溪在陕报上用通栏标题发表了他完成的大型通讯《手牵黄河水倒流》，路遥则是在新胜古的黑板报上，留下了他的处女作《老汉我走着就想跑》。

路遥是在1970年以培养通讯骨干为理由被借调到通讯组的，可他实际上还是背着“造反派”头头的黑历史，“培养通讯骨干”的借口实在没办法再留人。于是曹谷溪就与县文教局白军民联系，以代理教师的身份，安排路遥去县文教局的“延川县业余毛泽东思想宣传队”搞编剧。

当时宣传队的成员大多是北京的下乡知青，宣传的方式主要是以表演当时流行的八大样板戏为主。一群年轻人总是充满了干劲，常常背着演出用的行囊，徒步走到演出地点，一路上说说笑笑，当演出的时候却都一个个一丝不苟，工作虽然并不轻松但是也十分开心。一般有演出下乡的时候，路遥总是会跟着宣传队一起出发，哪怕没有什么具体的工作，只是跑前跑后的打杂，或是在伴唱中吼两嗓子，他也不介意。在路遥看来，这是一种难得的经历，对他获取创作灵感有着极大的帮助，而且他本人也愿意与同龄的知青们呆在一起，和他们说话总能开阔路遥的视野。而知青们也喜欢这个具有才情的陕北汉子，尤其是他那一嗓子嘹亮而又深沉的信天游，更是让同伴们没有理由拒绝他。

到了1972年，曹谷溪觉得有必要在演出样板戏的同时，进行文字方面的文艺宣传工作，于是就出面牵头，号召白军民、路遥、闻频、陶正等人组织成立了延川县工农兵文艺创作组。这虽然是一个业余的文艺小团体，但是得到了当时的县委书记雷增寿、政工组长刘保存等人的高度重视，而且领导们对于文艺创作也表示了实际的支持，同时还向创作组拨发了专款，让创作组想办法办一个铅印小报出来。

于是在当年9月1日，延川县工农兵文艺创作组的第一份小型文艺报纸——《山花》诞生了。

《山花》对于西北地区的意义重大，造成的文学冲击力也强，但是延川县工农兵文艺创作组毕竟只是个业余的文艺小团体，名义上曹谷溪、白军民、陶正、闻频、路遥等人共同参与了《山花》的编辑，但事实上因为白军民在文教局有固定工作，陶正在关庄公社插队，闻频所在的乐队随时排练，到处演出，《山花》实际的编辑主要是靠曹谷溪和路遥两个人完成的。

有了用武之地的路遥很快以一种前所未有的狂热——超越“文化大革命”的狂热劲头，开始了与命运的决战。他近乎痴迷地投入到了文学创作中来，而这难得的实践机会，也疯狂地挖掘着他的文学才能。随着《山花》的成长，路遥的才华也渐露峥嵘，并且很快引起了省内外评论界的重视，甚至一些当时颇有影响的文艺评论工作者，在诸如《光明日报》等报刊的评论中，都屡次提及给予了路遥较高的评价。

看着路遥一步一个脚印地成长起来了，作为良师益友的曹谷溪，也不禁为他感到骄傲，当然他所挂心的不仅只有路遥的成长，还有身在铜川工厂的北京知青林琼。几乎每一期的《山花》出版后，曹谷溪都要寄给林琼一份，他想让林琼看到路遥，也就是王卫国的成长，看到他还是可以依靠的，他这么做的目的就是希望林琼可以回心转意，与路遥重归于好。

然而，这是曹谷溪一厢情愿的想法。先不说内心倔强的路遥，不会留恋一场已经结束了的虚幻的爱情，就算林琼此时回头，路遥的心里也已经住进了另外一个人了。

路遥平时比较沉默，话不多，但是却喜欢和北京知青交往。他们为路遥打开了另一个世界的大门，比如陶正，是他令路遥的人生开启了新的征程。此时住进路遥心里的就是当时只有19岁，属兔的北京女知青林达。

路遥与曹谷溪交往甚密，所以与经常来这里向曹谷溪汇报工作的正式通讯干事林达，抬头不见低头见。林达的开朗、诚挚和干练，使路遥心中燃起了征服的火焰，同时林达文质彬彬又待人和气的样子，也融化了路遥冰冷干涸的心。所以只是每天看她一眼，林达就被路遥印在了心里。

这个林达，在来插队的北京知青中，算是参加工作比较早的。她最早是插队在延川县关庄公社前卢沟村的，后来被曹谷溪看中了才学，调到延川县革委会通讯组。说起来，林达要笔杆子的功夫在延川县都是数得上的，也算是是曹谷溪的一员得力干将。最巧的是，林达竟然是路遥的初恋女友林琼的发小，两人在一个机关大院长大，而且都是清华附中的学生，又同在关庄公社卢沟村插队。

这次路遥不再是热脸贴冷屁股了，因为林达也非常欣赏路遥，原汁原味的纯天然的文学风格，即使他还正在野路子上摸索。这给正饱受失恋折磨的路遥，带来了恢复自尊和自信的可能，正是因为林达的抚慰，路遥的心才能这么快地愈合。毋庸置疑，林达是路遥最为低谷的人生中的一束火炬，在与命运抗争的过程中，是林达的爱与呵护，为路遥恢复了自信，并带给了他动力。

虽然两个人都互相欣赏，但是林达却没有贸然接受路遥。知识分子家庭出身的林达，有着良好的修养，她必须让自己能够坦然面对路遥的初恋女友，也就是自己的发小林琼，才能坦然的接受路遥，即使这只是一段无果的单恋成分较大的恋爱经历，即使这跟她没有任何关系。

但是林达需要一个交代，她不能成为别人的替代品，也不能让自己活在对发小的歉疚和顾虑中。于是林达风尘仆仆地赶到了铜川的二号信号工厂，把她与路遥的相恋情况原原本本、清清楚楚地告诉了她的好友，路遥的初恋——林琼。

因为曹谷溪寄来的《山花》小报，林琼一直都关注着路遥。但她并不知道在与她的失败的恋情中，路遥受到了这样大的打击，她只能从路遥的字里行间看出，他曾经受过的痛苦与折磨，感受到他的绝望与消极，也清晰地感觉到如今的路遥因为林达的出现，而变得越来越积极乐观，这是林琼真真感到欣慰的地方。林琼与路遥已经是过去了，以后也不会有什么关系，她衷心地祝福林达与路遥能幸福地走到最后。

得到了好友的祝福，林达安心地离开了铜川，辗转回到父母寓居的厦门。在这里，林达激动地向母亲诉说了她与路遥的恋情，并征询母亲的意见。作为知识分子的母亲愿意尊重女儿的选择，但是她希望林达能够真正了解路遥之后再确定两人的关系，而不是在被爱情冲昏头脑的时候草草决定。至少要让自己有信心包容他的一切缺点，那样两个人才能成为真正的生活伴侣。

听了母亲的话，林达也从热恋中冷静了下来，她也愿意接受母亲的意见。回到陕北的工作地点后，林达开始有意疏远路遥，并开始认真考虑两人的关系。这可吓坏了路遥，难道我又要失去心爱的姑娘了吗？满腹心事的路遥，接连几次在林达那里碰了软钉子之后，脆弱的内心又一次崩溃了，他又一次找到了曹谷溪哭诉：林达也不和我好了。

但是曹谷溪是了解林达的，觉得她不是这样的姑娘，却也难免在心里犯嘀咕，所以就去找她了解情况。得知林达的心意后，曹谷溪心里也踏实了，对林达说：“我也赞同你母亲的意见，但她的意见肯定不是不同意你和路遥在一起，她和我一样都希望你和路遥能够幸福。所以我希望你以后可以继续了解他，而不是和他分手。”

果不其然，一段时间以后，林达结束了对路遥的“审查”。两人还一起回到了郭家沟，和路遥的大爸大妈一起过了春节。老两口对这个知青儿媳妇赞不绝口，喜欢得不得了。两人的关系也很快确定了下来，之后到了1973年，路遥以“工农兵学员”的身份，如愿上了大学，两人开始了以书信传情的日子。在1975年的暑假，路遥陪同林达回到了林达的老家福建，去见林达的父母。

直到1978年，相恋近八年的路遥和林达，才在延川县招待所举办了婚礼。婚后的生活也是十分甜美，婆媳之间的关系也十分融洽。一年后他们的女儿路远出生了。孩子的名字取自路遥的“路”和林达的笔名程远的“远”，既有对未来日子的憧憬，也有对孩子日后的期盼。

但是由于路遥在之后岁月里将全部的热情投入到了写作当中，开始了“早晨从中午开始”的作息习惯，渐渐忽略了妻子的感受。而且作为“路遥夫人”，这个光环遮蔽了林达本身的能力，可偏偏她又是一个事业型的女人，加上两人出身的差异造成的生活习惯的不同等原因，在结婚十四年后，也就是1992年，林达正式向路遥提出离婚。

现在看来，两人的婚姻，实在无法简单地用对错作为标准进行评判，毕竟他们当初是那么的相爱，但缺少磨合的爱又怎么能长长久久呢？两个人都是受害者，如果要追究，也应该是那个时代的错！

第二章 遨游在知识的海洋中

文学的殿堂向路遥伸出了橄榄枝，这就是他梦寐以求的生活，他愿意为此付出无数的心血与精力。忍受了多年饥饿的路遥，面对精神世界的盛宴，没有丝毫的犹豫和停顿，他需要通过知识不断地充实自己。路遥就像一只永远也吃不饱的饕餮，凡是他能够触碰得到的书籍都被他收入囊中，凡是他需要了解的知识都被他消化殆尽。

文学事业上的不断成功，没有让路遥沾沾自喜，他明白进步的道路永远不会有尽头。但是又有谁能看到，光鲜亮丽的背后，路遥的付出与辛苦、无奈与无助呢？他只有不断地打磨自己、充实自己，才有信心面对生活未知的挑战！

1. 踏进大学的校园

1970年，全国性的动荡有所好转。这年6月27日，中共中央批转《北京大学、清华大学关于招生（试点）的请示报告》。《报告》从根本上否定了“文化大革命”前一直采取的行之有效的高校招生考试制度，提出今后高校招生，“实行群众推荐、领导批准和学校复审相结合的办法”，“招收政治思想好、身体健康、具有三年以上实践经验、年龄在20岁左右、有相当于初中以上文化程度的工人、贫下中农、解放军战士和回乡知识青年”，学制为二至三年。另办一年左右的进修班。10月15日，国务院电报通知各地，1970年高校招生工作，按上述中央批转的《报告》提出的意见进行。由于“文化大革命”而“停课闹革命”，停滞了数年的各个大学，也由此逐步开始恢复工作，准备着手进行招生。

当时大学招收的学生，也就称为“工农兵学员”。出于慎重的考虑，很多大学都是在某个系或者某个专业先办一个一年制的“试点班”或“进修班”。

当年的延安大学中文系就搞过这样的一个尝试，不仅如此，当年提倡“开门办学”，学生们不能读死书，要接触实际。延安大学的这个“试点班”还在1972年组织这一期学生专程到群众创作搞得好，并且编印了颇有名气的《延安山花》诗集和四开小报《山花》的延川县，同延川县工农兵文艺创作组及《山花》小报的编创人员座谈。当时路遥也参加了这次座谈。

如今我们回过头去看当时的情况，路遥之所以能够顺利地进入大学继续学习深造，与参加这次座谈会不无关系。这次来参加座谈会的人中，就有负责延安大学中文系学生工作的系党总支副书记申沛昌，在这次座谈上，申沛昌认识了曹谷溪、白军民、闻频等一批扎根延川的文艺创作骨干，当然也包括喜爱文学、涉猎广泛的路遥。

到了1973年，全国的高校已经普遍地恢复了招生工作。招生方式依旧是推荐选拔制，按照级别的高低，一级一级地把大专院校的招生名额分配下去，再由公社把合适的人选名单上报给县文教局，最后文教局负责招生对象的政治审查，并最终向大专院校推荐上去。虽然当时已经开始在招生中加入文化考试，但毕竟最终的招生结果还是要和社会推荐相结合，一般只要出身干净，表现突出，能够顺利通过政审，学校都会录取的。正是因为这种情况的存在，一些身在农村又急于想要改变命运的知识青年们开始利用各种关系和手段，完成这次质的改变。

此时的路遥当然也按捺不住了，就在高等院校恢复招生的消息传回延川县后，路遥就动了上大学的念头。随着路遥在文学创作的道路上越走越远，文化素质偏低的问题也就越来越凸显了出来，所以路遥想要抓住这次机会到大学去学习深造。在对自己有了一个简单的评估之后，路遥出奇的自信，由于他杰出的创作才能，已经在各大报纸上成为了红人，就连县里的领导知道了他想上大学的想法，也表示了绝对的支持。所以路遥很快就确定下了他要报的志愿：北京大学哲学系，西北大学中文系，陕西师大中文系。

尽管路遥离开校园已经有七个年头了，但是凭借着在文学创作上的一点心得和成绩，他一点也不担心语文科目的考试。真正让他头大的是，随着时间流逝早已经生疏了的数理化科目。如今已经到7月份，此时的路遥不仅要把握住复习功课的时间，还要抽出时间做好政治审查之前的推荐准备工作。很快，路遥就向他所在的刘家圪塄大队递上了《入学申请书》：

大队党支部：

为了更好地为革命事业作出贡献，更好地为人民服务，提高自己的政治思想和理论水平，提高专业知识，做又红又专的革命战士，特向组织申请报考大学。

如果党让我入学，就决心在学校为革命努力奋发学习，争取优异成绩；如果党让我继续留在农村，就一定安心扎根农村，为彻底改变这里的面貌而不懈的奋斗。作为党的一员，我把自己的一切都交给了亲爱的党，在留与走的问题上，党怎样安排，我就按党的安排办，而且要办好。

附自传一份。

王卫国

1973.7.3

两天之后，延川县刘家圪塄大队党支部与革委会召开了会议，专门对路遥报考大学的问题进行了讨论，当然会议最终通过了路遥的请求，并准备将他推荐给县文教局。

基层的审查就算是通过了，但路遥的考生登记表还需要层层上报，直到交到中共延川县委员会手里才算是一坎。与此同时，路遥也开始着手进行文化考试方面的准备。虽然招生考试依旧以社会推荐选拔为主，但毕竟还是安排了文化考试，路遥不愿意拿自己的前程开玩笑，所以他投入了紧张的备考中。语文科目自然不在话下，但是初中时期路遥的数理化就是短板，此时更是感到无比头痛，只好求助当年的数学老师。

考试的时间很快就到了，1973年7月24日，在路遥的母校延川中学，近一千名报考者，参加了招生考试。考试结束后不久，延川县招生办就公布了成绩，路遥的语政分数是83分，数学分数是22分，理化分数是30分，平均分数：45分。虽然从分数上看成绩平平，但毕竟已经在同届的考生中占据了主动权，之后就等着政审的通过，路遥的大学梦已经越来越近了。

可谁又能想到，在这个节骨眼上，路遥的政审出了问题，由于路遥是“文化大革命”中的造反派头头，他志愿报考的三所大学都没有录取他。毕竟在那个年代，政治决定一切，一旦有了黑历史，就一辈子都很难再翻身了，从这个角度看，三所大学不录取路遥的决定还是可以理解的。

后来路遥听从了同伴的建议，转报了延安大学中文系。延大中文系的领导在1972年曾经参加过在延川举办的文化座谈会，并且见过路遥，所以路遥还是很有机会的。但是在最初拿到路遥资料的时候，延大的老师也拿不定主意，反倒是延川县的县委书记申易为路遥亲自出马，申请复查了牵扯到路遥的“白振基参加武斗致死案”，不仅解决了路遥的政治问题，还把路遥亲手送进了延安大学中文系——原来申易是延安大学中文系负责招生的系总支副书记申沛昌的堂哥。

应该说，路遥能够进入延安大学中文系，不仅是他的幸运，更是巧合，因为他最初心仪的并不是这所院校，而申易在那时候也并不清楚路遥会有多大的出息，他之所以帮助路遥，更多的是出于正义与良知。路遥是幸运的，在他的奋斗路上，一直都有贵人相助。

2. 杨家岭的日子

当工农红军闹革命时，是延安保留了革命的火种；如今时代不同了，延安大学要继续为中国文学的发展，点亮一盏灯。革命既然选择了延安，并由此孕育出了一个崭新的世界，那么延安大学就要以博大的胸怀，去孕育一个崭新的时代。

延安大学是一座拥有悠久的办学历史的名校。之所以说它办学历史悠久，是因为早在1941年7月30日，还处在抗日战争初期的时候，中共中央就把延安一带的陕北公学、中国女子学院和泽东青干校合并成为了最早的延安大学；两年之后，早期的延安大学又与鲁迅艺术文学院、自然科学院、民族学院等再次融合，形成了新的延安大学；同年5月，延安大学再次吸收了新血液，将陕甘宁边区行政学院纳入怀抱，组成了如今的延安大学。

说它是名校，是因为在延安大学初具雏形时，学校的名字是由毛泽东亲自确立的；而完成最终重组的延安大学的开学典礼上，毛泽东和朱德又亲自出席现场，并发表了讲话；而且在那些艰苦卓绝的战争年代，延安大学在战火纷飞中为我党培养了许多优秀的人才和革命干部。所以说，这所坐落在延安城北郊杨家岭的大学，虽然有些破旧，但是却有着不容小觑的光环。

在1973年的秋天，路遥终于克服了千难万难，迈入了这所古老而又新鲜的学校，成为了延安大学在恢复招生工作后的第一届“工农兵学员”。彼时，已经正式把自己的名字改成了“王路遥”的他，正走在去往延安大学中文系七三级的路上。

当年延安大学只有中文、数学、物理、化学四个系招生，而且每系都只招收了三十名学生。当时的延安大学真的可以用十分简陋来形容了，从建筑形式上看也只是单纯的比路遥的母校延川中学多了几孔窑洞和几间砖瓦房而已。中文系的教室就在学校仅有的两排窑洞中的其中一排窑洞的二层上。全系只有一个班，而且大部分是来自延安和榆林的贫困学生，在年龄分布上也是参差不齐的。

对于路遥来说，能够与其他的二十九人一起在这所有着光荣传统的大学学习深造，简直是一件再幸福不过的事情了。所以路遥很珍惜这次学习的机会，也很感激帮助他顺利进入延安大学中文系的延川县委书记申易和当时的延安大学中文系主任申沛昌。对路遥来说，能够进入大学学习，意味着出身贫寒的他终于能通过努力改变自己的命运了。

在从延川出发来到延安之前，路遥先回了趟清涧老家，看望了自己年迈的生身父母，临走时又把一直住在老家的三弟王天云带到了郭家沟。对于路遥来说，这次上大学，为的就是改变自己的命运，自己这一走，可能要走很长的时间也可能从此就不再回来了。可是一想到自己一走，养育自己多年，而此时已经年老力衰的大爸大妈，就要从此过上无依无靠的孤苦生活，路遥就觉得心里歉疚得很，所以他才把已经有了劳动能力的四弟带来了郭家沟，让他替自己照顾好上了年纪的大爸大妈。安排好了一切，路遥才拜别了大爸大妈，离开了养育他近二十年的郭家沟，背起了恋人林达为他准备的被褥和衣物，踏上了通往延安、追求文学的嬗变之路。

在路遥正式到延安大学学习之前，先来到了陕西的省会西安，参加了一场在当时的时代条件下极其重要也是陕西省内规模最大的一场文艺创作座谈会。这场座谈会是由《陕西文艺》杂志编辑部组织的，它的前身就是省文学刊物《延河》。路遥能够年纪轻轻就在陕西文坛占有一席之地，就是因为曾经在该刊物的创刊号上发表了自己的小说处女作，甚至这也是路遥开始正式进入中国文坛的标志。所以这次座谈会，作为重点培养的青年作者是非到场不可的，于是他在办妥了新生报到手续后，就急匆匆地往西安赶去。

等到路遥参加完会议，学校已经开始上课了，于是他又马不停蹄地开始投入到学习中。倔强是路遥从小带到大的标签，他虽然不是好胜之人，但也并不愿意事事都落在别人后面，所以尽管在迟到两个月的情况下，路遥依旧是每堂课上发言最积极、讨论最深刻的学生；不仅如此，路遥还是个有心的人，他的观点和发言并不是哗众取宠，而是用言简意赅的短短几句就能找到问题的本质。

连路遥本人都没有想到，来得最晚的他就这样成了七三级学生中最受欢迎和赞赏的人，而且在接下来的班干部正式选举中，路遥还以全票的成绩当选了班长。

当了班长的路遥并没有洋洋得意，沾沾自喜，他还是像以前一样在班上沉默寡言。当然他也在沉默中履行着自己作为班长的义务和责任，为班级作出了自己的贡献。但是同学们眼中的他，一年到头都是那么稳重而又不苟言笑，只有在给恋人林达写信或者接到林达的信的时候，他才有了些烟火气。平时的路遥只会做一件事——读书，图书馆和阅览室也变成了路遥的半个宿舍，一天中他有一半的时间都在那里读文学名著，或者在做笔记。

路遥之所以这么拼命，是因为他在跨进延安大学的门槛时，就给自己定下了要成为一名全国知名作家的目标，所以他每天的阅读就像是长期经历干旱的禾苗，享受着甘霖的滋育，充分汲取着营养，这么做都是在为今后从事文学创作打基础。

当然，路遥读书并不是那种填鸭式的读法，而是带有目的性地去读。填鸭式的阅读虽然能够在短时间内阅读大量的书籍，但是却只能将优势体现在数量上；路遥读书的时候，他觉得对自己有启发有帮助的小说，都会读三遍以上，而且他还认为读书要按照文学发展的每个阶段，分批分特点的去读。例如当路遥在接触到某一流派的作品时，他都会再找来这个流派的其他代表作，并且对这一系列的文章大拆大卸。

路遥所指的大拆大卸并不只是在文章的行文上，章节的安排和情节的发展，也是需要考虑的。路遥就曾经对柳青的《创业史》进行过大拆大卸，并且深坠其中不能自拔，甚至为了小说中的人物流下过眼泪。

虽然沉默寡言是路遥的代名词，每天都要阅读大量的名著与小说，但是路遥毕竟是年轻人，还是无法拒绝丰富多彩的校园生活。当时的延安大学，校园内的环境是有些差强人意，但是对于从小喜爱篮球运动的路遥来说，能有场地让他打篮球就已经足够了。事实上，运动场更像是路遥在进行了长时间阅读后的休息场。

就这样，一边充实自己，一边进行着写作实践，在延安大学学习的一个半学期结束时，路遥已经有众多文章在具有相当影响力的刊物上发表了，比如：诗歌《红卫兵之歌》（与金谷合著）、散文《银花灿灿》都先后在《陕西文艺》上发表了。虽然当时延安大学的能人不少，但是能够把自己的作品多次转化成铅字发表，无论如何都是件了不起的事，而且路遥还担任着班长的职务，于是他再一次获得了众人的瞩目。

但是路遥不是一个会轻易迷失自己的人，他来到大学并不是为了获得名气，而是为自己以后的文学创作，积累更多的文化知识，培养更高的文化素养。为了不影响自己最初和最终目标的实现，其他一切与之无关的事情，路遥都会干脆地选择放弃，比如他主动提出辞去班长的职务。客观地讲，班长的职务给路遥提供了一个施展才能的平台，而且以路遥当时的情况看，他完全有能力胜任这个工作，只是这项工作总是会占去他不少阅读的时间和精力，所以必须放弃。懂得为自己说“不”，也是路遥与众不同的特点。

3. 精神食粮

路遥被延安大学录取的时候，已经和林达确立了恋人关系，因为要上学的原因，路遥也失去了经济来源，所以他在大学期间的生活费基本都是靠林达在延川县革委会通讯组的工资来维持的。原本经历过挨饿受苦日子的路遥，并不在乎饥一顿饱一顿的饮食情况，但是这对每月只能领到三十八元最低工资的林达来说，确实是一项挑战，因为她在满足自己最低需求的基础上，把剩下的工资全部寄给了路遥，这也是为什么路遥后来调侃说自己在大学期间一直用的是“林氏装备”。不夸张的说，没有林达，路遥根本没法顺利地读完大学。

精神上的贫瘠也是很明显的。在当时极左的路线支配下，许多有用的知识与信息是被屏蔽掉的。但是前来上大学的工农兵学员中又有不少不甘心于只是来延安大学混日子的人，比如路遥，所以他对精神食粮的渴求要远胜于物质方面。

路遥到学校报到后，几乎就和图书馆结下了不解之缘，这在他所在的班级中七三级是出了名的。他就像一条鱼，延安大学的图书馆资源就是一片海，离开了文学著作的海洋，他几乎就活不下去。这并不是夸张的说法，路遥常常全身心地扎在学校阅览室，每天坚持通过各类报纸期刊，了解国内外的大事小事，并且有意识有计划地按照中国现代文学的发展轨迹，去翻阅图书馆的馆藏，尤其关注“五四”之后的各类文学刊物，想要通过阅读报刊去了解建国前那段时期中国文学的发展历程，并且填补自己出生之前那段时期的知识空白。

在延安大学就读的三年里，路遥就像一块干燥吸水的海绵，好像永远也不会吸满水一样地发奋读书，他所有的时间都用来吸收各种知识。他因为非常喜欢《创业史》这本书，所以一口气读了四遍，书都要被他翻烂了。路遥也因此开始崇拜柳青，他认为柳青不仅仅是一个优秀的小说作者，一位作家，更是一位社会活动家，还是一位思想家。因为《创业史》，路遥还迷上了长篇小说，为了尽快熟悉长篇小说的体式，方便研究，他还熟读了《战争与和平》《青年近卫军》《堂吉诃德》等大量大部头的外国文学作品。

当然，学校的图书馆和阅览室都是有工作时间的，就算路遥再投入再无法自拔，学校也不能因为他一个人而改变既定的规定。于是路遥就渐渐的不只满足于在校阅览室翻阅文学刊物了，他开始想法设法借阅世界文学名著。但是由于当时极左路线的禁锢，许多中外名著都处在被封禁的状态，明面上可以见到的书少之又少，甚至偌大的延安大学图书馆里，竟然只有一本残缺不堪的《悲惨世界》。想来，那些深陷“文字狱”中的著作们，真的是够悲惨的了。可是即使在这样文学凋敝、万马齐喑的环境下，路遥还是三天两头跑去图书馆，设法找来那些已经残破不堪甚至看上去一碰就碎的书，爱不释手地读了一部又一部。

只是受到当时的环境所限，路遥能找到的书实在是太少了，由于许多文学作品还处于“禁书”的行列。但这都难不倒路遥，他通过已经找到的欧洲文学史、俄国文学史和中国文学史进行搜索，并在此基础上系统地阅读了大量的中外文学名著。就这样在很多同学还并不了解托尔斯泰和巴尔扎克是谁时，路遥已经把《战争与和平》《安娜·卡列尼娜》《复活》《悲惨世界》《欧也妮·葛朗台》《高老头》《红与黑》《死魂灵》等世界名著看得烂熟了。而且路遥的床头总是会放着两本书，一本自然是他崇拜的柳青写的《创业史》，另一本则是哲学名著，是艾思奇的《辩证唯物主义与历史唯物主义》。因为这两本书陪伴路遥度过了无数个夜晚，所以受到路遥的“荼毒”也最多。不知翻过多少遍的书，已经看上去松松垮垮的了，但是内容却深深地印在了路遥的脑子里，他甚至曾表示可以把他们全部背出来。也因为路遥的知识量大，思维开阔，所以在党员生活会上，他总是侃侃而谈，和同志们分享着他令人折服的独到见解。

虽然路遥阅读学习的内容得到了大幅提升，但是时间又显得不够用了。当时，延安大学有规定，不允许学员们“开夜车”。但是嗜书如命的路遥可管不了那么多了，他在教室里全情投入的时候，总是会忘了时间，于是他就变成了学校里“闯红灯”最多的学生。常常在晚上十一二点钟之后，他还在教室里埋头思考问题，紧锁的眉头和密实的胡茬，让只有20岁出头的路遥看上去特别老成。只不过因为屡次“闯红灯”，当1976年路遥从延安大学中文系毕业的时候，系党总支只在他的毕业意见栏中填“生活较散漫”五个字。

当然，路遥并不只会读死书，在他看来，读书读报是学习，与人交往也是学习，与有着丰富的人生阅历的人交往更是一种难能可贵的学习途径。所以，路遥平时虽然沉默寡言不擅长与人交往，但对与文学朋友的交往实则非常重视。他认为，这样做有利于通过对他人人生经验和感悟的了解与学习，增长自己的阅历。

就在路遥去延大中文系报到之后，曾经在延川一起工作过的几位文学朋友也相继到各个地区发展了。路遥的良师益友，“老镢头”诗人曹谷溪高升了，被调到了中共延安地委通讯组当干事，所以就把家也搬到了延安城，于是路遥就又有机会每天泡在他家里，跟他痛快地聊天了。当然还有最重要的，就是去曹谷溪家改善伙食，路遥可不想每天都吃开水煮白菜。诗人闻频也被调到延安地区文工团当编剧，这个给路遥的文学成名之路指明方向、大开方便之门的文人家，成了路遥周末经常去的根据地。

还有就是文工团的编剧贺艺家，路遥是1972年在延川和他认识的。当时作为地区文工团的专家，特地到延川看了路遥参与创作的歌剧《第九支队》，两人因此结缘。来到延安后，贺艺家就成了路遥经常吃揪面片的场所了。路遥除了喜欢跟曹谷溪敞开心扉，就只剩下延安地区文工团的作家晓雷、李天芳夫妇可以畅所欲言了。每到周末，路遥都要到这夫妇二人的家里，吃一顿奢侈的揪面片，然后和晓雷、李天芳畅谈人生，有时也会谈到国内外的名著，聊到诗歌，说到理想和追求，反正是一通海聊，这也是路遥释放压力、丰富阅历的一种方法。

晓雷、李天芳夫妇是陕西师范大学中文系毕业生，“文化大革命”以前就已经在地区上小有名气，在创作上取得了一定的成绩；“文化大革命”爆发后，被分配到延安中学与延安师范工作。这夫妇二人无论是学识还是人生经历，都是值得路遥学习的。在跟他们的交往中，路遥仿佛又回到了当初的延安，变回了那个初出茅庐的愣小子王卫国。因为他发现，能够从这对夫妇身上汲取到丰富的营养，学到好多好多在书本上学不到的东西。

路遥还经常去拜访早在革命战争年代就开始发表诗作的延安诗人白龙。他和上述提到的曹谷溪、闻频等人一样，都很欣赏路遥的才华，更喜欢路遥为了文学刻苦钻研的狂热劲。此时的白龙，已经成为了延安地区文化馆创作组的头头儿，所以在路遥去拜访他的时候，总是会从他的藏书中借走几部。借阅的对象当然也包括之前的那几位名家，只不过借给路遥的书，想要要回来就有些难了，好在这几位都是真心的赏识路遥，所以很乐意帮助他，借书那更是家常便饭。就是因为和这些有着丰富人生阅历的人交往，才锻造出了路遥深沉而富有内涵的思想，这是一种关于人生的、不可多得的知识，这也使得他在时政方面的敏感度，是同龄人所不及的。

当然作为一班之长，路遥不能只顾自己进步，作为中文系七三级的班长，在同班同学眼中，路遥很有号召力，不是一个只读死书的书呆子。他在平时还积极组织号召班级参加延安大学举办的文体活动。在第一个学期全校的歌咏比赛上，路遥和班里的支部书记张子刚同学一起创作了组歌《我们生活在杨家岭》，完成后路遥还请来了延安文工团的丁永光为其配乐，这样精心制作的作品不仅在歌咏比赛上大放异彩，还得到了全校的一致好评，甚至引起了一股学习撰写诗歌的热潮。

4. 为机遇时刻准备着

1976年8月，路遥顺利地从延安大学七三级毕业，完成了他对自己以后的文学之路的奠基。回想当初刚刚走进渴望已久的大学的时候，路遥颇有一种浮生若梦的感觉。如今曾经敞开胸怀迎接路遥的延安大学，依旧以开放的态度送走了这一届的工农兵学员。

在延安大学的这三年，路遥真的都没有闲着，他时时刻刻都在准备着，准备着随时起飞，飞向自己的文学梦，开始属于他自己的文学远征之路。

柳青曾经在《创业史》中说过这样一句话："人生的道路虽然漫长，但紧要处常常只有几步，特别是当人年轻的时候。"对此路遥深以为然，并且将这句话作为了他在延安大学求学时的行为准则，他认为自己就处在这样一个年轻又十分要紧的选择的档口，为了不辜负大好时光，他愿意以时刻准备着的姿态，迎接挑战等待机遇。他十分清楚，现在所做的一切都是为了以后更好的创作。

前面说过，在他还没有跨进延安大学的时候，就已经在《陕西文艺》的创刊号上发表过短篇小说。那篇名为《优胜红旗》的小说，成为了路遥踏上文学之路的敲门砖，因为《陕西文艺》是在"文化大革命"期间除了《解放军文艺》以外，第一家复刊的省级刊物。陕西文坛正式通过这个窗口，认识了一个叫路遥的青年。于是在去延安大学报到之前的1973年10月，路遥应邀参加了《陕西文艺》编辑部召集的创作座谈会。

路遥是一个有心人，他不会任由机遇从自己手中溜走的，于是在这次座谈会上，路遥尤其用心地跟在场的诸位文学前辈与同好交涉了一番。也正因为如此，路遥才有机会结识了编辑董墨。董墨原来是“裴多菲俱乐部”的成员，当时正在负责《陕西文艺》的筹备工作。这个阅历丰富、见识非凡的知名编辑，很欣赏出席这次座谈会的后辈路遥。路遥也很合时宜地跟董墨吐露了心扉。或许正是因为路遥身上的潜力和深刻的思想见解吸引了董墨，他开始邀请路遥来《陕西文艺》编辑部工作。

在当时那个情况下，整个社会都处在一种重经验、轻理论的思想潮流中。这并不是说文艺工作者们急于求成，不懂客观规律，而是社会大趋势使然。所以才会有了开门办学、开门办刊物的说法，这样一来，也就间接地削弱了学校的封闭性，使得各项工作都能紧跟时代主题。当然这些做法都是最初被提出来的初衷，在实施后演变成了什么样子，就不是当时的人们可以操控的了。

董墨的意思就是想让具有一定实力与潜力的路遥，在编辑部的实际工作中获得培养与提高，这也恰好符合当时所追求的“走出去，请回来”的趋势。而路遥这边当然是求之不得，能够得到全国知名的《陕西文艺》编辑部里有着丰富经验的老编辑们的指点，简直是他梦寐以求的事。

从此之后，路遥的三年苦读都是为了这次绝无仅有的“掺沙子”的机会。这一机会的垂青自然少不了董墨的欣赏，但是路遥也明白，自己不能一直靠着以前的成绩吃老本，所以在延安大学学习的这三年中，路遥无时无刻不在进行着文学的积累。而学校方面，延安大学中文系也在最大程度上为路遥开了绿灯，使路遥得到了这次接触文学编辑实际工作的机会。

于是在1974年的冬天，在延安大学学习了一年的路遥如约来到了《陕西文艺》编辑部，协助小说组看稿。当时的《陕西文艺》编辑部坐落在西安市的西北文联的院子里。20世纪50年代中期以后，西北文联先后分成作协、剧协、美协、音协西安分会，这里又是剧协和陕西省剧目工作室的办公之地。同时这里聚集了王丕祥、王绳武、董得理、杨韦昕、路萌、贺抒玉、高彬、张问彬等原《延河》的全部骨干成员，路遥就在这里当实习编辑。

正是由于这次实习才令路遥在大学毕业后有机会进入《陕西文艺》工作。路遥富有同情心与正义感的性格，让编辑部的同事们都很喜欢。在几个月前的《陕西文艺》创作会议上，路遥结识了来自陕南农村的女作家张虹。后来路遥得知因为她父亲的舅舅是董必武，出于当时国家政治上的原因，使她失去了上大学的机会。路遥不忍心看到这样优秀的女作家被埋没，同样他也知道上大学对与他有相同梦想的人是多么重要的机会，所以就把这个情况告诉了《陕西文艺》副主编贺抒玉，并请求贺主编为她去找一找省领导。数月之后，在路遥等人的努力下，省里的领导章泽终于肯在材料上批了字，文件经过层层审批最终送到了张虹的手里，从此又一个农家子弟的命运被改写，在1975年10月顺利进入汉中师范学院中文系上学。

能够在《陕西文艺》得到众多本土著名文学编辑的帮助和教导，使得路遥在文字编辑工作上进步神速，就在路遥实习了一年多之后，延安大学中文系在1975年传来了消息，要求他在接到通知后，尽快返回学校，准备毕业，路遥这次愉快的实习才不得不告一段落了。在《陕西文艺》的这些日子里，路遥不仅锻炼了自己，还吸收了很多优秀资源，而且他还在这段时间发表了大量的作品，总算是没有辜负一路走来对他提供帮助的人们。

1976年，周恩来、朱德、毛泽东三位开国元勋相继离世，唐山大地震的发生使得全国上下陷入了一片深深的悲恸之中，而随后“四人帮”的粉碎，又让全国人民欢喜不已。这一年真是令人难忘的一年，就在这一年，路遥也要毕业了。

按照当时的教育制度，作为工农兵学员入学的路遥要遵循从哪来来到哪去的分配原则，被分配回“生源地”。但是因为路遥在文学创作上的突出表现，学校想要把他留在延安地区的文化馆编创组。虽说这也是个好去处，只是对于心中已经有了方向和目标的路遥来说，却是难以接受的。

俗话说，无巧不成书。这边路遥一心想留在省级文学单位，在实际工作中继续学习知识，充实自己，而《陕西文艺》编辑部也十分“怀念”路遥，觉得他是个可塑之才，正想着把他挖过来。照理说这也就是一个愿打一个愿挨的事情，但是放在当时就成了一件大难事，因为路遥就学的延安大学与《陕西文艺》编辑部分属两个不同的系统管理。

延安大学是由教育局管理的，而《陕西文艺》却隶属于文化局。所以《陕西文艺》要想把路遥要过来，要联系延安大学、教育局和文化局三方一同解决，这三个环节中任何一点出了问题，或是有一方不同意，都会让他们的努力付诸东流。偏偏这个时候，延安大学又拿出了一份制定好了的分配计划，要将这一届的毕业生一个不落的就地消化。

这下《陕西文艺》可坐不住了，一旦路遥被分配到了别的系统，再想把他调回来可就不像从学校把他领走这么简单了。于是编辑部的主编王丕祥和副主编贺抒玉只好亲自出马，这才做通了延安方面的工作，就连路遥原来的分配单位也作出了让步，就这样在所有毕业生被分配完毕后，路遥如愿来到了《陕西文艺》编辑部。

世上无难事，只怕有心人。这个有心人说的不仅仅是，一个有能力有大志又肯吃苦耐劳的人，有时候运气也是实力的一部分，机遇与伯乐也是同样重要的因素，而路遥显然就是这样一个幸运的有心人。

5. 《陕西文艺》做编辑

在从延安大学毕业之后的1976年9月，延安大学最后一名没有分配的工农兵学员路遥，终于以大学毕业生的身份到了他心仪已久的陕西省文艺创作研究室的《陕西文艺》编辑部工作，并且被分配到了小说组担任初审编辑。

当时的《陕西文艺》的主编依旧是老延安王丕祥，小说组的组长是路萌，副组长是是作家王汶石的夫人高彬和作家杜鹏程的夫人张问彬。

当时文学编辑部对待收到的稿件，都是采取三审制的，简单的说就是审三遍，第一次是初审编辑的把关，也就是路遥的工作职责所在；第二次审稿，就要由初审编辑将稿件提交给组长，这叫做“二审”；第三次的审稿工作，不言自明需要由组长提交给主编，即所谓的“三审”。能够通过三次稿件审查的，也就可以准备发表了。所以路遥所负责的部分，就是最直接的区分稿件质量高低的关卡。当然作为年富力强的小伙子，这样的工作强度对于路遥来说并没有什么，于是他又主动要求担任了一系列工作，比如：给来稿登记并进行编号、接待来访者、写退稿信或作者调查函。与路遥的本职工作相同，这同样是一份工作强度不大的工作，但是琐碎的小事又极其考验工作者的细心与耐心，所以路遥并没有任何怨言，而是兢兢业业地干起了工作。

在当时来说，路遥虽然多次在《陕西文艺》发表文章，又曾经在这里实习了一年之久，但终究只是《陕西文艺》的新人，编辑部没有及时为他找到一个合适的居所，只好在路遥所在的小说组临时支了一张木板，权当做是简易的床铺了。因为此时编辑部仍然坐落在东木头市172号，这里实在是太小了，所以只好给路遥搭建了这样一个临时的栖身之处，路遥本人自然没有任何不满，但是编辑部的同事们都很心疼他的。然而一直到了1977年编辑部由《陕西文艺》改回了《延河》，并且搬到了高桂滋公馆之后，路遥才摆脱了这个“临时居所”。

路遥是在1976年分配到《陕西文艺》的，也就是在他入职之后不久，“四人帮”就被粉碎了，没有了背后的别有用心的鼓动者，带来混乱的“文化大革命”也终于结束了。这可高兴坏了尝过“文化大革命”苦头的路遥了，得到消息时，路遥正在延安的编辑部里组稿，兴奋不已的他，叫上了从咸阳调回来的闻频，一起去曹谷溪家庆贺。三个深受其害的陕北汉子，为了这件大喜事，足足喝干了一整瓶白酒。他们一边喝一边高喊着：“这是人民的胜利！”

书归正传，因为路遥在实习期间就展现出了惊人的才华，加上他不仅钟情于文学，也热心于政治，所以经常被编辑部指派基层采访任务。这样的采访是很累人的，不仅需要时刻保持清醒理智的头脑，还要带有无比高涨的工作热情，不然又怎么能将老百姓心里的话落实成铅字呢？这样一来，原本繁琐的工作变得繁重起来了。

由于工作逐渐多了起来，路遥不得不经常在晚上熬夜，常常是每天晚上整个编辑部大院除了路遥的工作室加卧室还亮着一盏孤灯外，四下里黑魆魆一片。而路遥就在他的房间里挑灯夜战，一边吸烟提神一边看稿，这样一来因为没有充足的睡眠，早上睡懒觉就变成了必然，于是一觉醒来就已经上午十点多了。来上班的同事好不容易熬到路遥睡醒慢腾腾的把门打开了，一进屋却只能闻到还没有散尽的烟味和一地的烟蒂。由于休息时间的不规律，路遥的饮食也变得不规律起来，早饭一般都是不吃的，剩下的两餐基本上都是烤红薯和烤馒头，这样的生活习惯一直到他病逝前都没有改变过，或者说这种不健康的生活习惯是直接导致路遥得病并且不断恶化的元凶。

当时的文学编辑部虽说属于自由度很大的事业单位，但毕竟也是要恪尽职守按时上下班的，只是路遥几乎每天这样熬夜通宵看稿工作，还没有节制地吸烟，对工作环境造成了一定的影响，也给其他同事造成了不便。一开始，大家还体谅他一个人住在工作间比较辛苦，但是时间一长难免大家颇有微词。

这些意见一来二去，就传到了副主编贺抒玉的耳朵里。说到底，路遥还是他花大力气安排到《陕西文艺》的，贺抒玉不能不管，所以他找到了路遥，跟他进行了一次长谈。也正是这次长谈，才让贺抒玉明白路遥的难处，并不是他不想起，只是因为他太勤奋了，太努力了，他并不是在消极工作，而是在和自己的时间自己的生命赛跑。于是贺抒玉当即原谅他，毕竟他不能又让马儿跑，又让马儿不吃草啊，路遥的能力毕竟还是大家有目共睹的嘛。

贺抒玉把自己了解的情况跟大家通报了一下，一起共事的同事们，也当即表示了理解，同时也为自己没有了解清楚情况的牢骚抱怨而感到抱歉。事实上，路遥在工作中的确是做得相当专业并且出色的。他会每天极其认真地从大量的初稿中，搜寻好的稿件，在工作的时候真的是一篇一篇地看的，因为他知道这些初稿有相当一部分是和自己当年一样的年轻人的美好而又易碎的梦想与希望，所以他不想辜负了这些人。不仅如此，在遇到某些有一定文学创作基础的稿件时，如果有不妥的地方，路遥也愿意花上一些时间写上一封感情真挚中肯的退稿信。比如，一位来自陕北榆林的作家霍如璧，曾经寄给过路遥一篇报告文学，但遭到了路遥的无情退稿，但是在退稿信中路遥还是清楚地指出了霍如璧的文章“只有报告，没有文学”，但如果霍如璧肯下功夫就一定能够弥补这一点瑕疵。可以这样说，除了上班时间延误的问题外，路遥的工作几乎都是尽职尽责完成的。

时间很快到了1977年7月，这一天是《陕西文艺》的大日子，因为她的老刊名《延河》被正式恢复使用了。那段时间真的可以说是《延河》除了20世纪50年代全国叫红外的另一个巅峰，并且一直持续到了20世纪80年代。

之后路遥一直在《陕西文艺》或者说是《延河》做了六年的编辑，这六年里他一直坚持着编辑和写作的双重实践，这一锻炼的机会使得路遥能够从陕西文艺创作研究室同行身上汲取营养，同时也接触到了一大批早就享誉中国文坛的著名作家，并得到了其中某些人的直接指导关怀。可以说，六年的编辑经历，开阔了路遥的文学视野，为他日后驰骋中国文坛打下了坚实的基础。

6. 《惊心动魄的一幕》

随着“四人帮”的粉碎倒台，为祸十年之久的“文化大革命”也终于结束了。全国上下一片欣欣向荣，生机盎然，各行各业在新的政治方略的指引下，开始走上了解放思想拨乱反正的道路。文艺界也不例外，被冰封了十年之久的文学重新走进了大家的视野，在“文化大革命”期间被打倒被迫害，不得不搁笔的一大批老作家开始逐渐活跃起来。

可以说此时，是中国文学的复苏时期。各地的文学性质的组织得以恢复重建或是另起炉灶，文学刊物也如雨后春笋般冒了出来，进而文学奖项也得到了重新设立，文学界这一系列的改革举措，极大地调动了全国范围内的作家的积极性。

与此同时，更名为《延河》的《陕西文艺》编辑部正式搬到了高公馆，但是路遥并不高兴，他所崇拜的作家柳青由于不断加重的病情已经住院了，所以在得知《延河》的副主编贺抒玉要去医院探望他时，路遥主动提出一同前往。对于路遥来说，柳青不仅是自己人生路上的精神导师，说是人生路上的航向标、人生的榜样都丝毫不过分，所以柳青病重的消息，对路遥来说不啻于晴天霹雳。已经住院的柳青还患有严重的哮喘，赶到医院的路遥并没有如愿跟他进行实质性的谈话。

但是路遥认为自己是懂得柳青的，他的长篇小说《创业史》路遥简直可以倒背如流，对柳青说过的话，提出过的观点，路遥也能有自己的理解，所以这次没有交谈的见面，对于路遥来说，几乎就是一场朝圣。

就在1978年4月，“中国作家协会西安分会”的恢复设立议案，正式获得了中共陕西省委同意，并且准备组织成立由柳青、胡采、王汶石、李若冰、王丕祥组成中国作协西安分会筹备小组，以组织中国作协西安分会恢复活动，同时处理西安分会成立前的诸项事务。正在整个事情都在往好的方面不断发展的时候，却突然传来了噩耗，西安分会的分会主席柳青因尘肺心病在北京逝世，这个时候正是为了重建作协而准备召开第二次会员代表大会的前夕。

人生的大起大落总是让人难以接受，身边连续发生的一切，即使对于从小内心坚强倔强的路遥来说，也是个不小的打击。但是这也正应了《孟子》中的那句“天将降大任于是人也，必先苦其心志，劳其筋骨，饿其体肤，空乏其身，行拂乱其所为，所以动心忍性，曾益其所不能”。经受住这一系列打击的路遥，他的文学之路也发生了重要的改变。

尽管在成立之初就失去了一位主力作家，但是中国作协西安分会的恢复工作还是有条不紊地进行着。而这一协会的成立，也吸引了一大批曾经被打倒，如今正逐渐归队的作家，也正是由于人员规模的不断扩大，密集的文学活动得以随之开展。例如，在1980年7月10日，由《延河》编辑部主持召开农村题材短篇小说创作座谈会，出席者共有二十多人，并且以写农村题材的中青年作家、评论家为主。

此时的路遥也在努力提高着自己，因为他深深地明白“不想当将军的士兵不是好士兵”的道理，他有雄心也有能力和毅力。而路遥的文学创作的真正转折，却体现在中篇小说《惊心动魄的一幕》上，而且路遥作为一名作家的独特艺术个性也是从这部中篇开始觉醒的。

这一切成就的根源，来自路遥在艺术上文学上的不断探索，和执着追求的狂热。在更多的时候，路遥只是在编辑部从事着他的本职工作，但他敏锐的文学嗅觉却在审视着文坛上的一举一动。

早在《延河》编辑部还没有搬进高公馆的时候，路遥的勤奋就已经是人尽皆知了，简直就是现实生活中的“拼命三郎”。而在这一时期，路遥却默默地扎根在陕西这片具有浓厚文学气息的土壤中，将前人的经验与自己生活的感悟，转化成了滋养自己笔杆子的丰富营养，推动着自己的文学创造力并转化成自己的文学创造力。

事实上，在“文化大革命”动乱结束之后的近两年时间里，从严重创伤中逐渐恢复过来的作家文人们，开始了对这黑暗的十年的深刻反思，于是“伤痕文学”与“反思文学”几乎在一夜之间成为了文坛的主流。根据“拨乱反正”的方针路线，当时的许多作品都在痛斥和控诉“四人帮”、林彪，但同时也唤起了社会对人性的思考。路遥受到当时思想大潮的影响，也在积极主动地思考自己的文学之路。

与此同时，在中国作家协会恢复工作后曾经委托《人民文学》编辑部组织的“全国首届优秀短篇小说奖”的评选活动中，陕西有两位新人的作品榜上有名：分别是莫伸的《窗口》和贾平凹的《满月儿》。也正是因为这两篇获奖小说，给正在面对创作方向抉择的路遥带来了启发。紧接着，路遥文学道路的转折之作——中篇小说《惊心动魄的一幕》诞生了。

《惊心动魄的一幕》写于1978年，内容讲的是在“文化大革命”“武斗”期间，被造反派“关押”迫害的县委书记马延雄，为了避免两派大规模“武斗”而勇敢献身的故事。值得注意的是，这篇被后世视为路遥转折之作的中篇小说，与当时文学界流行的“伤痕文学”发泄情绪的路子不同，而是将着力点放在了塑造为了阻止两大造反派武斗，而不惜飞蛾扑火的县委书记马延雄的自我牺牲精神上。

这一题材的选择是路遥经过深思熟虑的，之所以这样写，是因为路遥曾经在“文化大革命”中参加过武斗，有着不同于其他作家的亲身经历和感受，这样写出来的情节更加逼真生动，不仅得心应手而且落笔不着痕迹。此外，路遥写这样的题材，还出于对“伤痕文学”本身的思考。他认为，一味发泄控诉带来的依旧是消极的负面影响，中国文学界或者说是整个社会要走出阴霾，还是更需要正面人物的塑造，正面作品的影响力。

这一点，说明了路遥已经摆脱了那种人云亦云，或者是盲目跟风的思想藩篱，而是开始主动思考自己擅长写什么，应该写什么。路遥塑造的县委书记马延雄，是一个在非常时期具有献身精神的正面人物，尽管这一设定经过了路遥的深思熟虑，但是对于当时的文坛潮流来说，依旧是一步险棋。当然路遥的剑走偏锋还是很快吸引到了当时人们的目光，甚至身边的同事，在读过路遥的《惊心动魄的一幕》后，都表示出了震惊与支持，认为路遥此番创作思想超前独特，尤其是在还没有召开彻底否定“文化大革命”的十一届三中全会之前，路遥就能进行这样具有前瞻性的思考和创作，实在是有一种一举冲破文学藩篱的架势。

但正是因为这样的超前和不合拍，即使在1978年十一届三中全会召开后，刚刚脱离出“以阶级斗争为纲”的文学编辑们依旧很难理解路遥的创作意图，于是《惊心动魄的一幕》就经历了一番退稿风波。

在《惊心动魄的一幕》写成后，最先被《延河》副主编贺抒玉推荐给了一家大型文学刊物的主编，但很快就被退稿了，之后的第二家、第三家也是如此，这时候的路遥就嗅到了一点不寻常的味道，心也随着被一次次不断退回的稿件而悬了起来。然而让路遥没有想到的是，在他完成《惊心动魄的一幕》之后的两年时间里，所有的大型刊物都无一例外地拒绝了他，与此相对的，陕西已经又有两位作家，陈忠实和京夫获得了全国优秀短篇小说奖。得知消息的路遥更加焦急起来，几乎每天都在煎熬中度日如年。

由于与当时的主流观点不合拍，各大编辑部的编辑们都并不看好《惊心动魄的一幕》，所以稿件一直没有被发表出来。随着不断被退稿，路遥渐渐有了一丝绝望，最后他通过朋友将稿子转交给了他所知道的最后一家大型期刊《当代》杂志，并且告诉朋友如果再被退稿，他就要放弃了，稿子也就不用再寄回来了。

就在路遥抱着破罐子破摔的心情寄出了稿子后不久，戏剧性的一幕出现了，《当代》编辑刘茵联系到了《延河》编辑部副主编董墨，说他们认为《惊心动魄的一幕》是一部很成功的作品，但还是存在一些需要修改的地方，所以想请路遥来北京改稿。董墨得知了这一结果，很是激动，并且很快通知了路遥，路遥听后也是欣喜若狂，并且马上开始收拾东西准备出发去北京。

同年5月初，路遥在责任编辑刘茵与二审的副主编孟伟哉的帮助下，在原稿的基础上增添了一万余字的内容，很快完成了小说的修改。

7. 光环背后有忧愁

由于《惊心动魄的一幕》的发表和获奖，路遥正式得到了陕西文坛的承认。但是尴尬的是，获奖的路遥，也仅仅是得到了承认而已，陕西文坛或者说是整个中国文坛都并不看好路遥，用现在的话说就是叫好不叫座。这次获奖肯定了路遥的文学实力，但是却并没有一个人觉得路遥是一位出色的作家，造成这一情况的原因是《惊心动魄的一幕》的不合拍，尽管陕西文坛承认了这是一篇好作品，却不承认路遥是一位好作者。

这对路遥来说真是个喜忧参半的消息，所幸的是在《惊心动魄的一幕》还没有发表之前，路遥依旧笔耕不辍，一直在尝试短篇小说的创作。所以在经历了《惊心动魄的一幕》的叫好不叫座之后，路遥陷入了一段真空期，这一段时期他并没有拿出一份像样的答卷来回复陕西文坛向他提出的质疑，不过经历了短暂的沉寂后，路遥再次凭借短篇小说《人生》获得瞩目与辉煌，当然这是后话。

文学有真空期，可以给自己留下一段时间冷却，冷静地思考问题，但是作为一个活生生的人，却不能了无牵挂地活在真空之中，路遥也不例外。作为一步一步从底层成长起来的农民子弟，路遥为成功所付出的努力确实是常人难以想像的，尤其是文学创作需要冷静的思考和清晰的逻辑。所以路遥的大部分时间和精力都被创作占用了，面对同样不能逃避的责任的时候，他所面对的忧愁也是常人难以理解的。

在进行文学创作的同时，路遥需要花费巨大的精力来处理的是他们那个年代的年轻人所要面对的共同困难，或者说是他这个“草根”作家所特有的经历带来的困难。

首先路遥已经不再是单身一个人了，他在1978年1月25日与爱人林达结束了近十年的爱情长跑，步入了婚姻的殿堂，而且一年以后他的女儿路远也降临了人世。这个陕北汉子肩上不仅扛起了丈夫的角色，也担起了父亲的责任。

与他的生父王玉宽当年相类似的，面对女儿的出生，路遥最先的反应是欣喜。因为林达当时还没有被调到延安，两地分居加上怀胎十月，不仅林达受尽了辛苦，路遥也因为要找到“坐月子”的场所而担忧不已。所以女儿的出世，在一定程度上缓解了夫妻二人的焦虑，但紧随其后的是对照顾女儿的重任的担忧。

林达的母亲远在北京，所以路遥从省作家协会借到了一间两居室后，赶忙从王家堡接来了生母“收月子”。但是因为林达的奶水不足，为了满足女儿的营养需求，路遥又赶忙托关系订了牛奶，买了鸡蛋。一时间工作和生活上的烦恼像一团乱麻一样缠在了路遥的心头。

这还只是路遥的小家庭，然而在延川和清涧的老家，还有更多的难缠的事情在等着他，甚至在1979年到1980年的两年时间里，老家的诸项事宜，成了路遥编辑工作之外最大的难题。此时的路遥已经获得了城市户口，用老家的话来说已经是公家的人了，但他的亲族却依旧在农村，所以无论如何，他的根都在农村。而且由于过继的缘故，无论延川和清涧两处哪里有了问题，作为整个亲族惟一身处“公门”的人，路遥都无法坐视不管，亲戚总会托他办好多事情。

先说郭家沟的大爸大妈。在路遥考上延安大学之后，为了照顾两位老人，不使他们感到孤单寂寞，他特地把王家堡老家的弟弟王天云带到了他们身边，让他代替自己在老人跟前尽孝。路遥上大学的时候，王天云也已经不小了，现在更是到了找工作养家的岁数，于是大爸找到了路遥，让他想办法给王天云安排一下工作。经过路遥托关系找门路，最终把王天云安排进了延川县农机局施工队，当了一名合同制推土机手，此后还有诸多有关王天云的问题都是路遥帮忙解决的。

再说清涧的亲生父母家里，因为孩子众多，而且当时农村还没有实行联产承包责任制，家里的光景一直过得紧巴巴的。家里原本还有三男三女六个孩子，但是路遥的大妹妹王荷在山上挖野菜的时候，失足掉下了山崖，摔成了重伤，最终于1975年离开了人世。所幸的是路遥的大弟弟王卫军后来参了军，转业后留在了西安的省结核病医院工作，也算是跳出了农门。

最让路遥放心不下的是三弟王天乐，他在勉强读完高中后，家里实在供不起他上学的费用了，他也看到家中揭不开锅的情况，所以选择在农村教书。之后又到了外面闯荡，最终在延安城干起了背石头揽工的营生。即便如此，他也会时不时的往家里寄钱，贴补家用。

由于从小被过继到大伯家的缘故，路遥跟这个弟弟见面并不多，但是从仅有的几次见面中他了解到了王天乐的学习成绩在几个弟妹中是最好的。尤其是得知王天乐最后为了帮家里分忧而干起了苦力，路遥更是下了决心要帮助这个弟弟。

当时高考制度已经得到了恢复，最简单也是最直接的跳出农门的方法其实就是参加高考。但是宁肯去延安背石头卖苦力也不肯在农村教书的王天乐，显然不具备这种实力，当然这也反映出了王天乐想要改变自身命运的急切心理，而高考这条路却是走不通的。

还有一种方法就是去参加招工，当煤炭工人。这样也是能够跳出农门吃上公家粮的，而且当时工人也是一个热门的职业，讨媳妇也容易些。只是煤炭工人又苦又累，说起来还是卖苦力，而且凭借路遥的关系，不一定能把王天乐安排进煤矿。

但是为了弟弟，路遥决定拼一拼。当时王天乐还是农村户口，要想将他安排进煤矿，首先要解决户口问题。思来想去，路遥找到了延安县县委书记张史杰。这个张史杰和路遥也是老相识了，当初路遥还是延川县造反派“红四野”的“王军长”的时候，张史杰被另一造反派“红总司”借口批斗，是路遥派人对其进行了保护，才让他保住了性命。但是这段历史对于路遥来说并不是什么光彩的过往，所以找到张史杰也是不得已的办法。

张史杰毕竟受过路遥的庇护，所以对于这件事也很上心。不久之后王天乐的命运终于得到了改写，在1980年他以延安县冯庄公社刘庄大队的农村户口，被招到铜川矿务局鸭口煤矿采煤四区，成为了一名采煤工人。

之后路遥又发现了王天乐身上的文学潜能，想方设法利用关系把他调到了《延安报》当记者，不久又被调到了《陕西日报》。而王天乐也懂得投桃报李，有了与路遥性质相近的工作后，总是在生活上和精神上不断地帮助路遥。这里之所以对王天乐下了这么多的笔墨，是因为有心的读者可能已经看出来了，路遥获得茅盾文学奖的成名著作《平凡的世界》中的孙少平就是以王天乐为原型的。不仅如此，在真空期进行文学突围时的路遥，还从王天乐的身上，寻找到了为改变命运而奋斗不止的农村有志青年的影子，也正是这一灵感，启发了路遥对于农村青年苦闷的现状和奋斗的无望的深刻思考，从而创作了他的代表作《人生》。

可以说，路遥在这一时期之后的作品往往把主人公置于“城乡结合部”这样的尴尬交叉地带的写法，其现实的逻辑起点就是由于王天乐改变命运的过程，从而带给他的思考。王天乐顺利地当上了煤矿工人，中篇小说《惊心动魄的一幕》也顺利地在《当代》杂志发表了。按说这是个功德圆满皆大欢喜的结局，但是偏偏天不遂人愿。因为彻底否定了“文化大革命”，所以组织上对于路遥的审查又一次开始了。

第四章　小试牛刀即得人生惊喜

连日的写作让路遥磨破了手臂，猩红的双眼表明他已经很久没有享受过深度的睡眠，这个年轻的作家，如一个“庄稼汉”，只是他的土地是那桌上一张一张的稿纸，他要在稿纸上“种”出他的《人生》。

1. 现在对自己狠心，未来才会过得舒心

1981年7月的一天，延安甘泉县的天气如往常一般闷热，在县招待所的大院子里，一个青年人将手背在身后，绕着整个招待所转来转去。只见这个青年人身穿一件汗衫和短裤，脚上趿着一双塑料底的布鞋，他毫无目的地走着，似乎是在思索着什么。招待所的白所长一直远远地站着，他看着远处那个走走停停的青年人，心里莫名的紧张起来。

“这大半夜的，不睡觉，还在院里转起圈来，不是神经出了什么问题吧？”想到这里，白所长的心咯噔一下，想来这个青年人是县长和文化局局长送来的，若是在这里想不开出了什么事，自己也不好交代。

没有办法，白所长给县委去了一个电话，询问县领导，该如何应对。

“别惊动他，那人在写书……”县委的指示打消了白所长的疑虑，甚至这个青年人之前的反常，也有了正常的解释。

这个青年人就是路遥，他就是在这个招待所里度过了炼狱般的21天，也就是在这21天时间里，他完成了《人生》这部中篇小说的初稿。

路遥之所以选择在甘泉县写书，也是图一个清净，可以不被干扰。

创作时的路遥忘记了黑夜和白天的分别，他常常写书写到三更半夜。深夜里，整个招待所静的只听得到青蛙和蟋蟀鸣叫的声音，路遥写字写得手臂酸痛。他饿了，只能找身边有的食物充饥，这些食物可

能是白天剩下的硬馒头，也可能是早上服务员送来的点心。总之，对于食物，路遥只求饱腹，不会过多的讲究。深夜里，陪伴路遥的只有一盏台灯，几包烟，一沓稿纸，几只笔，以及半夜的蛙鸣和蝉叫声。

日夜颠倒的生活，每天18个小时的创作几乎要将路遥的生活掏空，在这段时间里，路遥五官溃烂，大小便不通畅，浑身都像燃起了大火一般难受。

那时候，路遥知道，创作过程中的痛苦只是暂时的，只要他能够忍受下这些苦难，以后的日子里，他的作品会被更多人看到，除了将来可能获得的奖项，他在未来得到的是永远都不会后悔的曾经。

曾经有一位探望过路遥的人说过："1981年夏，你在甘泉招待所写作《人生》时，我在延安大学妻子那里度假。一天专程去看望你，只见小屋子里烟雾弥漫，房门后铁簸箕里盛满了烟头，桌子上扔着硬馒头，还有几根麻花，几块儿酥饼。你头发蓬乱，眼角粘红，夜以继日的写作使你手臂痛得难以抬起，你说你是憋着劲儿来写这部作品的，说话时牙关紧咬像要和自己，也像要和别人来拼命。十三万字的《人生》，你二十来天就完稿。"

回想《人生》的创作之路，路遥所受过的苦要比甘泉县的21天多得多。路遥后来回忆说："我写《人生》反复折腾了三年——这作品是1981年写成的，但我1979年就动笔了。我紧张地进入了创作过程，但写成后，我把它撕了，因为，我很不满意，尽管当时也可能发表。我甚至把它从我的记忆中抹掉，再也不愿想它。1980年我试着又写了一次，但觉得还不行，好多人物关系没有交织起来。"

陕西师范大学文学院教授刘路曾与路遥有过一段密切的交往，那时候，刘路教授还是师大中文系的一名学生，他在担任《延河》的业余编辑时，认识了路遥。

那是1980年，刘路教授回忆时说："这一时期，正是路遥构思《人生》最艰苦的阶段。一连十多天，中午下班了，我们俩拉上一张藤席，在小说组的木地板上铺开，躺在上面，只穿一条裤衩，不断地抽着烟。谈到会心处，两人又同时坐起来，蹭到一处。这部后来反响极大的中篇，起初的名字叫《高加林的故事》。路遥说，他一定要把这个高加林写得不同凡响，他说现代流行的小说写的人都不是人，他要按生活的蓝本来写，如果发出去要他改，他将坚决不改，哪怕不发也不改。”

路遥对于自己的作品有着一份执着，因为这份执着，他提笔，又将稿子撕毁。他要写成一部成熟的作品，为了这部作品，他甘心忍受创作过程中的一切艰难和苦痛。

经过长期的酝酿和积累，路遥在陕北甘泉县的21天时间里文思泉涌，笔下生风。他几乎到了一种忘我的工作状态。那时候的条件不比现在，在没有先进电子设备的80年代，路遥不可能打字，他只能用自己的手来写作。13万字，21天，他只能不停地写，不停地写……长时间伏在桌子上，路遥的胳膊都被磨得红肿。这个看起来疯了一般的青年作者，怎么会因为疼痛而放弃自己的创作呢？他忍着痛继续创作，后来，他想到了一个绝妙的主意来让胳膊免于受苦：他找来一块石板，将石板抱在怀里，继续写。

高加林、刘巧珍、德顺老汉、黄亚萍……小说中的人物一个一个地登场，他们形象生动，性格鲜明，他们被路遥赋予了鲜活的生命，他们在《人生》中展开了自己的爱恨情仇……

完成初稿之后的路遥来到榆林，他去到佳县白云山抽了一签，签名叫“鹤鸣九霄”，从字面就可以看出，这签文有出大名的意思。

回西安的路上，路遥路过铜川，他要去那里看望他的弟弟，顺便将自己的小说带给弟弟，让他作为自己的第一个读者。路遥的弟弟王天乐和哥哥的关系很好，见面之后，两个人相互问候。路遥把小说读给弟弟听，读完小说，他流下了热泪：“弟弟，你想作品首先能如此感动我，我相信它一定能感动上帝。”

一个性情中人，写了一部将自己感动得一塌糊涂的小说，它让作者流泪，也势必让更多的读者流下泪水。抱着自己经过一系列苦难完成的初稿，路遥回到西安的家里，妻子林达捧着丈夫的作品，一口气读完后，泪流满面。

甘泉县拿回来的初稿经过进一步的润色，最终定稿。路遥怀着忐忑的心情，将名字叫做《生活的乐章》初稿寄给中国青年出版社副总编王维玲。路遥那时对于自己的作品还没有充分的自信，他认为自己的这部作品会有两种极端的结果：要么是取得巨大成功；要么就是彻底失败。

路遥猜对了结果，他的作品，的确给了王维玲一个大大的惊喜。收到书稿后的王维玲怀着极大的热情进入阅读状态，读完一遍之后，他将稿子拿给编辑室的许岱和南云瑞，请他们阅读一遍并提出建议。

三人阅读完这部中篇，便坐在一起，进行了一次讨论，他们认为，路遥的这部小说已经十分成熟，只是有个别地方，需要进行一些调整。1981年11月，王维玲亲自执笔给路遥回信，提出审稿意见：

"……小说现在的结尾，不理想，应回到作品的主题上去。加林、巧珍、巧玲等不同的人物都应对自己的经历与遭遇，行动与结果，挫折与命运，追求与现实作一次理智的回顾与反省，从各自不同的角度总结过去，总结自己，总结旁人走过的道路，给人以较深刻的启示和感受，让人读后思之不尽，联想翩翩……"

王维玲详细又中肯的意见让路遥非常感动，他很快给王维玲回信，并进一步修改稿件。后来，稿件修改得很理想，中国青年出版社很快安排发排。

"我去年在甘泉那部中篇，中青社评价很高，已决定出版，并先在刊物发表。另外，二十一万字的中短篇集上海已初步决定出版。如上帝保佑，不出什么差错，我今年将有两本书共三十五万字问世。但我根本不满意这种结果，按我的情况，成绩应该更大些。没办法，只能长期努力，自己知道自己能吃几碗干饭……"1982年，经历过了艰难与苦痛的创作过程的路遥在与好友的通信中终于能够一展愁容，表达自己的兴奋与得意。

2. 《人生》为他赢得人生

1982年新年伊始，路遥手头上没有新的作品需要创作，这段日子，他最紧要的工作就是构思自己的小说题目，《生活的乐章》显然不能当做小说的题目了，王维玲和路遥都知道，这部小说需要一个题目，这个题目绝对不止《生活的乐章》这样简单。

一天，路遥坐在书桌前，桌上是他的书稿和几张稿纸，他握着一支笔，在稿纸上写写画画。“你得到了什么？”突然，路遥笔下冒出这几个字，他看着这几个字，几乎一时间就确定，这就是新书的题目。为此，路遥专门给中国青年出版社文艺编辑室南云瑞写了一封信。南云瑞是陕西人，路遥认为他会理解自己，并提供一些建议。南云瑞收到信后，将信转交给王维玲，信中写到了路遥构思题目的灵感和题目由来：

“我突然想起一个题目，看能不能安在那部作品上，《你得到了什么？》或者不要问号。有点像柯切托夫的《你到底要什么？》格式有点相似，但内涵不一样。这个题目一方面从内容上说，对书中的每个人都适用，因为大家都失去了一些东西，但都得到了一些东西，有些人得到了切身的利益，有些人得到的是精神上的收获；有些人得到的是教训，有些人得到的是惩罚。另外，也是向看完此书的读者提问。我觉得这题目也还别致。请您很快和老王商量一下，看能不能用，也许我考虑不周，这方面实在低能。”

收到信的南云瑞和王维玲都认为这个题目虽然切题，但套用的痕迹过于明显。王维玲注意到，路遥这本小说的引言是柳青的《创业史》，其中，开头两个字“人生”很适合作为这部书的题目，切题、好记，读起来还很明快，南云瑞和其他编辑也认为“人生”作为题目更好。后来王维玲提笔，写信给路遥征求他的意见，并在信中鼓励路遥一鼓作气，尽快完成小说的下部。

很快，路遥就回信向王维玲和其他编辑表达了自己的感激之情：“您的信已收读，想到自己进步微小，愧对您的关怀，深感内疚……关于我的那部稿子的安排，我完全同意您的意见，一切就按您的意见安排好了。你们对这部作品的重视，使我很高兴。作品的题目叫《人生》很好，感谢您想了好书名，这个名字有气魄，正合我意。至于下部作品，我争取能早一点进入，当然一切都会很艰难的，列夫·托尔斯泰说过：‘艺术的打击力量应该放在作品的最后’（大意），因此这部作品的下部如果写不好，将是很严重的，我一定慎重考虑，认真对待。一旦进入创作过程，我会随时和您通气，并取得您的指导。上半年看来不行，因为我要带班。”

从《高加林的故事》到《生活的乐章》再到《你得到了什么》，最后再到《人生》，路遥的这部中篇小说终于有了最适合它的题目——《人生》！

在这部小说正式印发之前，中国青年出版社为了扩大《人生》的影响，想要先在刊物上发表，然后再正式出书。王维玲给路遥写信，征得路遥同意后，向上海大型文学刊物《收获》的编辑郭卓推荐稿件。

《收获》编辑郭卓读过《人生》之后，拍手叫好，很快《人生》在《收获》杂志第三期头条上发表，小说后记写道：“1981年夏天初稿于陕北甘泉，同年秋天改于西安、咸阳，冬天再改于北京。”可见，路遥的《人生》之路走得漫长而艰辛，可是值得庆祝的是，路遥终于完成了他的《人生》，而他的《人生》也注定为他赢得人生！

1982年6月上旬，一直蜗居在作协小平房里的路遥因为创作的突出成绩，分配到了一个五六十平米的两居室单元房。在这个炎热的夏季，路遥热火朝天地搬起了家，他叫来几个好朋友，简单地收拾了一下，就搬了进来。

对于这个两居室的单元房，路遥感到很满意，因为他终于可以有一间自己的书房了。他将自己的书桌搬进了书房，还在书房支起了一张单人床。从此，路遥的业余时间基本上都在书房度过了。在书房里，如果看书或创作晚了，他就在书房休息。可以说，搬进新家的那一刻起，就意味着路遥基本开始了“早晨从中午开始”的工作方式。

这一年的6月路遥出奇地忙，甚至他的生活也因“成名”而乱了套。那些从全国四面八方涌来的读者来信的数量之多暂且不提，就说那些来信的内容，有的是正常谈论阅读小说之后的感想，有的却是把路遥当成了人生“导师”，向他求教该如何生活，更有一些生活失意或是遇到挫折的年轻人写信给路遥，威胁他若不在某月某日之前回信，就死给他看……这些五花八门的信件让路遥烦恼的同时更让他哭笑不得。如果光有读者来信还好处理，难办的是一些熟人也开始添乱，路遥在提起这段日子时曾这样描述：“……刊物约稿，许多剧团电视台电影制片厂要改编作品，电报电话接连不断，常常半夜三更把我从被窝里惊醒。一年后，电影上映，全国舆论愈加沸腾，我感到自己完全被淹没了。另外，我已经成了‘名人’，亲戚朋友纷纷上门，不是要钱，就是让我说情安排他们子女的工作，似乎我不仅腰缠万贯，而且有权有势，无所不能。更有甚者，一些当时分文不带而周游列国的文学浪人，衣衫褴褛，却带着一脸破败的傲气庄严地上门来让我为他们开路费，以资助他们神圣的嗜好，这无异于趁火打劫。”

《人生》的发表使路遥开始闻名全国，这部作品不仅获得了文艺界的好评，还激起了广大读者的强烈反响。路遥在作品发表之初曾写信给著名文学评论家阎纲，希望他能给《人生》提出宝贵意见，1982年8月17日，阎纲给路遥写了一封长信，谈自己对《人生》的认识，他在信中不仅高度评价了《人生》，还给了路遥一个高度的评价。收到阎纲的复信，路遥很快回信："相比而言，我最熟悉的却是农村和城市的'交叉地带'，因为我曾长时间生活在这个天地里，现在也经常'往返'于其间。我曾经说过，我较熟悉身上既带着'农村味'又带着'城市味'的人，以及在有些方面和这样的人有联系的城市人和乡里人。这是我本身的生活经历和现实状况所决定的。我本人就属于这样的人。因此，选择《人生》这样的题材对我来说是很自然的……"在信中，路遥重点阐述了他小说要反映的城市和乡村"交叉地带的社会生活"。

二人之间的通信后来发表在《作品与争鸣》杂志第二期，从此"城乡交叉带"深入人心，并成为研究路遥的一个重要的关键词。同时，出名之后的路遥并未忘记曾经帮助过自己的王维玲，他给王维玲写了一封长信表达了自己对他的感激之情。

3. 最佳故事奖

1982年夏天之后的路遥进入了一种令其自身都无法接受的“忙碌”之中，这种忙碌从他的《人生》发表开始，也从他搬进那套二居室的单元楼开始。

“王卫国老师，有电话……”楼下叫他接电话的声音此起彼伏，路遥常常不敢怠慢地应声跑下去，也常常接到毫无意义的电话，就这样，每日为了接电话跑上跑下，一天跑上几个来回是常有的事。除了电话让路遥心焦之外，从四面八方涌来的父老乡亲就更让他心急。

一次，路遥回到延安，生父带着一大群亲戚专门从清涧赶来叫他办事。路遥本是农村出身，他自然不敢忘记当初乡亲们对他的帮助，可是如此多的亲戚求着他做自己并没有能力做到的事情，真是让他觉得尴尬和为难。父亲领着亲戚们一一向路遥介绍：“这位某叔可是咱们家的救命恩人，困难时期，要不是他好心给了咱们家五斗高粱，咱们全家可就剩不下人了。”生父说着眼圈泛红，接着，他又拉起身边的另一位，挨个介绍着，感激着：“这位可是咱们家的亲戚，关系近得很，亲戚里的，少不了人家帮衬，现在他儿子有事求咱们，咱可不能不帮……”就这样，求着找工作的，解决户口的，打官司的……亲戚们甚至乡亲们对路遥提出各种各样的要求，仿佛路遥已经成为神一般的人物，只要他一句话，什么都能解决。路遥感激出名带给他的好处，也不得不接受出名带给他的负担，没办法，路遥只好一个人躲到好友曹谷溪的窑洞里，享一时的清净。

出名之后，来找路遥的大都没有什么好事，可是有一件事却是让路遥兴奋不已的，那就是各个电影制片厂、导演同他联系，要将《人生》改编成电影的事情。将作品搬上银幕，这是多少小说家求之不得的事情，好事降临在路遥面前，让他激动又心忧，一方面，他希望将《人生》搬上银幕，另一方面，他又害怕一些人将《人生》毁了。路遥纠结着，直到好友吴天明找到路遥。

吴天明是中国第四代导演，曾执导电影《老井》《人生》《变脸》等，均获得国内、国际奖项，吴天明是陕西三原人，他与路遥也是多年的好友。

吴天明代表西安电影制片厂找到路遥，二人围绕着小说《人生》谈了许久，最终吴天明请路遥亲自操刀，改编小说《人生》为电影剧本，路遥答应了好友的请求，并将小说《人生》交给了西安电影制片厂和吴天明，他们两个人对于《人生》的改编充满着信心，而后来的事实也更加证明了，二人的合璧的确创造出了不菲的成绩。

《人生》作为一部在当时风靡的小说，它就像一颗耀眼的明星，无论是故事性还是思想性都超出了当时很多作品的水平，导演吴天明决定将它拍成电影，也是因为它曲折的故事情节以及发人深省的结局。

《人生》讲述了一个爱情悲剧，也讲述了一个人的悲剧，而这种悲剧与当时的社会环境紧密相连：高加林高中毕业之后在乡村做一名教师，可是这个工作却被大队支书的儿子顶了去，高加林不得已沦为农民。回到农村的高加林愤怒、委屈又无助，他想要告状，想要打破这种不公，可是没有人能够帮他，他只能看着自己的努力化成泡影。高加林的痛是自己的，也是巧珍的，因为从小一直默默关注高加林的刘巧珍看着高加林的一切，所以他的痛，她感同身受。后来刘巧珍与高加林相爱了，这个美丽善良又淳朴的乡村姑娘大胆地展现出她对高加林的爱，她心疼他、爱护他，在任何时候都愿意挺身而出保护他。

可是这一切的好却抵不过名利、金钱、欲望，面对条件优于巧珍的城市姑娘黄丽萍，面对黄丽萍提供给他的县广播站的工作，高加林经过内心的挣扎后选择了后者。高加林通过不正当手段来到了城市，却无法得到黄丽萍父母的认可。后来，组织查明高加林通过不正当手段进城的事实，将他重新打发回农村，黄丽萍同他分手了，巧珍也在受过感情的重创之后嫁人了。高加林失去了一切，他孑然一身地回到了农村，回到了自己生长的黄土地，除了泪水与悔恨，他什么也没有。

《人生》的故事感动了许多人，人们心疼那个痴心的好姑娘刘巧珍，也恨高加林的软弱与背叛，更恨那个时代的黑暗与不公……于是，路遥在电影的改编中做了些许改动，将刘巧珍的戏份增多，让她在事实上成为了真正的主角，这也算是对广大读者呼声的一种反馈。

1984年，著名导演吴天明与著名作家路遥编剧的电影《人生》公映，轰动全国，《人生》热一波接一波地掀起，这部电影的公映，不仅使得《人生》家喻户晓，更成就了导演吴天明，使其拥有了一部不可超越的巅峰之作。

电影《人生》除了导演、编剧的强大阵容，演员的实力也不容小觑。影片中高加林由当时红极一时的演员周里京扮演，周里京无论是外表还是气质，都在众多演员中脱颖而出，成为扮演高加林的不二之选。而巧珍的扮演者则是选用了当年的新人吴玉芳，吴玉芳长相清丽，笑容淳朴，第一次试镜，她那种美丽又纯真的形象就吸引了众人，是当时公认的扮演巧珍的最佳人选。

果然，《人生》公映，刘巧珍的形象深入人心，人们纷纷心疼这个痴心的农村姑娘，她的村姑形象也被奉为经典。演员的选定决定了影片的质量，而《人生》中的歌曲则在影片中自始至终影响着影片的情感和基调。对于《人生》里的歌曲选择，导演也进行了多方考虑，最终，经过一系列的斟酌筛选，《人生》决定选用陕西省歌舞团的著名歌唱家冯健雪，大家一致认为，冯健雪老师作为陕西本土的歌唱家，一定能够演唱出最地道的陕北味儿。果然，冯老师不负所托，一首带有陕北信天游风格的《叫一声哥哥你快回来》不仅唱出了它的神韵，更将这首歌中带有的属于陕北的那种苍凉、委婉表达得淋漓尽致。后来，这首歌被众多名家翻唱，虽说名家的演唱各有千秋，可人们却总也没有从其他版本中听出冯雪健老师的那种朴实之感。

一部电影怎么能够没有好音乐的衬托呢？导演想到了这一点，而《人生》音乐和歌曲的选择也完全做到了这一点，冯健雪老师的这首歌，不仅显示出了浓郁的陕北特色，更加起到了烘托电影主题的作用。

1985年5月，《人生》和他的演员们斩获当年大众电影百花奖两项大奖。电影《人生》获得1985年第八届大众电影百花奖最佳故事片奖，演员吴玉芳获得最佳女主角奖。

《人生》的获奖可谓是众望所归，最佳故事片的奖项不仅是对影片的认可，也是对《人生》这部小说的认可。《人生》热的持续让路遥的名气越来越大，路遥需要出名，这是对他写作成绩的认可，可是出名之后的路遥还不能停下，接下来，他会以他的作品来证明，路遥从始至终都是一个作家，一个不曾停下的作家！

4. 《在困难的日子里》

1982年，当路遥的《人生》红遍大江南北的时候，他的另一部中篇小说《在困难的日子里——1961年纪事》发表，刊于《当代》1982年第5期，并获得《当代》优秀作品奖。

人们提起路遥，首先想到的是他的《平凡的世界》或者《人生》，其实，真正想要了解路遥，还需要从他的“准自传体”小说《在困难的日子里——1961年纪事》入手，了解主人公马建强的同时了解他的原型人物——作者路遥。

《在困难的日子里》的出世不似《人生》那般崎岖艰难，它没有经过反复的修改和酝酿，如果说《人生》的故事是许多人的，那么《在困难的日子里》的故事就多是路遥自己的，所以，他完全做到了一气呵成。

回想起《在困难的日子里》的创作，还要从1980年说起。1980年初，路遥的中篇小说《惊心动魄的一幕》已经完稿，作为一位编辑和一名作者，路遥迫切地想要写一些什么。

人们常说，一个作家的作品中总会有自己的影子，路遥也是如此，刚刚完成一部作品的他需要写一些与自己有关的故事，需要借作品表达出自己对一些事情的看法。就这样，路遥开始坐在书桌前构思自己的作品。

1980年冬天，西安这座城还被冰雪覆盖着，时任《延河》编辑的路遥一面与作家约稿，完成本职工作，一面在业余时间从事创作。那时候，路遥在家的时间总是与书桌为伴的，他的书桌上总是铺着一沓一沓的稿纸，他的手也总是闲不住的，写作时他握着一支笔，沉思时夹着一支烟。路遥怀着对曾经帮助过自己的人的感激，提笔写下一串串与自己有关的日子。

创作之初，人们问及路遥的创作心理，路遥毫无保留，向人们畅谈了自己创作这部中篇小说的原因："……父亲不给我拿粮食，我小学几个要好的同学，凑合着帮我上完初中，整个初中三年，就像我在《在困难的日子里》写的那样。当时我在的那个班是尖子班，班上大都是干部子弟，而我是一个农民的儿子，受尽了歧视、冷遇，也得到过温暖和宝贵的友谊。这些都给我留下了非常强烈的印象，这种感情上的积累，尽管已经是很遥远了，可我总想把它表现出来。这样，我开始了构思，怎么表现呢？如果照原样写出来是没有意思的，甚至有反作用。我就考虑：在那样困难的环境里，什么是最珍贵的呢？我想那就是在困难的时候，别人对我的帮助。我想起了在那时候，同学（当然不是女同学，写成女同学是想使作品更有色彩些）把粮省下来给我吃，以及别的许多。这样形成了作品的主题：在困难的时候，人们心灵是那样高尚美好，反过来又折射到今天的现实生活，因为今天的现实生活正好缺乏这些，我尽管写的是历史，但反过来给今天现实生活以折光……"

路遥总忘不了在困难时刻，同学、朋友带给他的温暖和友谊，他看到了困难中人性光辉的一面，作为一个有责任感的作家，他也有责任将这些故事写出来，给当代人以心灵上的启迪。就这样，《在困难的日子里》进入了创作之中。

创作之初，路遥给作品取名《1961：在困苦中》，这部作品的写作历经了两个冬天，它于1980年冬创作于西安，1981年冬在西安完稿。这部作品为了强化困难时期人与人之间的友谊与温情，将故事背景放在1961年，还让主人公马建强在饥饿的年代考上了高中。虽然故事背景和人物故事有了一定的改编，但小说中马建强所经历的苦难以及同学们之间纯洁、珍贵的友谊却是路遥在上初中时所亲身经历的。可以说，这部小说是成年之后的路遥，回忆起自己多年前受到的歧视与冷遇，以及得到的温情与友谊后的力作，这部作品，不仅使路遥再次获奖，还引起了读者的共鸣，使路遥这位青年作者在创作之路上更进一步。

小说创作完成之后，路遥在给朋友的信中表达了自己对这部作品的满意，那是1981年5月17日，路遥给延川的好友海波写信，信中，路遥透露了自己的得奖情况和新作品的进展："我的中篇《惊心动魄的一幕》今天收到通知，已获全国优秀中篇小说奖。我23号动身去北京领奖（25日开大会）。这是一件对我绝对重要的收获……我最近又完成了一部中篇小说，叫《1961：在困苦中》，《当代》秦兆阳主编来信，觉得还不错，初步决定要在《当代》发表，可能到年底了。"

1982年10月，正在路遥的《人生》走红于中国大江南北的时候，他的另一部中篇小说《1961：在困苦中》发表于《当代》杂志1982年第5期，发表时作品改名为《在困难的日子里——1961年纪事》。作品开头写道："1961年，是我国历史上那个有名的困难时期。不幸的是，我正是在这艰难贫困的年头，以全县第二名的成绩考入县上惟一的一所高中——县立中学。"这是路遥作品惯用的开头，在这里交代主人公所处的具体时间、学校、家庭状况，当然这些主人公多是家境贫寒的农村孩子。

路遥曾说过，作品中主人公的生活经历和感情经历也是他自己体验过的，正因为自己体验过，所以当故事成为作品，才能如此感人至深。

"在那个物质极度匮乏，人们生存面临威胁的年代，在困难的环境中，什么才是人们最珍贵的、最美好的东西呢？大概只有人与人之间的相互关心与真挚的友谊，人们高尚而美好的心灵世界。时至今日，国内媒体谈及此段历史，仍有忌讳。路遥那一代作家，饥饿对他们的人生有着刻骨铭心的影响，对他们的文学有着刻骨铭心的影响。”后来人们谈及路遥以及那一代作家时，曾这样说。

1982年，也就是《在困难的日子里》发表的这一年，这部路遥的“准自传”体小说获得1982年度《当代》文学中长篇小说奖。1982年12月，广大读者对于《在困难的日子里》的关注让路遥感动，读者的认可让他确认了自己这部作品的价值，也就是在这个冬天，路遥含着热泪，再次坐在桌前，写下了散文《这束淡弱的折光——关于〈在困难的日子里〉》：“……这篇作品所描写的生活已经离开我们二十多年了。但我仍然含着泪水写完了这个过去的故事。每想到这些，我就由不得记起了三年困难时期的生活。这个作品所表现的是那个时代一个小生活天地里的故事。作品中主人公的那些生活经历和情感经历也是我自己所体验过的。不过，那时我年龄还小，刚从农村背着一卷破烂行李来到县城上高小。鉴于这种情况，我对当时社会生活的全貌不能有个较为广阔的了解和更为深刻的认识，现在只能努力写到这样一种程度。”

5. 中国作家协会的一员

1982年秋天，当小说《人生》赢得文艺界以及广大读者的高度评价并引起巨大反响的时候，它的作者路遥也有幸参加了一次规格十分高的座谈会。

那是1982年9月3日，路遥应邀参加了中国作家协会在古都西安召开的西北、华北部分青年作家座谈会。这个座谈会规模不大，我们之所以说它规格高，是因为参与此次座谈会的作家不仅在当时有很大的名气，更为可贵的是，他们在几年之后大都成为了文学界享有盛誉的大家。所以，我们可以看出，《人生》的发表不仅为路遥赢得了声誉，更让文艺界看到了这位青年的潜力，所以，那时候的路遥才能够有幸与陈忠实、贾平凹、京夫等一起参加此次座谈会，成为陕西青年作家的代表。

此次座谈会持续了九天的时间，会议结束之后，路遥和一众青年作家陪同中国作协的各位领导前往延安参观，这次座谈会和参观活动让路遥认识了许多知名作家，那些在文坛创造出过不斐成绩的文坛老将十分看好这个淳朴的年轻人，他们对路遥的作品表示了高度的认可，这种认可无疑敲开了路遥进入中国作家协会的大门。参观结束之后，路遥又趁热打铁，邀请到了贾平凹与高建群等人到自己的故乡延川县，参加延川县委、县政府举办的“纪念《山花》创刊十周年座谈会。”

9月16日，路遥准备着第二天去延川县的诸多事宜，却不知，延川县城里，他的好朋友海波却提着一颗心想着如何阻止好友路遥回延川……

16日当天，座谈会所有事宜准备就绪，海波作为县剧团的工作人员，已经完成了自己当天负责的所有工作，他没什么忙的了，只需要第二天去接待与会的各位代表即可。可就在这个时候，他和路遥共同的朋友突然找到他，神秘兮兮地向他透露出一个消息："海波，尽快通知路遥，让他不要回来了。"

"为什么？"海波不解。

"现在正在清理'三种人'，县上和路遥对立派中有人已经被清理了，他们认为事情做得不合适，想怂恿人借这次会议向路遥发难。我因为身份原因，不能直接告诉路遥，只能让你给路遥传话了，你一定通知到，决不能让路遥回来。"朋友说完这些话匆匆忙忙地走了。

海波听到这个消息震惊得不得了，他自然是知道路遥在文革中是"红四野"的头号人物，并且还参加过"武斗"，这些年路遥因为这件事被审查过多次，审查也证明了路遥并未牵扯进重大的案件，为什么这次又突然"清理"？海波没空思考，作为路遥的好友，他自然不能让朋友陷入危险之中。于是，深夜中的海波通过电话到处找路遥，办公室没人，家里的门房接了电话却不肯去叫，非让海波留言转达，可如此重要的信息，海波怎么敢轻易转达给别人？这天夜里，海波如热锅上的蚂蚁，急得团团转，后来，海波想到一个万全之策，他拍了一封加急电报给路遥，内容是："暂不回延，详情另告"。发完电报，海波还未躺下便已经听到了鸡鸣的声音。一夜的忙碌，第二天，海波去延安接会议代表，下午他回到招待所，却吃惊地发现自己的好友路遥竟然坐在那里毫无顾忌地吃东西。

"你怎么来了？"海波十分吃惊，他低声问路遥，没想到迎上来的却是路遥愤怒的目光。路遥没有说话，只是把海波领进自己的房间，之后，便实实在在地发了火："你为什么给我拍电报？你什么意思？"

海波一看路遥误会了自己，便连忙将拍电报的原因告诉了路遥，可是这不说还好，一说原因，路遥就更生气了，他拍着桌子低声吼道：“那是针对‘三种人’的，你认为我是‘三种人’吗？你拍这样一封没头没脑的电报，会在作协造成什么影响？你是想存心害我吗？”

海波好心告诉路遥这个消息却被好友如此误会，他也抑制不住自己的愤怒，拍着桌子也低吼着为自己辩解。

就这样两个人都拍着桌子吼来吼去，直到县领导来看路遥。

“你们这里干什么呢，在投骰子哩？”一位县领导笑着问道。

“你说对了一半，我们不是投骰子，是击鼓传花吃馍馍呢。”路遥收起愤怒的面孔，指着桌上的馍馍说道。

众人被路遥的话逗得哈哈大笑，只有海波一肚子气却不得不陪着众人笑出声。

这一晚的吵架就此告一段落，第二天，海波开始忙座谈会的事情，直到第三天忙完才有机会找到路遥，可是当他到了路遥房门口，却发现路遥的房门关着，灯也黑着。海波问服务员路遥怎么了，服务员告知他，路遥病了，已经睡了，不让敲门。海波无奈，正准备离开，路遥的房门却开了。

“进来！”路遥探出头，并没有好脸色。

“服务员说你已经睡了。”海波也没好气地说。

“服务员说我死了你也相信吗？你不会想一想吗？为什么事情总要听别人说呢？”路遥生气地说。

海波一听路遥的话指向自己给他拍电报的事情，便也生气地和他吵起来，就这样，两个人在房间里又低吼了起来，一直吵了一整夜。也正是这一夜的争吵，让海波知道，原来路遥并不算“三种人”，中央的政策已经下发，“初中生既往不咎，高中生记入档案”，所以，尽管路遥曾经是造反派“红四野”的头目，可是由于那时候路遥还是初中毕业生，并未读高中，所以国家在政策上已经原谅了他，“三种人”与路遥无关。

海波与路遥虽然总避免不了争吵，可是这种争吵并不会使二人疏远，反而会让双方在争吵中发现各自的不对，进而改进。海波不清楚自己的朋友为什么会阻止路遥回延安，他也不再想，总归是自己好心办错事，这也教会了海波以后遇事要有自己的判断。

1982年的路遥收获颇丰，他除了有了“名气”，还加入了中国作家协会，这一年的12月，路遥更是由《延河》编辑部小说组组长的职位转为陕西省作家协会正式驻会作家，从事专业创作。

1983年8月1日，路遥由业余作家转为专业作家，他在《延河》编辑部的工作也正式告一段落。

1983年秋天，已经转入专业作家行业的路遥，终于可以全身心地从事自己的创作，他扎到《人生》创作的灵感之地——甘泉县，在“闭关”中创作自己的第四部中篇小说《黄叶在秋风中飘落》。

1985年元月，路遥当选为中国作协陕西分会党组成员。

6. 创作，来源于生活

路遥的小说总是有着鲜明的时代感，它们以自己独有的时代旋律敲击着每一个当代人的心。从《惊心动魄的一幕》到《人生》再到《在困难的日子里》甚至是后来的《平凡的世界》，路遥的每一部作品几乎都刻着自己的影子，《惊心动魄的一幕》取自自己在文革中的亲身经历，《人生》也多多少少有着路遥的影子，而《在困难的日子里》更是被称为路遥的“准自传”体小说……

创作，来源于生活，路遥的每一部作品，都有着现实中的原型，所以这些作品都充满着真实感，它们时常感动作者，更感动了成千上万的读者。路遥作品中的原型最多的是他自己，也有他最钟爱的弟弟王天乐。

路遥虽对弟弟王天乐青睐有加，但他与王天乐真正的交集却产生于1980年5月底，在1980年5月以前，他只是和弟弟见过两三次面，没有深谈过几句，除了那血脉相连的情谊，他们之间什么都没有。

王天乐可以说是王家除了路遥之外文化水平最高的人，他高中毕业，有着一定的人生理想却一直被现实的贫困束缚着。毕业之初的他曾经在农村教书，这算得上一个稳定的活计，可拥有梦想的王天乐不想让自己年轻的生命在农村里平淡一生。于是他离开了一贫如洗的家庭，选择在外闯荡。他从清涧县走到延安市，靠着自己的力气，干起了背石头的营生，一直干了两年。

或许是自己无用武之地的苦痛无法向任何人言表，王天乐满腹的委屈，他认为自己的哥哥，上过大学的路遥能理解自己，于是他给哥哥写信，诉说着自己当前面临的困境和对于人生的迷茫。收到信之后的路遥流泪了，他发现王天乐和自己有着惊人相似，王天乐是有一定才华的，他也认为王天乐是几位弟妹中最有思想的人，因此，路遥决定，不惜任何代价去帮助自己的弟弟王天乐！

在帮助弟弟的过程中，路遥看到了中国城乡二元社会结构状况下农村年轻人的出路问题，他也从这里开始，将关注的重点放到了广大农民尤其是农村中的知识分子身上。人们可以很明显地看出，路遥的作品，无论是《人生》还是《平凡的世界》，都将视点放在"城乡交叉带"并关注着农村中有知识的青年人，并着重描写他们的奋斗史，这种思路可以说与他帮助弟弟改变命运的过程是分不开的。

1980年5月，或许是帮弟弟找工作的事情用了太久的时间，路遥不断向好友表达着自己对于王天乐命运的担忧，5月1日，他给曹谷溪写信："天乐来了一信，谈了一下他的情况，看来是很苦的，我很难受，把一个二十来岁的人抛在一个自谋自食境地里，实在不是滋味。我是希望你想些办法的。你也不给我写信，告诉这倒究应该怎么办，你自己又办了些什么，前途怎样等等。我不了解具体的情况，怎样都无法改变这个人的处境，你能不能再活动一下，行吗……"

5月24日，放心不下弟弟的路遥在北京改稿期间再次给曹谷溪写信，信中表达着自己对弟弟命运的担忧和关切："天乐的事不知近期有无变化，我心里一直很着急，不知事情将来会不会办得合适一些。我已给张嫂写过信，让他协助你努力一下，我可能7月份来延安，到时咱们一块再想想办法……"

5月底，路遥从北京改稿回到陕西，这一次，他没有回西安，而是直接来到延安，住在城南关街的地区招待所——延安饭店，专心为弟弟工作的事情奔波。他在延安饭店住下，然后开始寻找着自己那个只见过三次面的亲兄弟——王天乐。后来，路遥在一个工地上见到了自己的弟弟，那个文化水平不低又有着自己志向的年轻人，竟然蓬头垢面、衣衫褴褛地出现在自己面前，这让路遥如何能不心痛，如何能不感到震惊。

路遥将王天乐带回旅馆，这兄弟二人在见面之后进行了一次详谈，也正是这一次的详谈，路遥发现他与弟弟不仅是亲人，还是朋友，是知己。他们有着很多的相似点，于是他们可以相互理解，他们更能够敞开心扉说出自己想说的一切。

这次谈话之后，让迟迟没有进展的小说《人生》有了新的灵感，是亲弟弟的命运触动了路遥，让他下定决心，写出这样一部描写农村中知识青年艰难奋斗史的一部作品。

其实，王天乐除了给了路遥创作《人生》的新灵感，同时他还是路遥的大作《平凡的世界》中孙少平的原型。怪不得路遥的《人生》完稿后要第一个拿给弟弟看，怪不得弟弟在读完小说后会泪流满面……创作，来源于生活，路遥的灵感更是来源于自己至亲的弟弟，所以当他以弟弟为原型，以自己为原型写出一部部作品的时候，他怎能不被感动？

路遥的小说总能感动别人，也很容易引起社会上的广泛讨论，究其原因，也大多是路遥的作品描写的是当时的问题，是许多人见过、听过或者经历过的事情。

《平凡的世界》的开始有一段描写县高中午饭开饭时各类饭食的文字：“菜分甲、乙、丙三等，甲菜以土豆、白菜、粉条为主，里面有叫人嘴馋的大肉片，每份三毛钱；乙菜其他内容和甲菜一样，只是没有肉，每份一毛五分钱；丙菜可就差远了，清水煮白萝卜——似乎只是为了掩饰这过分的清淡，才在里面象征性地漂了几滴辣子油花……”

其实这略带调侃的描写，哪里是凭空想出来的呢？这分明就是路遥在县中读书时真实的场景，而路遥也就和小说中的主人公孙少平一样，在饭食都分等级的时代里，吃着最低等的黑馒头，就着一大锅的熬锅水。这些都是真实的，也正是因为这种真实，来源于生活的现实性，才能如此深入人心。

第五章　抒写人生诗与史

茫茫的大漠之上，路遥四脚朝天仰望苍穹，40岁之前，他要完成一部“大作”！为此，他只身前往大漠表明决心。为了这部大作，路遥的身影出现在农村、乡镇、矿区、窑洞……路遥的《平凡的世界》出世了，可路遥的身体垮了……

1. 沙漠誓师表决心

1983年3月，正在走红的《人生》又为路遥赢得了一项大奖——第二届全国中篇小说奖，名列第四。

《人生》从走红到获奖让文艺界对路遥这位文坛“新秀”有了很高的评价，路遥的实力得到了读者和文坛的认可，这是值得高兴的。然而也正是《人生》的大热让外界纷纷认为《人生》是路遥成就的巅峰。《人生》太成功了，在外界看来，这样的成绩对于路遥来说已经实属难得，他不可能再次超越自己。

社会上的诸多论断传到路遥的耳中，路遥陷入了沉思：《人生》的成绩斐然，这不能否认，可是才刚刚三十出头的自己就真的无法创作出超越《人生》的作品吗？自己才三十多岁啊，年轻的生命怎么能够躲在成就背后安享一生呢？不能，不能！路遥从来不是一个轻易认输的人，他不可能让自己的创作生命永远停滞在《人生》这个阶段。超越，路遥要做的就是超越，他要超越自己，超越《人生》。

那段时间的路遥是焦虑的，他时常在漆黑的夜里，对着窗外清凉的夜光辗转反侧。路遥曾在随笔《早晨从中午开始》中如此向人们诉说他当时的心情：“在无数个焦虑而失眠的夜晚，我为此而痛苦不已。在一种是纯粹的渺茫之中，我倏忽间想起已被时间的尘土埋盖得很深很远的一个过往年月的梦，也许是二十岁左右，记不得在什么情况下，很可能在故乡寂静的山间小路上行走的时候，或者在小县城河边面对悠悠流水静思默想的时候，我曾经有过一个念头：这一生如果要写一本自己感到规模最大的书，或者干一生中最重要的一件事，那一定是在四十岁之前。”

路遥所崇拜的作家是他的老乡柳青，柳青的《创业史》也必然可以称为路遥心中的“大作”。曾任《延河》责任编辑的路遥曾问过柳青：“你是一个陕北人，为什么却把创作放在关中平原？”柳青如此回答：“原因非常复杂，我这辈子也许写不成陕北了，这个担子你应该挑起来。对陕北，要写几部大书，是前人没有写过的书。从黄帝陵到延安，再到李自成故里和成吉思汗墓，只要一天的时间就够了，这么伟大的一块土地没有陕北自己人写出两三部陕北题材的伟大作品，是不好给历史交代的。”

路遥内心的强烈愿望加上柳青对他的期望和嘱托，让他不得不前行，他必须超越《人生》这部作品，也必须完成一部大作：

“我的心情不由为此而战栗。这也许是命运之神的暗示。真是不可思议，我已经埋葬了多少‘维特时期’的梦想，为什么惟有这个诺言此刻却如此鲜活地来到心间？

几乎在一刹那间，我便以极其严肃的态度面对这件事了。是的，任何一个人，尤其是一个有某种抱负的人，在自己的青少年时期会有过许多理想、幻想、梦想，甚至妄想。这些玫瑰色的光环大都会随着时间的流逝和环境的变迁而消散得无踪无影。但是，当一个人在某些方面一旦具备了某种实现雄心抱负的条件，早年间的梦幻就会被认真地提升到现实中并考察其真正的复活的可能性。”

当路遥决定完成自己青年时候的梦想时，内心是激动的。当然，除了激动，他也有着自己的担心，想起自己的心灵导师柳青最终没能完成《创业史》第三部时的遗憾，路遥的心被刺痛着，路遥知道想要完成一部伟大的作品需要付出太多的时间和精力，而当这部作品是一部多卷的长篇时，则需要不懈的坚持。想要完成一部多卷长篇小说，不仅需要具备一定的文学才情，还需要一些创作技巧。路遥写过最长的小说只有十三万字，如今，他想要完成一部长篇，一个浩大的工程，这对路遥来说，是一个创作的过程，也是一个学习的过程。整个过程也是对自己的一个不小的挑战。而不服输的路遥，就这样应战了！

1983年，有了目标的路遥决定去一个神圣的地方表明决心，而他最终选择的地方，则是一片黄沙的陕北毛乌素沙漠。毛乌素沙漠位于陕西省最北端，它向北与内蒙古高原相连，是天然的农耕文化与游牧文化的分割线。路遥选择这里，或许是因为年轻时与这地方有过一面之缘。当年路遥来到毛乌素沙漠，第一次见到如此壮观之境的路遥对此地心生好感并创作了一首诗《今日毛乌素》。

“无边的苍茫，无边的寂寥，如同踏上另外一个星球。嘈杂和纷乱的世俗生活消失了，冥冥之中似闻天籁之声。此间，你会真正用大宇宙的角度来观照生命，观照人类的历史和现实。在这个孤寂而无声的世界里，你期望生活的场景会无比开阔。你体会生命的意义也更会深刻。你感到人是这样渺小，又感到人的不可思议的巨大。你可能在这里迷路，但你也会廓清许多人生的迷津。在这开阔的天地间，思维常常像洪水一样泛滥。而最终又可能在这泛滥的思潮中流变出某种生活或事业的蓝图，甚至能用明了这些蓝图实施中的难点易点以及它们的总体进程。这时候，你该自动走出沙漠的圣殿而回到纷扰的人间。你将会变成为另外一个人，无所顾忌地开拓生活的新疆界……”

后来的路遥在随笔《早晨从中午开始》里说出了他选择毛乌素沙漠的原因，也说出了他对毛乌素的理解。毛乌素沙漠在外人眼里不过是一片没有生命的黄沙地，最多它的一望无际可以聊作欣赏，而对于路遥来说，这沙漠是有生命的，是有情感的，路遥在这里能够得到力量，能够得到顿悟。就像有些作家将高山或者大海作为自己的能量之源一样，毛乌素沙漠在路遥的心目中，也是一个巨大的能量场。

所以，当路遥有了新的目标，需要巨大的能量之时，他去到了毛乌素沙漠。1983年，路遥简单打包自己的行李，从西安出发，北上经过陕北榆林来到了让他敬畏的毛乌素沙漠。这一次的路遥如初见毛乌素一般，扑向它的怀抱。光着脚任脚板陷入细细密密的沙地里，路遥一步一步向前走，亦或是没有方向的走。张开双臂，躺倒在沙地里，四脚朝天，仰望苍穹，这是怎样一种体验啊！

“尽管我多少次来过这里接受精神的沐浴，但此行意义非同往常。虽然一切想法已在心中确定无疑，可是这个‘朝拜’仍然是神圣而必须进行的。”

路遥这一次的目的不仅要朝拜，他还要对着这片让自己敬畏的土地宣誓，告别过去，开启未来！

“那么，就让人们忘掉你吧，让人们说你已经才思枯竭。你要像消失在沙漠里一样从文学界消失，重返人民大众的生活，成为他们间最普通的一员。要忘掉你写过《人生》，忘掉你得过奖，忘掉荣誉，忘掉鲜花和红地毯。从今往后你仍然一无所有，就像七岁时赤手空拳离开父母离开故乡去寻找生存的道理……”

沙漠誓师，决心非凡！路遥要告别过去，新的未来，即将向他展开！

2. 大量阅读，积淀才情与文思

沙漠誓师之后，路遥迅速进入了一种平静而紧张的状态之中，他不再回味过去的荣誉和奖项，不再放眼过去的辉煌。这时候的路遥是一个有着自己明确目标的“实干家”，他的目标是创作一部多卷长篇小说，这可以说是一个伟岸的工程，他需要做好充分的准备——阅读大量书籍与生活体验。

1983年下半年，路遥逐渐将自己从各种名目繁多的社会活动中剥离出来，在“大红大紫”之际，他拒绝了诸多的讲座和采访，他不再拆读那些崇拜者的来信，也不再回应热心读者提出的诸多问题，甚至那些文学界的座谈会，路遥也想方设法地推脱、远离。路遥似乎要从人们的视野中消失了，的确，路遥要从“名人”的行列中消失了，因为他要去做一个专业作家应该做的事情。

路遥创作新作品需要准备的事情有很多，而这些准备中最重要的两件事非读书与体验生活莫属！路遥从中学时期就爱上了阅读，所以读书这件事对路遥来说不是苦差事，可是如果要让他每日闭关，在一段时间内读近百部长篇小说，其中很多部还需要读很多遍，那就真的是很苦了。

路遥在读书阶段，需要读的书分为两类，第一类是长篇小说，古今中外的都有，当然外国小说占了较大部分。这一类是路遥经过精心筛选的，他列了一个书单，书单中包括近百部作品，其中一些是路遥读过的，需要重读，还有是他从没接触过的，要新读，甚至细读。在读这些长篇小说的过程中，路遥重点研读了我国古代长篇小说《红楼梦》和柳青的《创业史》。路遥认为《红楼梦》是中国古典长篇小说的巅峰，这部作品无论是结构性、故事性还是思想性都可以与世界长篇小说史上任意一部作品相媲美。而柳青的《创业史》在路遥的心目中有着不可撼动的地位，他认为《创业史》虽然在写作手法、人物塑造、艺术形式等方面有一定的局限性，但它的恢弘的气势以及强烈的现实性无疑在中国当代文学中具有独特的位置。这一次的阅读准备，路遥将所列书单完成了八九成，其中他更是将《红楼梦》读完三次，《创业史》读完第七次……

路遥除了读小说之外，还广泛涉猎有关理论、政治、哲学、经济、历史和宗教等相关知识，除此之外，他还找来一些有关农业、商业、工业、科技的杂志、小册子进行阅读。有趣的是，路遥在那段日子里几乎成了百科全书，因为他阅读的书籍里，竟然还包括着诸如养鱼、养蜂、施肥、税务、财务、气象、历法、造林、土壤改造、风俗、民俗、UFO（不明飞行物）等等专业性知识。

在路遥读书的日子里，他的家完全变成了书的海洋，桌子上、茶几上、床上、窗台上、甚至是在厕所里，书成了路遥家惟一无处不在的东西。路遥就是这样一个不拘小节的人，为了在任何一处地方都能随手能够拿到读物，他不介意将家里搞得一塌糊涂。

路遥在他的随笔《早晨从中午开始》里这样描述当时的情况："在这个时候，我基本上是'两耳不闻窗外事，一心只读圣贤书'。我甚至有意'中止'了对眼前中国文学形势的关注，只知道出现了洪水一样的新名词、新概念，一片红火热闹景象。'文坛'开始对我淡漠了，我也对这个'坛'淡漠了。我只对自己要做的事充满宗教般的热情。"

文学著作和各类专业性知识读得差不多了，路遥开始了他的另一项工作——准备作品的背景资料。路遥估计他的作品会涉及从1975年到1985年这十年间中国城乡广阔的社会生活，所以，他将进行新一轮的阅读。

这是怎样浩瀚的工程啊，路遥的房间里开始堆满各类报纸，《人民日报》《光明日报》《参考消息》，从1975年到1983年，这类报纸堆成一座座“小山”，而路遥就是那个“愚公”，他通过一页一页的阅读来移动这几座“山头”。

“我没明没黑开始了这件枯燥而必需的工作，一页一页翻看，并随手在笔记本上记下某年某月某日的大事和一些认为‘有用’的东西。工作量太巨大，中间几乎成了一种奴隶般的机械性劳动。眼角糊着眼屎，手指头被纸张磨得露出了毛细血管，搁在纸上，如同搁在刀刃上，只好改用手的后掌（那里肉厚一些）继续翻阅。用了几个月时间，才把这件恼人的工作做完。以后证明，这件事十分重要，它给我的写作带来了极大的方便——任何时候，我都能很快查找到某日某月世界、中国、一个省、一个地区（地区又直接反映了当时基层各方面的情况）发生了什么。”

读书的苦最终给路遥带来了甜头，1984年，路遥这部书的框架终于在经历了漫长的阅读后确定了下来：“三部，六卷，一百万字。作品的时间跨度从1975年初到1985年初，为求全景式反映中国近十年间城乡社会生活的巨大历史性变迁。人物可能要近百人左右。”

路遥的阅读准备告一段落，接下来，路遥将回到陕北，去“深入生活”，去体验、感受小说中人物所经历的人生百态。体验生活的日子充满着劳碌与奔波，路遥提着一个大皮箱，带着满满的书籍从省城出发了，他来到了陕北的县城、乡镇、农村，他去到工矿企业、学校机关、集贸市场，他自上而下接触这里的各类人，从市委书记到普通的老百姓……这里的一切都吸引着他，让他去更深入地体验自己熟悉又有些陌生的一切。

路遥说：“这里有些生活是我所熟悉的，但为了更确切体察，再一次深入进去，这叫‘重新到位’，有些生活是我过去不熟悉的，就加倍努力，争取短时间内熟悉。”

路遥并不喜欢现成的故事，在路遥看来，创作绝对不是对现有故事的照搬，而是“编故事”。当然，这里的“编故事”绝对不是胡编乱造，而是在尊重一切常识性、技术性东西的基础上将人物、时间、地点等联系起来，形成一个故事情节再将情节相互联系延伸。

陕北的民风民情体验完毕，路遥来到了矿区，去那里体验一个采煤工的日常生活：“为了方便工作，我在铜川矿务局兼了个宣传部的副部长。很对不起这个职务。几年里，我只去过宣传部一次，‘上下级’是谁都不清楚。我兼此职，完全是为了到下面的矿上有个较长期的落脚地方，名正言顺地得到一些起码的方便条件。”

路遥来到鸭口煤矿，他为了能够真的了解矿工的生活，主动要求下矿井，与这里的每一个普通矿工交起了朋友。路遥曾经在来到矿区之后问过自己：“你真的了解矿工吗？你以为你看到他们如何在地面上吃饭喝酒睡觉就是真的了解他们了吗？不！如果你真的想要了解矿工的生活，你必须到井下去，你要亲眼看看，这些矿工是怎样从下午三点一直干到夜晚十点以后的！”

1985年秋天，路遥的准备工作进行了将近三年，他终于决定去一个偏僻的地方，完成这部“大作”第一部初稿的写作。

3. 决心在文学史上留下陕北人的历史

一时的文思泉涌和妙笔生花或许能够创作出一篇优秀的散文或者诗歌，可是一部气势恢弘的长篇小说却不是几天、几个月能够完成的，他需要几年甚至十几年的时间去完成。而这段完成的时光是漫长而难熬的，他需要作家非同一般的耐力和恒心，而路遥无疑具备这种恒心。

唐朝诗人岑参曾有过这样一句诗："长安何处在，只在马蹄下。"这句诗表达的意思很简单，一个人只要有决心和行动，目标就会达成。在1983年之后的日子里，一部长篇小说就是路遥心里的"长安城"，而他有条不紊地进行着自己的准备工作，"十年磨一剑"的决心加上快马加鞭的创作姿态都向世人证明着，马蹄底下见长安，路遥一定会到达他心目中的长安城！

创作不是说说而已，对于路遥来说，他拟名为《走向大世界》（后改为《平凡的世界》）的长篇小说也时刻准备着新的进展。

1984年冬天，一个普普通通的雪天的清晨，整个西安城被白色覆盖着，散发着寒冬腊月独有的清凉的气息。路遥和王天乐早已经聊了一晚上闲话了。如此相似的兄弟俩，只要聊起来，总不怕没有话题，这一天就是如此，当二人准备睡下的时候，窗外的那片光亮已经告诉他们——天亮了。

“走，去看雪！”路遥是爱雪的，他领着弟弟来到了大街上，清晨的大街上行人很少，路遥拉着弟弟在空旷的大马路上用自己的鞋底在雪地上“作画”。不一会儿，他们走到了西安城的繁华地带，时间太早，这里没了往日的繁华，路遥见交警台空着，料到交警还没来上班，便如个孩童般，跑到交警台上学他们指挥着“交通”。弟弟看着路遥的样子，忍不住笑出了声，这个平日里成熟冷静的哥哥，今日怎么像个孩子一样，王天乐不明白，他也不想明白，他学着哥哥的样子，笑得在雪地上打起了滚儿。

“走，我们回去收拾东西，去火车站。”路遥拉起还在地上打滚儿的弟弟，不多说话，只是朝家走。王天乐一头雾水，不知道要去哪里，他只是跟着哥哥，收拾行囊，踏上西去兰州的列车。

临时买票的他们没有座位，路遥去找，最后他还是通过自己“名作家”的身份买到了两张卧铺票。到了兰州，天空中依旧飞舞着白色的雪花，路遥和王天乐找到一家宾馆，简单洗漱之后，二人坐下，路遥为自己和弟弟各冲好一杯咖啡，然后说道：“这一切都是灵感，昨天早上，我突然来了灵感，这个灵感我等待了好长时间，但一直抓不住，但昨天早上，我抓住了，所以我必须离开西安……”

路遥向弟弟说出了自己的设想：“我要写一部大书，就像柳青说的那一种大书，向陕北的历史作交代。我要从老家的村子写起，写到延安，写到铜川，一直写到西安。这部书就是要沿你走过的曲折道路，一直走向读者。我要通过你的生活经历，带出上百个人物，横穿中国1975年以来十年间的巨大变革时期。作品要在一百万字以上，这是我四十岁前献给故土的礼物！……”

王天乐听到这样的话，惊得说不出话，这才是自己的哥哥啊！王天乐几乎要感动得流下泪水，此时的路遥不再是一个作家，他是一个将军，他率领的是陕北的一众父老乡亲，他们要向文坛进军！他们要在文学史上留下陕北人的历史！

第一天晚上，路遥和弟弟王天乐在纸上绘制出了小说的地貌草图，他们的草图里有村庄、乡镇，有公路、山川、河流，他们的草图里还有主人公走动的痕迹，只是这一切只有兄弟二人看得懂，记得住。第二天，完成初步地形设计的二人开始列出地名和人名，小说人物很多，但路遥毕竟早就有过深思熟虑，因此，这些性格鲜明的人物很快都有了一个适合自己的名字：孙少平、孙少安、孙玉厚、孙玉亭、田福堂、田福军、田润叶、田晓霞、田润生、孙兰花、孙兰香、王满银、郝红梅、金波、金光亮、金俊武………此外，双水村、石圪节公社、原西县、黄原地区、铜城等人物活动的场所也都一气呵成，跃然纸上。

路遥与弟弟王天乐在这宾馆里住了十五天，这十五天里，兄弟俩每天只出一次门来买食物，剩下的时间里，他们都在紧锣密鼓地为小说支起一个框架。十五天之后，二人离开兰州，《走向大世界》的《黄土》《黑金》《大城市》三部曲也完成了其最初的核心框架。

后来，路遥告诉弟弟，他之所以远赴兰州进行创作，是因为远方堂叔家的女儿竹子嫁到了兰州不远的地方。“三姐是远近有名的俊女子，在老家时，不嫌咱家穷，对咱家最好。等咱家一切都好起来后，咱们一定要在兰州找到三姐。”路遥告诉弟弟，他小说中漂亮的女孩子，大都是使用了三姐竹子的外形。

1984年冬天，路遥解决了最困扰自己的框架问题，紧接着，路遥又迎来一个难题，就是从哪里开头？从什么地方切入？就这样，这个问题每日每夜都困扰着他，让他整整苦恼了一个冬天。

如果把文章比作一首曲子的话，那么开头就是这首曲子的第一个音符，它不仅代表着自己，更决定着整个旋律的展开，因此，小说的开头至关重要。路遥困扰开头，主要是因为他想要解决人物出场的问题。路遥在阅读中外长篇小说时发现，但凡是优秀的作品，读者会在一开始就有意无意地接触到很多人物，这些人物在当下或许没有什么作用，但却在看似“无作用”之中塑造了这个人物的性格。路遥知道自己的这部作品很长，所以他需要让所有的人物尽可能早出现，因为越早出现，就越能早一点塑造，早一点丰满。

路遥高兴自己认识到了人物出场的重要性，却又苦恼自己一时找不到合适的切入点，不知道如何操作。1984年冬，路遥每日每夜都在思考着这部作品应该从哪里切入，选择什么样的故事进入整部作品，这个问题困扰了路遥很久。然而灵感就是这样的奇怪，当你捕捉不到它的时候，它总能突然出现。

“老鼠药！”一天半夜，路遥脑子里突然出现这几个字，紧接着，他顾不上自己浑身的颤抖，连忙爬起来，开灯，在桌子上拿出一张稿纸，郑重其事地写下这三个字：老鼠药。

对啊，“老鼠药”就是最佳的开场方式！

灵感的突现是日积月累的结果，路遥终于想到了，把“王满银贩老鼠药事件”作为开头的中心事件，一年后，在陈家山煤矿从事创作的路遥将这一情节分别向前、向后延伸，用七万字的篇幅使全书几十位人物纷纷出场，他们之间的关系也平顺自由地交织着。这部长篇巨作就这样开始了，“长安城”在路遥的决心与坚持下，也即将到来！

4. 喜事接踵而至

1985年元旦，新年庆祝活动在西安城的大街小巷热闹地进行着，人们张灯结彩，用笑声、欢呼声、鞭炮声迎接着新一年的开始。

这一年路遥36岁了，距离完成“大作”的时间还有四年，路遥的手中已有了《走向大世界》的核心框架，这一年，他不再感到焦虑与迷茫，反之，他像一支即将离弦的箭，蓄势待发。也许是因为没有发愁的事情，路遥每天坐在书房里看书思考。他并没觉得这一年会有任何不同，可是“不同”却接踵而至。

1985年1月25日，路遥接到中共陕西省委宣传部发出的通知，得知他已经被任命为中国作协陕西分会党组成员。接到这份通知的路遥迟迟无法从喜悦中回过神，这对他来说意味着什么呢？除了意味着组织对他为人与创作的高度认可，更意味着组织对长期困扰他的“文化大革命”造反派有了一个公正的结论。路遥很清楚为何这些年他无法在作协担任任何职位，“红四野”造反派头目这个阴影一直压着他，成为别人一次一次能够上访告他的“小辫子”。组织一次一次的调查，确认路遥没有罪，可是不给路遥任何职位却意味着组织并没有真正的“原谅”他。这一次，组织让路遥在作协担任职位，不久预示着，他的“历史”将要有一个公正的结论了吗？

伴随着喜事的到来，路遥感到从未有过的舒畅，1月29日，路遥给当时任青海省委宣传部副部长兼文化厅厅长的孟伟哉写信，推荐好友海波到《现代人》杂志当编辑，孟伟哉收到信后着手调动，很快，海波被借调到《现代人》编辑部任编辑。好友的工作调动如此顺利，让路遥着实感到畅快，而路遥没想到的是，这一年，他的好事的确是一波接着一波，让他应接不暇。

2月20日，是农历的正月初一，路遥在春节欢乐的气氛中，写了自己第一部小说选《路遥小说选》的自序："我将自己迄今为止的小说作品挑拣出一部分，编成了这本选集。通过这本书，读者大约可以看出我十多年在学习写作的道路上弯弯曲曲的爬蜒痕迹。这些作品都没什么改动，保持着初发表时的面目。之所以这样，并非这些作品没有可修改之处，而是我常常没有能力这样做。我感到，如果在总体上不能复原当初创作时的那种心理状态，即使后来想弥补作品的某些缺憾，也往往等于疤上补疤，因此也就放弃了这种应该而且必需的努力。"这部小说选是在好友曹谷溪的帮助下出版的，路遥只知道曹谷溪是个"伟大的社会活动家"，没有他办不成的事，所以，在缺少三千册订户无法出版的时候，路遥也深信好友能够找到这三千册图书的订户，后来，曹谷溪没有让路遥失望，《路遥小说选》得以顺利出版。1984年底，路遥回到延安，在曹谷溪的办公室里看到了一摞又一摞的《路遥小说选》，那时候路遥才知道，曹谷溪为了让书能够顺利出版，自己垫钱订了三千册图书，这让路遥感动得与好友抱头痛哭。

3月5日，陕西省委和省政府在省政府会议室召开大会，这次大会，重点表彰了一批改革开放以来成就突出的文艺工作者，其中在文学创作方面，路遥、贾平凹与李凤杰受到大会表彰并晋升两级工资，当时，省长李庆伟亲自为获奖者颁发奖状。

路遥的成就得到了一次又一次的认可，他感到欣慰的同时也丝毫不敢停下创作的脚步。3月31日，路遥的短篇小说《一生中最高兴的一天》发表于《西安晚报》。小说歌颂了党在新时期的农村政策，符合时代潮流，这也算路遥对于政府给予自己荣誉的一种反馈。

4月5日，丁玲来到延安，得知路遥在延安创作长篇小说，一定要见见他。据陪同丁玲来到延安的肖云儒回忆：“……当时谁也联系不到路遥。后来通过路遥弟弟联系到路遥，路遥蓬头垢面地出现在宴会上，丁玲叫路遥坐在自己的旁边，和他密谈文学，赞赏有加。”一个如此知名的作家点名道姓的非要见路遥，这对于当时的路遥来说可以称得上荣幸之至。

丁玲的造访过后，4月21日，陕西省作协三届二次（扩大）理事会在咸阳召开，这次会议上，路遥、贾平凹、陈忠实、杨伟昕四位理事被选为中国作协陕西分会副主席。此时，路遥已经开始在延安各处走访体验生活了，接二连三的喜事传来，路遥的心情一直是十分畅快的。5月18日，路遥给曾经帮助过自己的王维玲写信：“很长时间未和您联系了。这两年诸事纷纭，一言难尽，有机会见面再说吧。目前，我自已的情况还可以。省委已任命我为作协陕西分会党组成员，前不久分会理事会上，又以最高票数当选为副主席。说起来很悲哀，作为一个从事文学事业的人来说，我不应该给您说这些，但对我这两年的情况而言，最起码可以起到一点正视听的作用，所以我觉得有必要将这些情况给您谈一下，因为您一直是我最有力的帮助者……我几年中大部分时间躲在家读长篇（计划读一百五十部），很少外出，如来北京，再去看您。祝您愉快。”在给王维玲的信中，路遥谈到了自己获得的最新任命，可见当时他的喜悦之情是溢于言表的。

5月23日，路遥的《人生》又给他带来了新的荣誉，全国影协在成都召开“双奖”（金鸡奖、百花奖）颁奖大会，故事片《人生》获第八届大众电影最佳故事片奖。这是对作者、编剧路遥的一种肯定。

5. 隐居山林创名篇

1985年上半年，喜事接踵而至，路遥怀着舒畅的心情游走于延安的乡村、城镇、田间、矿区……他在喜事中不骄不躁，明确着自己的本职工作。1985年秋天，一个收获的季节，在这个季节里，路遥决定前往陈家山煤矿进行《走向大世界》第一部初稿的创作。

陈家山煤矿隶属于铜川矿务局，选择这里作为自己的创作地，路遥有着自己的考虑：首先，《走向大世界》这部长篇小说的第三部涉及到较广泛的矿区生活，在这里创作一稿，能够提前感受矿区的生活，在将来动笔时更快更好地进入状态。除了创作方面的考虑，路遥选择这里与自己身兼铜川矿务局党委宣传部副部长的职位有关，因为有职务在身，他可以获取一些便利条件，这也有利于他的创作。对于为何选择铜川矿务局下属的陈家山煤矿，则是因为陈家山煤矿除了设备先进、现代化程度高之外，王天乐的两个妻弟在这里工作，他们可以对路遥的创作、体验生活有相应的照顾。

路遥的创作室位于陈家山煤矿医院的一间小型会议室里，这间会议室是医院专门为路遥腾出来的，撤掉会议室的桌椅，放上一张单人床，一个半新的木头柜子，一张书桌，一把医院最好的椅子，还有零零碎碎的如洗漱架、脸盆等等。当然，屋子里不忘放上一组沙发，权当让路遥接待客人时使用，可大概这里的人没想到，路遥既然来到了这里，就没打算接待任何人。屋子里的摆设说不上好，但也绝对能够满足路遥的基本生活了，况且路遥在当时已经是大作家了，医院里的领导自然为他提供了最好的条件。在这里，路遥不用考虑吃饭问题，到了饭点，自然可以去医院的食堂吃饭，可是路遥恐怕要辜负了医院的好心了，因为他又将来一次废寝忘食的生活。

“铺好床，日用东西在小柜中各就其位，十几本我认为最重大的经典著作摆在旁边——这些书尽管我已经读过多遍，此间不会再读，但我要经常看到这些人类所建造的辉煌金字塔，以随时提升自己的精神境界。随后，我在带来的十几本稿纸中抽出一本在桌面上铺开，坐下来。心绪无比的复杂，我知道接下来就该进入茫茫的沼泽地了。但是，一刹那间，心中竟充满了某种幸福感。是的，为了这一天的到来，我已经奔波了两三年，走过了漫长的道路，现在，终于走上了搏斗的拳击台。是的，拳击台。对手不是别人，正是自己。”路遥在来到这里的一刻就已经准备同自己作战了，可是不如意的是，从一开始，他就遇上了难题。

小说的基本架构已经有了，可是开头如何写？路遥为了一个开头，足足憋了三天，在这三天时间里，他伏在书桌前，写下一段话，然后再因为不满意将稿纸揉成团丢进纸篓。三天过去了，除了垃圾桶里已经满得溢出来的废纸团，路遥没有在稿纸上留下一句话。路遥的心情差极了，他甚至开始怀疑自己是不是已经“江郎才尽”，再也写不出优秀的东西？路遥在心烦意乱之中，给弟弟王天乐打了电话，他告诉弟弟，三天了，自己的小说开不了头，他也因此吃不下饭，睡不着觉。弟弟王天乐知道哥哥的痛苦，他安慰路遥说：“你平静点，现在就好像你进了孕妇产房一样，生下生不下，谁都救不了你。”路遥给弟弟打电话也是希望能找个人说说话，心里能够畅快一些。

与弟弟谈话之后，路遥强迫自己冷静下来，万事开头难，路遥想起俄罗斯伟大作家列夫·托尔斯泰的一段话：“艺术的打击力量应该放在后面。”于是，他的情绪稳定了，他不再想如何让自己作品的开头变得华丽，而是用一种平淡和冷静的开场，让这部作品的高潮一浪高过一浪地在后续展开。

心情恢复平静之后的路遥终于想出了他的开头：

“一九七五年二三月间，一个平平常常的日子，细蒙蒙的雨丝夹杂着一星半点的雪花，正纷纷淋淋地向大地飘洒着。时令已快到惊蛰，雪当然再不会存留，往往还没等落地，就已经消失得无踪无影了。黄土高原严寒而漫长的冬天看来就要过去，但那真正温暖的春天还远远没有到来……”

这个平稳、冷静又不乏诗意与象征性的开头让路遥整整苦恼了三天。这三天过后，路遥的作品有了开始，那后续的创作也终于能够步入正轨，有条不紊地展开。

路遥把自己带来的所有资料和书籍摆在自己的周围，他一边写作，一边随手拿来资料对照、参看。路遥初步拟定自己这部作品的字数为三十万字，共53章，每章5000字，他将这53章按照从1到53的顺序做了一个表格，他每完成一章就划掉一个数字，他的计划是每天完成一章，可纵使是这样的速度，要全部完成这第一部的创作也需要两个月的时间。

为了能够保证自己按时完成任务，路遥给自己做了“死”规定，不完成任务不许睡觉、不许休息。小小的工作室成了他给自己划定的“监狱”，在工作室里，一个人进入到自己的创作世界，与书中人物进行着精神对话。

路遥虽然可以在食堂吃饭，可是他还是过着有一顿没一顿的生活。因为他从不早起，因此他是不吃早饭的，到了中午或者晚上，才有时间去吃饭，但有时因为创作耽误了吃饭时间就用剩馒头将就一顿。路遥是钟爱香烟的，每天抽烟的时光可以说是他惟一的物质享受。

在陈家山煤矿进行创作的几个月里，路遥只有晚饭后半个小时的“放风”时间，而这段时间，也是他最放松的时光，他总是一个人找没人的地方散步，沉浸在自己的世界里，走着路，哼着歌，身体和思想在这段时间里彻底放松。散步过后，又重新进入紧张的创作之中。

创作是痛苦的，而有多苦，只有路遥自己知道：

“无比紧张的工作和思考一直要到深夜才能结束。凌晨，万般寂静中，从桌前站起来，常常感到两眼金星飞溅，腿半天痉挛得挪不开脚步。躺在床上，有一种生命即将终止的感觉，似乎从此倒下就再也爬不起来。想想前面那个遥远得看不见头的目标，不由心情沮丧。这时最大的安慰是列夫·托尔斯泰的通信录，五十多万字，厚厚一大卷，每晚读几页，和这位最敬仰的老人进行一次对话。不断在他伟大思想中印证和理解自己的许多迷惑和体验，在他那里寻找回答精神问题的答案，寻找鼓舞勇气的力量。想想伟大的前辈们所遇到的更加巨大的困难和精神危机，那么，就不必畏惧，就心平气和地入睡。长卷作品的写作，是对人的精神意志和信念素养的最严酷的考验。这迫使人必须把能力发挥到极点，你要么超越这个极点，要么你将猝然倒下。只要没有倒下，就该继续出发。”

“只要没有倒下，就该继续出发。”路遥最先给了自己13万字的目标，他要超越自己的中篇小说《人生》的字数，待目标完成之后，他继续增加字数，直到1985年12月末，在新一年的元旦即将来临之际，路遥完成了《走向大世界》第一部初稿的创作——共20多万字，他终于能够告别陈家山煤矿，回到西安和自己的家人团聚了……

6. 名作多舛终问世

1986年元月，在铜川县陈家山煤矿医院“闭关”创作三个多月的路遥终于回到了西安，回到了有着“家”的气息的单元楼里。

回到西安的路遥将初稿的修改暂时推到年后，他太久没有休息了，趁着过年，他想要好好地休整一番，也好好陪陪女儿。1986年的春节路遥难得过得轻松。春节过后，路遥开始寻找自己的“工作室”，经过同事的帮忙和自己的筛选，他决定借来同事李秀娥在省作协四合院内的一间房子作为他的工作室，路遥打算再次“闭关”，这一次，他要一气呵成，完成对《走向大世界》第一部的抄写以及修改。

路遥选择李秀娥家的房子或许只是因为这里安静，因为这“工作室”的条件实在有些差得离谱。先不说这里没暖气，冬寒夏热也就罢了，光那白天都需要开两盏灯的采光就不适合当“工作室”。可是路遥偏偏选择了这里，这里除了同事对他的照顾免去了很多“打扰”之外，好处真的不多。

路遥创作的时间正是冬天，屋子里很冷，同事李秀娥将蜂窝煤和炉子都给他置办齐了，可是这路遥却嫌生火麻烦，便由着自己被冻着，在寒冬里硬挺着写下一段段文字。赶上突然的降温，他冻得实在不行了，就冲上一杯咖啡暖暖手，等手暖和过来了，就继续写。

路遥的“工作室”乱得很，除了书桌上“井井有条”外，其他地方乱得一塌糊涂，看看地上的烟头、废纸、包装袋，甚至还有硬得如石头一般的剩馒头。地面脏也就算了，关键是这屋子里的空气也不洁净，李秀娥每次来看路遥，总是在烟雾缭绕的环境里透过灯光找到他。冬天里冷得很，路遥也顾不上通风，手头的工作那么多，不拘小节的他更管不了屋子里的卫生了，对他来说，只要桌子上干净不影响创作就好。

李秀娥知道路遥很忙，所以不总来看他，但每次只要她一来，就提出来要给路遥的屋子通通风，打扫打扫卫生。通风路遥还能接受，可是打扫卫生路遥却万万不能答应，借了房子还要主人打扫算怎么回事？路遥更喜欢让同事陪他抽上一根烟，或者让这位陕北老乡帮他买上几包香烟、一些咖啡或者是几块西安鼓楼的清真糕点。路遥在创作中总不忘自己老家的父母，创作期间，路遥更是几次嘱托李秀娥帮自己给老家的父母寄钱。

对于路遥来说，同事偶尔的造访是他难得的休息时间，因为在平常，路遥是难得停下来的。每天起床，吃过午饭便坐到书桌前，开始了他的抄写工作，除了抄写，还要对初稿作进一步的修改和补充，这样一来，路遥的这份工作既是体力劳动，又是脑力劳动。这一天里，路遥只有手抄得僵硬了，实在酸痛难忍的时候才会停下来，抽一根烟，或者冲上一杯咖啡，短暂的休息一会儿，等到手腕的疼痛感稍有缓解，他就再次投入到抄写工作中去。从中午工作到晚上，吃完晚饭，又是一直坚持写到凌晨，在整个城市的人都已经陷入深度睡眠的时候，工作完毕的路遥才会离开他的书桌，披上大衣，穿过作协大院，回到自家休息。

就这样，经过两三个月的高强度抄写工作，《走向大世界》第一部终于定稿。那一天的路遥安静且沉默，他打扫了一下房间，然后坐在书桌前，手里拿着一支烟，书桌上是一摞一摞的稿纸，大概有二十本的样子，那是他这几个月来日夜不停抄写的成果，路遥看着那些稿纸，手中的香烟一根接着一根，似乎是在犒赏自己。除了抽烟，他还不断给自己冲咖啡，似乎要将那些“存货”都抽完、喝完。坐了一下午，路遥起身，一个人在夜幕降临之时，伴着夕阳的余晖，漫步在环城公园，从日落走到天黑。这一天路遥想了很多事，自己的这部作品已经有了第一部，这一页就要掀过去了，新的一页还要马上展开……

小说定稿了，路遥对于名字很不满意，后来诗人子页在看过几十个名字后，灵感突现，为这部作品取名《平凡的世界》，并得到了路遥的赞同。

1986年夏初，《当代》杂志青年编辑周昌义来到陕西，省作协的一位副主席得知这个消息后，告诉这个青年编辑，说：“路遥最近完成了一部新作，写的是底层农村青年的奋斗史，很多人不一定理解，但路遥相信你能理解。这部长篇小说完成了有些时日了，路遥之所以没把这部书给《十月》《收获》，也没有直接给《当代》的领导，就是因为他不仅是在找杂志社，更是在找知音，路遥正是把你视作知音。”

青年编辑周昌义或许是被这位副主席的话感动了，当即决定把路遥的这部书稿拿回去。临走时，这位副主席还说出了路遥的一些要求和希望：“如果《当代》要用，希望满足三个条件：第一，全文一期发表；第二，头条；第三，大号字体。”

其实，路遥是很希望能够在《当代》上发表自己的作品的，且不说《当代》的影响力，就说路遥的成名作《惊心动魄的一幕》，这部作品是被《当代》发现并发表后获得全国首届优秀中篇小说奖的，后来，他的《在困难的日子里》也发表在了《当代》，并获得了《当代》当年的优秀中篇小说奖，可以说，《当代》是路遥的“福地”。

路遥的小说被周昌义带走了，当晚，周昌义回到招待所，迫不及待地打开《平凡的世界》的手稿就读了起来，刚开始，周昌义读得兴致勃勃，可是后来，他越来越觉得没兴致，甚至索然无味。

“没错，就是《平凡的世界》。第一，三十多万字，还没来得及感动，就读不下去了。不奇怪，我感觉就是慢，就是啰嗦，那故事一点悬念也没有，一点意外也没有，全都在自己的意料之中，实在很难往下看……所以，我只能对副主席说，《当代》积稿太多，很难满足路遥的三点要求。”后来，周昌义将手稿退了回去。

周昌义还解释说：“这么说吧，当时的中国人，饥饿了多少年，眼睛都是绿的。读小说，都是如饥似渴，不仅要读情感，还要读新思想、新观念、新形式、新手法。那些所谓意识流的中篇，连标点符号都懒得打，存心不给人喘息的时间。可那时候读者就很来劲，那就是那个时代的阅读节奏，排山倒海，铺天盖地。喘口气都觉得浪费时间。”

周昌义退稿的做法被《当代》的领导批评了，《当代》副主编告诉他：“你应该把稿子带回来，让我们退。”

被编辑退稿对路遥来说是始料未及的，他一直相信，高举现实主义大旗，并多次护佑自己的《当代》杂志一定能够赏识这部作品，可是他失望了，这位编辑甚至没有经过领导就把稿子退了回来。路遥有些失落，可是他相信这是编辑眼光的问题，并不认为这部让自己费心劳神的作品有任何的差错。

路遥虽然被退稿了，可是以他的名气，前脚走了一个《当代》，后脚又来了一位作家出版社的编辑，他拿来路遥的手稿，读了不到三分之一就直接把稿子退给了路遥。

“说这本书不行，不适应时代潮流，属于老一套‘恋土派’。”编辑撂下这些话就走了。

这位编辑的行为让路遥的心凉了半截，同时，路遥突然警醒了一下，难道是自己闭关的这几年已经“落伍”，跟不上文学新形势呢？

7. 任风吹雨打我心依旧

《平凡的世界》两次被退稿给路遥提了个醒，他想搞清楚，是自己的作品出了问题，还是近些年文坛的“风向”有了改变。这几年路遥埋头创作，对外界的文学活动很少参与，所以，路遥自然感受不到现代主义文学思潮携沙裹泥的汹汹之势了。

《平凡的世界》依旧是沿袭了路遥之前几部小说的现实主义手法。而在当时，现代主义写作手法是新的、不一样的，它以其奇特、张扬刺激着读者的感官，将一切感受推向极端，读者面临这一种新奇的感受，一个个如着了迷一般。读者的口味有了变化，现代主义的作品成了畅销书，接着，许多作家纷纷放弃了现实主义手法，向“魔幻主义”“意识流”“象征主义”“黑色幽默”靠拢。除了改变创作手法，有些作家甚至发表言论，称“现实主义创作方法已经过时了”。

的确，在那时候，谁写现实主义作品谁就是过时的，当时流行的是潜意识、非理性、强调变现人的情欲——性欲。非理性、原始性、文字游戏，这些成为“时髦”。而路遥的《平凡的世界》在当时成了“过时陈旧”的典型。这样，在当时，他的小说被退稿、不被认可，似乎也在情理之中。

一次，一个陕北老乡来到路遥家，他与路遥谈论当下的文学现象。这位老乡咬着一口陕北普通话，给路遥讲起了“潜意识”、“魔幻主义”，看着这位满口文学理论新名词的老乡，路遥气不打一处来，等他走后，路遥气得在客厅里走来走去。

“你听听！你听听！”路遥气愤道。

“看来这种写法比较厉害，能把人的口音都变了。”路遥还不忘讥笑这人学了点新名词就忘记了陕北话。

“屎！难道托尔斯泰、曹雪芹、柳青等等一夜之间就变成这些小子的学生了吗？”路遥用自己的愤怒告诉了弟弟，现实主义是他的立场，他坚信，何种创作手法都有存在的必要，没有过时与不过时之说。尽管当时，人们都在往现代主义靠拢，运用现代主义的创作方法。甚至有人嘲笑路遥，认为他落伍，可是谁又能改变他呢？他有着他的坚定，任风吹雨打，路遥的心依旧坚信着他的文学大师，柳青、曹雪芹、列夫·托尔斯泰……

路遥面对文坛的新风向表现出几乎“悲壮”的情绪，他的“新作”因为内容的原因，必须采用现实主义手法，这种人们认定的“落伍”手法会让出版社很难接受这部一百多万字的小说，路遥必须用现实主义手法完成这部作品，他甚至对帮助过自己的老编辑董墨这样说：“生活和题材决定了我应采用的表现手法。我不能拿这样规模的作品和作品所表现的生活去做某种新潮文学和手法的实验，那是不负责任的冒险。也许在以后的另外一部作品中再去试验。再则，我这部作品不是写给一些专家看的，而是写给广大的普通的读者看的。作品发表后可能受到冷遇，但没有关系。红火一时的不一定能耐久，我希望它能经得起历史的审视。”路遥最后甚至有些无力的说：“我不是想去抗阻什么，或者反驳什么，我没有那么大的力量，也没有必要，我只是按照自己对生活的理解和自己的实际出发的。”

路遥这话说得悲壮，但说出这些话时，他的眼神是深邃的，他的神情是严肃的，他的心是坚定的。现代主义虽然在文坛肆虐、横行，但它也并非占据文坛的每一个角落，因为毕竟还有编辑能够保持清醒，能够独具慧眼发现真正好的作品，而当时中国文联出版社的李今遇就是这样的一位慧眼识珠的编辑。

1986年春，中国文联出版公司青年编辑李今遇来到西安，此次，她的目的是拿到贾平凹的长篇小说《浮躁》的出版权，可是，这位刚刚工作两年的编辑来晚了一步，她到达西安，拜访贾平凹时才知道这部小说的手稿已经被作家出版社抢走了。千里迢迢来了趟西安，却什么也没拿到，这位年轻的姑娘并不甘心，她经过多方打听，得知路遥有一部长篇小说杀青，于是，她经人介绍，来到作协大院附近的单元楼里，拜访路遥。路遥对这位年轻的编辑似乎并未放在心上，那时候路遥一心想着《当代》杂志，所以当李今遇对作品大为赞赏并郑重约稿的时候，路遥并未作出回应。

李今遇有些失望地回去了，1986年5月，她又一次来到西安，这一次，她特意在陕西作协停留了一个多月的时间。这一个多月里，李今遇到处参加陕西作家朋友之间的聚会、座谈，她找到各种机会与路遥交流，并了解到了路遥创作这部作品的初衷，和路遥创作之前的准备，当她听路遥讲述下两部作品的框架时，更是被《平凡的世界》恢弘的气势所打动，她告诉自己，一定要拿下这部大作，而路遥也最终被李今遇的诚意打动，决定将《平凡的世界》交给中国文联出版公司出版。

李今遇到西安的目的达到了，她高高兴兴地打道回府，没想到公司的领导却浇了她一头的“冷水”。

“简直是捡了芝麻，丢了西瓜。”没拿回来《浮躁》却拿回来被多次退稿的《平凡的世界》，领导们对李今遇的眼光产生了深深的怀疑。

李今遇知道自己拿回来的是一部不可多得的佳作，她并不因为别人的怀疑而气馁，路遥的名气还在，这部书的价值还在，在李今遇的坚持与斡旋下，公司领导终于下定决心出版这部小说。

“这是一部不可多得的好作品，书中表现的经历苦难的人们不向苦难低头、积极向上的精神和美好的道德情感深深地感动着我。”李今遇向人们讲起《平凡的世界》，总是这样说。

《平凡的世界》出版与发表都有了大体的眉目，1986年夏天，路遥决定去广州逛几天，这个现实主义作家，一直坚信创作源于生活，所以，他必须去广州亲自体验改革开放前沿地区的变化，以便于自己今后的写作。

为了创作，路遥这个狂热的足球迷在1986年夏天放弃了看第十三届足球世界杯，而是和弟弟王天乐南下到广东，体验小说主人公王满银的广州生活。

小说第一部里的王满银受不了生产队的苦，总是做一些贩卖老鼠药的勾当，经常被大队和公社批斗，在第二部里，王满银即将走出陕北农村，去上海卖木耳，到广州去倒卖电子表……

在广州体验了数日，路遥回到西安，他继续整理素材、体验生活，一切准备完毕，路遥带着弟弟再次去到柳青墓。弟弟王天乐后来回忆当天的情景时说道："回到西安后，路遥忽然要领我去一趟长安县的柳青墓。路遥好像对柳青墓地特别熟悉，哪里又多长了几根草都能说清楚。他在柳青墓前转了很长时间，猛地跪倒在碑前，放声大哭。然后他让我离开，到公路上等他。一个小时后，路遥红着眼，来到公路上。我至今都不明白我离开的这一个小时路遥在那里干了些什么，想了很多结果，但都不能成立，这是路遥一生中惟一没有向我说的'隐私'，只有上帝知道。"

路遥到底说了什么，人们不得而知，但按照路遥的性格，他定是向柳青汇报他的创作进展与将来的打算。路遥是位硬汉，可当他的现实主义创作手法受到大多数人的质疑时，他还是有委屈的，这里的委屈，他要向柳青倾诉，他也需要从柳青这里获得力量。

风吹雨打，我心依旧！从柳青墓回来的路遥迅速调整自己，并进入到《平凡的世界》第二部的创作之中。

8. 如松柏般迎风站立

1986年夏天，路遥在确定《平凡的世界》能够发表、出版之后，决定收拾行装，只身前往吴旗县进行《平凡的世界》第二部的创作。

吴旗县最初被称为“吴起”，因战国时期，魏国大将军吴起屯兵戍守于此，因此将吴起作为地名。后来，中央红军长征胜利，他们来到这里落脚，1942年，这里被更名为吴旗县，直到2005年10月，才将吴旗县改为吴起县，古地名得到了继承。

这年夏天，正值三伏天，路遥来到吴旗县武装部的大院子里，这院子的角落里有一口小窑洞，是地方政府专门为路遥安排的“创作室”。路遥来到自己的创作室，感受到窑洞里丝丝的凉气，路遥很是满意。夏日的炎热不利于静心创作，这窑洞如此凉爽甚至有些阴冷，作为“创作室”可真是再好不过了。不过这窑洞凉快是凉快，只不过是阴冷得过了头，所以路遥不得不在这三伏天里生起了火炉，每天让这火炉着上一小时暖和暖和，不然这窑洞还真是冷得让人待不下去。

这孔窑洞不大，因此里面的摆设也很简单，一张单人床，一张桌子，一把椅子，甚至连柜子都没有，不过对路遥来说，有书桌和椅子就足够了，再加上一张床就是完美了。路遥此次前来，依旧带着“老几样”，香烟、咖啡、书籍、资料，他还买了一些饼干和干面包，一旦没赶上饭点，路遥就拿这些“干粮”充饥。

路遥写作的时间很固定，中午一点左右起床，先解决吃饭问题，当然，早已误了饭点的他，只能吃些干饼干，干馍馍块，喝上几杯咖啡充饥。下午三点，路遥开始写东西，中间除了晚饭和散步，基本不休息，一直写到第二天的凌晨。

1986年冬天，在经历了三四个月的“持久战”之后，路遥终于完成了《平凡的世界》第二部的初稿，他在随笔《早晨从中午开始》中如此评价：

“第二部的初稿是在精神、精力最为饱满的状态下完成的。这是一次消耗战，尤其对体力来说，几乎动用了所有的‘库存’。自我感觉要比第一部好。这是一个很大的安慰。这时候，才感到踏入了创作生涯的一个新阶段。”

1986年11月，《花城》第6期全文发表了路遥长篇小说《平凡的世界》的第一部，《平凡的世界》第一部单行本也在1986年12月顺利出版。

作品的顺利出版让路遥的心紧张起来，他要看读者的反应，要看文艺界对他这部作品的评价，怀着这样的心态，路遥同意并支持《花城》与《小说评论》联合在北京召开路遥长篇小说《平凡的世界》（第一部）座谈会。

其实，在座谈会决定召开以前，许多评论已经传入了路遥的耳中。他知道，外界的反响与自己的期望有很大的差别，甚至与他期望的截然相反。

“20世纪80年代，许多外国文艺思潮刚刚涌进中国，现代主义、先锋派、意识流等方兴未艾，不跟潮流，不玩这些好像就落伍了，而路遥却以传统的现实主义手法写作，于是外界认为太老套了。”路遥的老朋友，也是当时《延河》的主编白描这样回忆当时外界给路遥的评价。

可是路遥真的是老套吗？那些所谓“新派”的写法，什么“意识流”、“魔幻主义”，路遥真的写不出来吗？绝不是！路遥在决定创作《平凡的世界》以前，就研究过许多创作手法，其中自然包括现代主义。选择用现实主义的手法写《平凡的世界》，不是因循守旧，更不是思想落伍，而是路遥在经过多种创作手法的对比后，觉得现实主义最适合《平凡的世界》这种题材。他不是不会，只是他的这部作品不适合。

1986年12月29日到30日，中国作协陕西分会主办的刊物《小说评论》创刊一周年之际，与《花城》编辑部联合，在北京召开了路遥长篇小说《平凡的世界》（第一部）座谈会。选择在京召开，路遥和《花城》编辑部有着自己的考虑：一方面，北京作为全国政治、经济、文化中心，它拥有着中国最密集的信息发布渠道，在京召开发布会能够起到最好的宣传效果；另一方面，北京城从来都是中国文化的制高点，这里“大腕”云集，一部作品想要得到全国，就先要得到“北京”的认可。所以，座谈会选在北京，是最明智也是最高效的选择。

这次座谈会的规格很高，出席座谈会的评论家由中国作家协会、中国社会科学院文学研究所、北京高校等多方面组成，几乎囊括了当时最权威最优秀的文学评论家。

路遥知道，此次座谈会会有不少评论家对这部作品不看好，可是路遥还是期待这批有着一流专业水准和敬业精神的全国当时最优秀的评论家们能够认可他的新作，毕竟这部作品倾注了他如此多的心血，毕竟他选择的现实主义手法经过慎重的考量，这部作品，绝不能被称为平庸之作！

然而路遥的期待再次被残酷的现实打破：

“《平凡的世界》的研讨会，就在我们社会议室开的。很多《当代》编辑都去了。我没去，但不是没好意思，多半是因为没受到邀请。如果邀请到我们小编辑层次，会议室需要扩大两倍。我记得散会之后，老何（注：何启治）率先回到《当代》，见了我，第一句话是说，大家私下的评价不怎么高哇。”《当代》编辑周昌义回忆当时的情景时如此说。

当时一同参加座谈会的白描更是直接在会场听到了评论家们最直接的批判："第一部研讨会在京召开，评论家却对其几乎全盘否定，正面肯定的只有朱寨和蔡葵等少数几位。当时一些评论家甚至不敢相信《平凡的世界》第一部出自《人生》作者之手。面对许多人的尖刻批评和否定，路遥当时真有些'林教头风雪山神庙'的苍凉心情。"

研讨会结束，从陕西来到北京的参会人员先走了，路遥和白描因为有一些事情，在北京待了两天。两天过后，路遥和白描在茫茫的大雪中，乘车赶往首都机场。那一天雪下得很大，路遥直直盯着窗外不断飘落的雪花，不说话。雪天路滑，他们乘坐的汽车差点和对面的车撞上，司机猛打方向盘，他们的面包车跌到了沟里，白描吓得大叫，而一旁的路遥却一副昏昏欲睡的模样，似乎什么事都与他无关。

尽管预料到这部作品会受到怎样的质疑，可是路遥的心还是不受控制地凉了，就像自己亲手教育出来的孩子受到众人的指责，路遥心疼自己的作品，可是就算是被否定又有什么关系呢？他不是经不起打击，无论外界怎样质疑，发出何种反对的声音，路遥也要如松柏一般迎风站立。

"眼前这种状况，也不能算失败。最重要的是，我自己心里很清楚，对第一部的某些疑问，正是二三部我将要解决的。我不能要求别人耐心等待我的工作，但我要耐心准备解决许多问题。这样，便产生了一种急迫感，急迫地想投入下面的工作。我想我能给挑剔的批评界提供一些比第一部更好的东西。"尽管受到质疑，路遥仍不气馁，他要尽快工作，尽快将第二部呈献给读者，呈献给批评界！在《平凡的世界》第二部里，矛盾即将展开，高潮即将到来，这是不一样的开始，路遥相信，《平凡的世界》注定不会平凡。

9. 身体亮起红灯

1987年的初春，西安城的风还未来得及吹出整片绿海，路遥坐在书房里出神，这一刻他没想他的作品，也没有想接下来的创作，他像每一个即将老去的中年人一样，有些讶异于“青年时代”的匆匆和它的一去不返：

“……不用照镜子也知道苍老了许多。走路的速度力不从心；饭量也减少了不少。右边的眼睛仍然在发炎，难受得令人发狂。医生认为是思维长期集中焦虑而造成的，建议我停止工作和阅读。无法接受这个忠告。倏忽间明白，所谓的‘青年时代’就在这瞬间不知不觉地永远结束了。”

这个春天，一向看起来硬朗的路遥突然感觉到了自己身体的变化，他一时间有了许多的病症，他只觉得突然，却想不到这竟是他自己日积月累生活不规律的结果。

身体上的病痛并未让路遥终止自己的工作，他无法听从医生的建议，停止阅读与创作，恰好是在这个时候，他接到了中国作家协会的通知，让他在三四月间随作协的代表团访问德国。此次的邀请让路遥的亲友松了一口气，他们都希望路遥能够休息一下，而此次出访无疑可以让路遥疲惫不堪的身体得到一丝喘息。3月2日，路遥随中国作家代表团前往西德进行为期二十天的访问。

此次访问，令路遥大开眼界，这里的一切与祖国差别太大，路遥甚至怀疑自己是否到了另一个星球，二十多天的访问，路遥过得舒服惬意。其中，最让他开心和难忘的的是，在慕尼黑奥林匹克体育中心，他观看了一场足球赛，并且他钟爱的球星梅尼格不仅在赛场上，还进了第一个球！

在西德期间，路遥几乎到了西德所有的大城市，他还到了一些有名的小地方，甚至他还穿过了"柏林墙"去东柏林玩了一圈，这里的一切都让路遥感到新奇，他过得很开心，然而有一天，路遥突然面对着窗外发起呆来："我想念中国，想念黄土高原，想念我生活的那个贫困世界里的人们。即使世界上有许多天堂，我也愿在中国当一名乞丐直至葬入它的土地。"路遥甚至在异域他乡想起了他小说中的人物，"如果让孙玉亭或王满银走在汉堡的大街上会是一种什么状态？"

1987年3月23日，路遥与代表们结束了为期二十天的访问，他们从慕尼黑机场起飞，告别了异国的土地。路遥坐在飞机上，从未如此的想念过自己的故土。从北京下飞机，路遥走在路上，听着满街嘈杂的中国话，忍不住热泪盈眶。这二十天，他踏上了全世界最先进国家的土地，可是在心底，最爱的，还是他那仍落后、贫穷的祖国。

从西德回来之后，路遥的身体有了些好转，他也更加有精力投入到《平凡的世界》第二部的修改之中，3月末，路遥又借了同事李秀娥在作协大院的那间屋子，他把自己封闭起来，一心投入到修改与抄写书稿的工作中。

1987年4月，得知路遥出国访问归来，一群朋友结伴去省作协大院看望他。路遥平日里很少与人打交道，见这么多朋友来看自己，表现得很兴奋，他给朋友们讲自己在西德的见闻，他讲外国，谈中国，说洋人，道国人，整个屋子里热热闹闹的，大家一会儿严肃，一会儿又被路遥逗得大笑。正在大家沉浸在欢乐之中的时候，门房突然来了电话，紧接着一个不幸的消息传来：路遥的养父病故了。路遥极力忍受着悲痛让自己冷静下来，他送走家里的客人，然后给弟弟王天乐打电话，托弟弟善料父亲的后事，并告诉弟弟，他马上去邮局寄现金回去。

供养自己读书上学的养父去世了，路遥无论如何应该回去行孝，可是当他看到书桌上那摞了一尺多高的还未誊写的书稿时，他紧握双拳，作出了一个有违孝道的决定——委托弟弟王天乐全权代表他办理丧事。路遥确实不是一名合格的孝子，养父卧病在床，路遥没有一天侍候在侧；养父病故，他也没能到老人的坟前去填一抔黄土，烧一张纸钱。养父去世，路遥怎么会不伤心呢？只是在路遥的心底，这种悲痛应该化作力量，用这些力量做出一点成绩，以慰亡父在天之灵。

修改稿件的工作开始了，1987年的春夏之交，路遥将自己“困”在省作协那间黑暗且通风条件极差的工作间里，他每天伏在桌面，手中的笔不停地在稿纸上写过，累了，他就抽根烟，喝杯咖啡，权当休息一会儿。这段日子，路遥没有周末，没有假期，没有任何娱乐活动，甚至拒绝陪心爱的女儿逛公园。

除了日以继夜地工作，路遥在饮食方面也极其不讲究，由于他“早晨从中午开始”的作息方式，早餐对他来说是根本没有的，而因为他起得太晚，午餐又常常是冷的。至于晚饭，路遥是有一顿没一顿地吃着作协大门外的路边摊。想起来吃晚饭了，他就吃一顿，想不起来，就不吃了，等晚一些，肚子饿了，咕咕叫起来，却已经是半夜，哪里还有出摊的小贩？他只能忍着肚饿睡去。

黑白颠倒的生活加上毫无规律的饮食，路遥的身体垮了：

“第二部完全结束，我也完全倒下了。身体状况不是一般地失去弹性，而是弹簧整个地被扯断。

其实在最后阶段，我已经力不从心了，抄改稿子时，像个垂危病人半躺在桌面上，斜着身子勉强地用笔在写。几乎不是用体力工作，而纯粹靠一种精神力量在苟延残喘。

稿子完成的当天，我感到身上再也没有一点劲了，只有腿、膝盖还稍微有点力量，于是，就跪在地板上把散乱的稿页和材料收拾起来。

终于完全倒下了。

身体软弱得像一摊泥。最痛苦的是每吸进一口气都特别艰难，要动员身体全部残存的力量。在任何地方，只要坐一下，就睡着了。有时去门房取报或在院子晒太阳就鼾声如雷地睡了过去。坐在沙发上一边喝水一边打盹，脸被水杯碰开一道血口子……

我不知自己患了什么病。其实，后来才知道，如果一个人三天不吃饭一直在火车站扛麻袋，谁都可能得这种病。这是无节制的拼命工作所导致的自然结果。”

1987年6月23日，路遥离开西安来到洛川，他原本计划在洛川继续写作，可是从到达洛川的那一天起，咽喉的疼痛就开始折磨他，无奈，他只好去医院医治，由于病状实在严重，路遥的这两次医治都是在咽部注射药液体。

1987年8月，路遥在创作《平凡的世界》第二部第二稿时，身体再次出现问题，这一次，他病倒了，而且这次的病症比以前要重得多：

“三伏天的西安，气温常常在三十五度以上，天热得像火炉一般，但我还要在工作间插起电炉子熬中药。身上的汗水像流水一样。工作间立刻变成了病房。几天前，这里还是一片紧张的工作气氛，现在，一个人汗流浃背默守在电炉旁为自己熬中药。病，热，时不时有失去知觉的征候。几十副药吃下去，非但不顶事，结果喉咙肿得连水也咽不下去。胸腔里憋了无数的痰却连一丝也吐不出来。一天二十四小时痛苦得无法入睡，既吸不进去气，又吐不出来痰，有时折磨得在地上滚来滚去而无一点办法。”

路遥的身体在1987年的夏末已经亮起了红灯，可是这个为了创作不惜付出一切的中年作家，似乎从未想过停下……

第六章　身痛意坚再创高峰

身体的疼痛无法让他停下创作的脚步，他一次又一次地倒下，又一次又一次地站起来！这一生，他的遗憾或许很多，但他决不允许《平凡的世界》留下遗憾。终于这部大作完成了，它为路遥赢得了茅盾文学奖，繁华过后，路遥躺在病床上，回首他这平凡却不平庸的一生……

1. 为求仁医去榆林

1987年夏天，通过一系列检查，路遥得了肝硬化，而且这肝硬化是遗传而来的乙肝病毒发作的结果。调查清楚病因之后，路遥首先想到的就是治病，他的《平凡的世界》还未完成，他不想像前辈柳青一样，因未完成《创业史》第三部而留下终生的遗憾。可路遥是个“工作狂”，他无法接受住院治疗，同时，他也是个“名人”，还很要强，他不能让外界知道他病了，更不能让他们知道他得的竟然是乙肝这样的传染病。这样，路遥严肃地命令那几个为数不多的知情者为他保密，他自己更是藏着、掖着，不肯去医院，而是选择四处在民间寻求名医为他治病。

病情必须隐瞒，而治病也是当务之急，毕竟他还要继续从事创作，在这种情况下，路遥想到了一个“两全其美”的办法——回到故乡榆林寻求名医。

“不能迷信大城市的医院。据说故乡榆林地区的中医有名，为什么不去那里？这里三伏天热就能把人热死，到陕北最起码要凉爽一些。到那里病治好了，万幸；治不好，也可就地埋在故乡的黄土里——这是最好的归宿。”路遥在随笔《早晨从中午开始》中这样描述自己当时的心态。

作为一个患有重病的人，路遥那时候回榆林的心情是悲凉的，他不清楚自己的病能不能治好，可是他依旧要回去。这个长期在外漂泊的游子，在重病之际，无比向往自己的故乡。就这样，路遥轻装上路，他没有带什么东西，除了自己这副孱弱的身躯。

1987年夏天，黄沙包围着的榆林城以其宽厚的胸怀接纳了这个漂泊在外的游子，乡亲们的热情令路遥感到温暖，被那熟悉的、浓浓的乡音包裹着，路遥身体上的疼痛似乎一下子减轻了很多。知道路遥来榆林求医的消息后，中共榆林地委书记霍世仁和行署专员李焕政亲自出面接待他，并把他安排在榆林最好的宾馆。路遥在榆林的朋友、同学也都来看望他并为他的病情四处奔走。

就这样，在众人的帮助之下，路遥很快被带到省政协委员、已经年逾七旬的老中医张鹏举先生面前。

路遥面对着面前这位面黑、体高的老人，心里充满着敬意，路遥是信中医的，所以他相信这位老中医一定能治好他的病。

张鹏举老人来到路遥居住的宾馆，很快就进入了问诊阶段，他细心地询问路遥的感觉和之前的治疗情况，老人问得很细，路遥也都一五一十地将自己的情况告诉老人，当然，得肝病的事路遥对所有人都是保密的，包括这位中医。问完路遥，紧接着就开始为他号脉、观舌，张鹏举先生指着宾馆墙上的镜子，对路遥说："你看看你自己的舌头。"

路遥走到镜子前，对着镜子张开嘴巴，却被镜子中那如焦炭一般的舌头吓了一大跳。

"我这是怎么了？"路遥问。

"这是恶热所致，"张老说，"先解决这个问题，然后再调理整个身体。你身体体质很好，不宜大补，再说，天又这么热。不能迷信补药。俗话说，人参吃死人无罪，黄连治好病无功。"

路遥与这位名医攀谈，谈话中他被张老渊博的学问所震撼，任何行业都有他们自己的大师，而眼前这位老人，无疑就是中医界的大师。路遥看着张老那胸有成竹的神态，他知道了，老人有能力治好他的病，就这样，路遥悬着的心放下来，就等待着进一步的治疗。

张鹏举为路遥开完药方，很自信地笑了，将药方递给路遥。

“生地五十克，硼砂零点五克。”看完药方的路遥有些难以置信，自己的病这样重，而医生却只开了两味药，药钱加起来总共两毛几分钱，这不同凡响的药方让路遥更加充满希望，他对老人也愈加钦佩。

药方开完了，药效怎么样呢？路遥在他的随笔《早晨从中午开始》中有详细的记载：

“果然，第一服药下肚，带绿的黑痰就一堆又一堆吐出来了。我兴奋得不知如何是好，甚至非常粗俗不堪地将一口痰吐在马路边一根水泥电线杆上，三天以后还专门去视察了那堆脏物，后来，我竟然把这个如此不雅观的细节用在了小说中原西县倒霉的县委书记张有智的身上，实在有点对不起他。

第一个问题解决后，张老开始调理我的整个身体。我像牲口吃草料一般吞咽了他的一百多服汤药和一百多服丸药，身体开始渐渐有所复元。《平凡的世界》完稿前后，我突然听说张鹏举先生去世了。我在工作室里停下笔久久为他默哀。我要用我的不懈的工作来感谢他在关键的时刻挽救了我。”

路遥在宾馆里住，为路遥熬药的工作就被他的好朋友、作家朱合作一手“承包”了，朱合作的单位离榆林宾馆不过几分钟的路程，每天，他在单位里用一个小电炉帮路遥熬药，药好了，他端到宾馆里，让路遥服下。张鹏举的医术果然很好，路遥才吃了几剂药，病情就有了好转。朱合作鼓励路遥，让他听医生的话，好好治病。见张鹏举的药见效了，路遥也信心倍增，心情也随之好转，有一次，路遥还和好友开玩笑说：“这张鹏举尽给名人看病哩，王震、陈永贵、路遥……嘿！”

路遥的病情开始好转，朱合作也就常常邀请路遥去郊外走走，榆溪河边风景优美，是他们常常散步的地方，郁郁葱葱的树木遮住夕阳的余晖，河岸边的芳草地染上落日的一丝金黄，路遥看着眼前的景色，蓦地说了一句：“这真是个谈恋爱的好地方。”他们沿着河岸继续走，一路上，两个人谈天说地，感到无限的畅快与惬意。

路遥在榆林宾馆住了些日子，病情也基本好转了，一天，朱合作来到宾馆，鼓动路遥去榆林不远处的内蒙古成吉思汗陵走走。路遥同意了，地区文联派出了一辆车，带着路遥、朱合作和其他几位朋友，从榆林出发了。汽车走到北草地一带，路遥被眼前的风光迷住了，他说："北草地……这是一部长篇小说的名字。"接着，路遥开玩笑道："以后有条件了，在这里买上一片地，再买上个汽车，闹上个小老婆，往下一盛。"

"好好好。"朋友们都说好，大家说着，笑着。在一路的欢笑中来到成吉思汗陵，并在成陵招待所住了一晚。

在榆林宾馆住了一个多月，也休养调理了一段日子之后，路遥的病情终于好转，他要离开榆林回到西安。在离开的前一天晚上，他把朱合作叫到了宾馆，非要把从西安带来的滋补品送给朱合作。朱合作推辞，他并不需要补品，可是朋友那誓不罢休的气势让他不得不收下。见朋友收下了自己的心意，路遥坐了下来，他对朱合作说："我冬天还要来，来写《平凡的世界》第三部。我喜欢榆林的冬天，零下二十几度的严寒，让人觉得很有劲儿！"

2. 开始《平凡的世界》第三部创作

1987年10月下旬的一天，陕北正值深秋时节，路遥在离开榆林两个月之后，又一次回到了这里。他穿着一身半旧却很干净的水洗布外套，那是人们当时最爱穿的布料和款式，他先回到清涧县王家堡老家，看望了村里的亲人，然后再次踏上了这座再熟悉不过的塞上城市——榆林，开始《平凡的世界》第三部的创作。

此次归来的路遥心情不错，他对迎接自己的好友们说："我穿着这身水洗布回到老家的时候，村里的乡亲们直夸我，说看人家那些娃娃，当了大干部还穿一身旧衣裳，可怜的。"大家被路遥的话逗得哈哈大笑。

路遥来到榆林之前，和榆林地区文联主席霍如璧通话，请他安排自己在榆林创作的一些事宜，他明确提出要求，要在榆林宾馆创作。

路遥选择榆林宾馆作为自己创作的"阵地"，是经过深思熟虑的。路遥之前大病过一场，虽然如今病情有所好转，但在体力上还是不足以一鼓作气完成第三部的全部创作。选择榆林宾馆，首先因为榆林有治好他的医生张鹏举，在这位名医的眼皮底下工作，身体有个好歹还能及时找张老调理，这能让路遥以及他的家人、朋友们放心。至于选择榆林宾馆，则是因为这里的居住条件和伙食都很好，在这里，路遥能够在创作时得到很好的照顾。

宾馆条件是不错，可是房费却是路遥无法承担的，好在霍如璧找到了榆林地委书记霍世仁与行署专员李焕政，在他们的帮助下，路遥被安排在榆林宾馆一号楼三层最靠西的房间里，这里远离街道，保证了安静的创作环境。除此之外，他们还向宾馆下达命令，要求他们搞好路遥创作的“后勤”工作，并减免了大部分房费。

在朋友们和地区领导的照顾和关怀下，路遥解决了后顾之忧，他静下心来，开始了《平凡的世界》第三部初稿的创作。

这一次的创作路遥不敢像以前那样拼命，他为了既完成规定的任务又照顾自己的身体，决定改变自己长时间养成的不规律的作息时间。在这里，路遥每天九点多钟起床，洗漱完毕，他叫上一份早点，等到十点钟，早餐用毕，开始坐到书桌前完成每日的任务，一直到下午四五点钟才停下来休息。他要求自己每天完成一个章节，字数在四五千字左右。如果能够完成任务，他正常睡觉，完不成，就会加班加点，开夜车。

路遥在随笔《早晨从中午开始》中描述了自己在榆林创作时的生活状态：

“在榆林地方行政长官的关怀下，我开始在新落成不久的榆林宾馆写第三部的初稿。就当时的身体状况，没有这个条件，要顺利地完成最后一部初稿是不可能的。这里每天能洗个热水澡，吃得也不错。行署专员李焕政亲自到厨房去为我安排了伙食，后来结算房费时，他也让外事办给了很大的照顾。更重要的是，我在这里一边写作，一边还可以看病吃药。

我自己也开始增加了一点室内锻炼，让朋友找了一副哑铃，又买了一副扩胸器，在凌晨睡觉前，先做一套自编的哑铃操，再拉几十下扩胸器。这一切很快又成了一项雷打不动的机械性活动——在写作过程中，极容易建立起来一种日耳曼式的生活。

由于前两部的创作，写第三部时，已经感到了某种‘经验’，而且到了全书的高潮部分，也到了接近最后目标时刻，因此情绪格外高昂，进入似乎也很顺利。”

路遥轻松的叙述说明他在那里过得还不错，的确，《平凡的世界》第三部的创作环境相比前两部好了很多，更让路遥感到高兴的是，这里有他亲密的朋友。

在路遥创作期间，他的朋友们无时无刻不在关心他、照顾他。朋友们知道路遥白天的时间都在创作，所以不敢打扰他，到了下午，估摸着路遥停下来休息了，霍如璧、朱合作等人就结伴来到路遥的房间里，和他闲谈一会儿。为了让路遥心情舒畅，他们谈话的内容都是很轻松的，多是一些朋友之间的新鲜事或者趣事，因此，每当他们到来，路遥的屋子里总是其乐融融的，外面的服务员也常常好奇，这些人到底哪来的那么多笑话。朱合作等人在路遥的房间里不敢多待，他们坐一会儿就走，留给路遥充分的休息时间，临走的时候，大家都会问路遥有没有想吃的家常菜。

路遥常常没什么想吃的，大家也不会勉强让他吃什么，可当路遥真馋了嘴，想吃什么的时候，也丝毫不客气。路遥和大多数陕西人一样，酷爱面食，所以，他常常打好招呼，要去谁家里吃白面揪片或者白菜豆腐。接到“指令”的朋友们总是在第二天下午准备好这些吃的，也不用叫路遥，他总记得自己来，然后一顿吃上满满的一大瓷盆，满足的说上一句：吃美了！擦擦嘴，站起来告别。

1987年11月，路遥因文学创作的突出成绩被陕西省人民政府授予“劳动模范”称号。11月底，路遥兴奋地告诉好友霍如璧，《平凡的世界》第三部上半部分写完了，他想去沙漠兜兜风。霍如璧向作协申请，然后和路遥一起，坐上一辆文联的吉普车，去往榆林北部的沙漠。

路遥对沙漠总是心怀敬仰的，当初要写《平凡的世界》，他也是在毛乌素沙漠下的决心，这次“大作”即将完成，他还要在这里，在沙漠宽广博大的胸怀中誓师完成最后半部的创作。

路遥从沙漠回来，他突发奇想，告诉朱合作，他想要学跳舞。

“这好办！”朱合作一口答应，原来，朱合作家楼上就住着榆林城最有名的舞蹈明星曜虹。朱合作找曜虹请她教路遥跳舞，她一口答应了。以后，每周只要两人有时间，就会到朱合作家跳舞，舞场是朱合作家的空地，舞曲来自录音机传来的声音。路遥很喜欢跳舞，他鼓励朱合作也和他一起学习，可是朱合作并不想学。

随着写作进入到后期，路遥感觉到越来越顺畅，作品中的一切都在有序地进行着，人物自然而然的在作品中出场、退场，走向他们应有的结局。这时候，路遥的心理和思维都是从未有过的顺畅，可是无奈之前苦战耗费了太多的体力，他似乎坚持不下去了，他的体力和精力都跟不上创作的进度。一天，好友霍如璧来看他，他坐在沙发上，双腿无力地垂下来，他的头靠在沙发背上，双手摊放在两边。霍如璧无奈地叹口气，劝他：“休息一两天吧。”

“不行！”路遥的声音无力却坚决，“越是这个时候，全身每一根神经都不能有丝毫放松，要是一天不按计划完成，首先心理上造成的失败感和危机感，就难以忍受。同时，作品质量也很可能因为松一口气而受到影响。”

1988年1月27日，农历丙寅年十二月初九，与路遥预计的一样，他完成了《平凡的世界》第三部初稿的创作。他能够回家过春节了！路遥的心放松了，他的脸上也终于露出笑意。可是他的身体却非常疲惫，虽然硬挺着站起来，可看起来他似乎随时都要倒下。

这天下午，朋友们为了表示庆祝，也为了给即将回家的路遥送别，专门为路遥举行了酒宴。

3. 任四季轮回，心中永存初春

1988年2月末，戊辰年的春节刚刚过去不久，还未过元宵节的西安城依旧沉浸在浓浓的年味儿里。老话说，“不出十五就是年”，路遥从作协分的单元楼往省作协大院走，这一路，地上红红的布满了鞭炮炸开后留下的碎纸屑，那些商户门前还都挂着红红的灯笼，大门上还倒挂着一个个“福”字，路上遇到了作协的同事，大家还会一拱手，道个“过年好！”。路遥一路欣赏着新年留下来的欢乐祥和的气氛，他这一次去省作协大院，是为了打理一下那边借来的“工作室”，等过些日子暖和了，他就要再次进入那被自己成为“牢房”的地方，进行《平凡的世界》第三部的誊写和修改工作。

路遥决定在春节后进入《平凡的世界》第三部的誊写和修改是有着自己考量的，他知道，自己在创作完《平凡的世界》第三部的初稿后，身体已经有些吃不消了。他虽然想尽快完成作品二稿的创作，可是为了确保自己的身体能够挺过接下来的创作，他还是决定停下来，稍作休息。除了休息的需要，“创作室”的环境也是路遥考虑的因素。春节过后的西安城并不温暖，春天也似乎故意放慢了脚步迟迟不来，而作协大院阴冷的“创作室”决不适合身体并不太好的路遥长期“驻扎”，所以，停下来休整一番，也等待着天气转暖，是最好的选择。

1988年3月中旬，被寒冬冰封了几个月的西安感受到了春的气息，城外河里的冰不知道从哪天开始竟悄悄地化了，作协大院的墙角根也悄悄钻出了几根绿苗，那是什么花或者什么草，路遥并不知道。甚至大院中间那几颗冒了绿芽的小树，他也叫不出名字，他只知道，墙角那含苞待放的是一棵腊梅树，自然界的春天来了，路遥比以往任何一年都观察得仔细，或许是他生病的原因，又或许是他心中的春天要到了……

春日的正午，路遥躺在作协大院废弃的木料上，他在晒太阳，初春的阳光暖暖的，很舒服。六年了吧，路遥想着，从准备，到成稿，《平凡的世界》整整花了他六年的时间。这六年，他一头扎进创作中，对外界的事物不闻不问，这部几乎耗尽他所有精力的作品，在外界那里却收到了质疑。

春夏秋冬，四季轮替，其实这外界对于路遥新作的反应又何尝不似四季的交替呢？那一年《平凡的世界》要出版，接二连三的退稿岂不是给了路遥秋的萧瑟？那一年寒冬的作品座谈会，评论界并不看好的声音，多数评论家对于这部作品的质疑不正是给了路遥雪上加霜的冰凉吗？《平凡的世界》还未得到如《人生》一般夏的火热，可是无论这四季如何交替，在路遥的心中，能够永恒存在的，只有充满着希望的初春。心中有了春的希望，路遥才能够在质疑声中坚持自己，才能够在这六年的时间里，不问世事，全身心地投入。

“春天到了。”路遥在心底默念，天暖和了，《平凡的世界》第三部二稿的誊写和修改也该进行了，这部被人忽略了那么久的“大作”，他的春天，也该来临了吧。

《平凡的世界》的春天是该来临了，只是它的来临的预兆却要追溯到前一年的春天。

1987年春天，作协代表团访问西德前夕，路遥去北京办理相关事宜。一天，他乘坐电车去往鲁迅文学院，在电车上偶遇了一位老朋友，这位老朋友就是曾在陕西插队，当时的中央人民广播电台文艺部“长篇连播”节目编辑叶咏梅。叶咏梅在电车上一眼就认出了路遥，她和路遥打招呼，路遥也认出了这位老朋友，他们愉快地聊了几句，路遥还把自己的新作，中国文联出版公司出版的《平凡的世界》（第一部）送给了叶咏梅。

路遥只把当时送书的行为当作一种“友赠”，这是很多作家都喜欢做的事情，可是路遥没想到的是，这一“赠”，竟改变了《平凡的世界》的命运。

叶咏梅拿着书回到家里，她并没有将书随意丢在一边，而是打算细读一遍。叶咏梅是了解路遥的，她知道自己这位作家老友做事认真、追求完美，所以她相信自己手里这本书绝对会是一部佳作。就这样，叶咏梅开始了仔细的阅读。

“孙少平、孙少安、田润叶、田晓霞、田福堂……”这本《平凡的世界》似乎将叶咏梅带到了陕北，带到了她曾经插过队，并深深眷恋的黄土地。作品中的人，他们正在经历的一切让叶咏梅感到熟悉……这是一部多么优秀的作品啊，叶咏梅心里想着，并暗下决心，一定要把这部作品录制成广播节目，让他们能够通过广播传到千家万户，让生活在平凡的世界里的亿万民众有机会与《平凡的世界》见面！

1987年夏天，叶咏梅已经将《平凡的世界》的录制工作提上日程，当下，她要选择一位播音员，这位播音员不仅要有出色的声音，还要对陕北生活熟悉并且热爱。在这样的标准下，叶咏梅在经过筛选后，终于选定了目标——演播界新星李野墨。

当时，《平凡的世界》第二部已经有了全稿，演播员也已经选定，《平凡的世界》的播出条件基本成熟。叶咏梅向台里打报告请求播出并得到批准。一切准备就绪，接下来，叶咏梅与李野墨在播音室里进行了一系列的设计与尝试。李野墨的确是一位出色的播音员，他那质朴、亲切又充满着情感的声音将叶咏梅迅速带入到小说的情境之中。叶咏梅彻底放心了，自己选对了播音员，更选对了小说……一切准备工作都在有条不紊地进行着，只是这项工作，路遥选择对所有人保密。

1987年秋，在《平凡的世界》开播之前，叶咏梅来到西安，她要来采访路遥，也看望这个多年不见的老朋友。采访当天，路遥穿着一件当时很时髦的石墨水洗牛仔服，他似乎总想打起精神，可是又常常陷入到一种呆滞迷离的状态之中。叶咏梅说不清楚路遥当时怎么了。其实那时候的路遥刚刚完成《平凡的世界》第三部的初稿，这样呆滞的表现只是因为他还没从小说中走出来。

采访开始前，路遥为叶咏梅冲了一杯咖啡，面对多年的老友，路遥一点都不紧张，他坐在那里，随着采访的展开，侃侃而谈。三年的准备，六年的写作，其中的艰辛、孤独、寂寞随着他那淳朴的陕北话传到叶咏梅的耳中，也传到了她随身携带的录音盒里，更随着广播传到千家万户。

“我个人认为这个世界是属于普通人的世界，普通人的世界当然是一个平凡的世界，但也永远是一个伟大的世界。我呢，作为这个世界里一名劳动者，将永远把普通人的世界当做我创作的一个神圣的上帝。听众朋友们，无论我们在生活上有多少困难、痛苦，甚至不幸，但我们仍然有理由为我们所生活的土地和岁月而感到自豪……”

路遥的这段声音被保存下来，如时空穿越般，人们再次听到了他那淳朴的声音。

4. 决战时刻

1988年3月27日，《平凡的世界》的春天终于到来了，这一天开始，路遥的这部作品将传遍中国的大江南北，传到成千上万听众的耳中，这一次，路遥要接受的不是少数专家的批评，而是全国听众的检验！

当时，路遥端坐在书房，手里捧着一个小型的收音机，从后面看，路遥一动不动的，像一座雕像，严肃而静默。12点30分，中央人民广播电台AM747频道“长篇连播”节目准时开播，当收音机里那个富有磁性的男中音念出作品名字的时候，路遥激动得热泪盈眶。

《平凡的世界》在中央人民广播电台开播了，路遥握着收音机的手是颤抖的，他的身体依旧一动不动，只是从眼眶里留下的那几滴眼泪证明，此时的路遥在心底并不平静。

随着李野墨那深沉、粗犷又不乏深情的声音从收音机里不断传来，路遥笑了，那笑容是享受收获后的喜悦，还是找到知音后的激动，人们不得而知。六年了，这部“大作”的创作足足用了六年的时间，在这六年的时间里，路遥靠着自己的那份坚持，抵御住了外界种种的批评和质疑，这六年，越往后路遥走得越艰辛，如今，他挺过来了，胜利的曙光就在眼前，他又怎么能够平静？

3月初，叶咏梅来西安采访路遥，好友见面谈了许多。临走的时候，叶咏梅给路遥下了第三部最后的交稿时间——6月1日。路遥答应得很爽快，6月1日，还有不到三个月的时间，路遥为自己捏了一把汗。而叶咏梅并不知道路遥这些年的病痛，她没把路遥当成病人，也就并不认为两个多月的时间过于紧促。

3月末，西安的春天已经来临，省作协大院里那间借来的工作室也被春日的阳光晒得暖暖的，路遥又回来了，这一次，他要在这里完成《平凡的世界》第三部的誊写和修改工作，胜利就在眼前了，路遥决定做最后一次“冲锋”。3月27日起，路遥开始进入工作间创作。在工作间的日子同以前一样，不一样的是，路遥每天中午会抽出半个小时的时间听中央人民广播电台AM747频道播出自己的作品。这半个小时对路遥来说是一种休息，更是一种享受，他常常眯着眼睛，任由李野墨的声音将自己带入到小说的情景之中，他仿佛看到了陕北大片的黄土地，看到孙少平在县高中贫穷而局促的生活，看到了善良活泼的田晓霞，看到了作品中活生生的一切……从这短暂的半个小时中，路遥得到了人生最大的享受，也是这短暂的半个小时，支撑着路遥完成后面的工作。

听广播的时间是路遥难得的休息时间，因为书稿很多，路遥不得不抓紧一切时间誊写和修改。对于路遥来说，《平凡的世界》才是天大的事情，而在他的亲戚、朋友眼中，没有什么能比他的身体还重要的。春节过后的一段日子里，路遥的好朋友，当时西安电影制片厂的编剧王宝成给路遥写信，邀请他去临潼疗养身体。路遥当然明白朋友的好意，可是为了赶稿子，路遥不得不在3月30日回信，拒绝了朋友的邀请。

1988年4月，《平凡的世界》（第二部）由中国文联出版公司出版发行，路遥解决了第二部的出版问题，决定换一个地方，继续誊写和修改《平凡的世界》第三部。

路遥可以说是一个很有仪式感的作家，就像在决定创作《平凡的世界》之前，他只身前往毛乌素沙漠表决心，在第三部初稿完成之际再次回到沙漠一样。在路遥的心目中，文学创作是需要一定的心理暗示与仪式的。1988年4月，当《平凡的世界》第三部书稿的誊写与修改工作进行到最后的部分时，路遥突发奇想，决定去陕北的甘泉县完成最后的创作。甘泉县是路遥的“福地”，1981年夏天，路遥就是在甘泉县招待所的一间屋子里，闭关21天完成了成名作《人生》的初稿。《人生》给路遥带来了很多荣誉，甚至一度被人当作他的巅峰之作，路遥选择甘泉县完成《平凡的世界》的结尾，一方面希望这部作品可以获得它应有的成绩，另一方面，路遥希望它可以超越《人生》。就这样，有了外出想法的路遥如热锅上的蚂蚁，一刻也坐不住了，恨不得立刻离开作协大院飞往甘泉县。

后来，忍无可忍的路遥给弟弟王天乐打电话，这位被称为路遥“后勤保障部长”的弟弟，一接到电话就马上着手安排相关事宜。4月20日，更是在一天之内亲自赶往甘泉县招待所，他看中了三楼的一间安静的屋子，并在那里摆好了路遥所需要的一切必需品。紧接着，路遥来到了这里，他将行李打开，放置到桌上便立刻投入到工作中。

路遥在招待所的生活显得很有规律，每天白天坐在工作室里创作，晚饭过后，一个人走在洛河边上散步，享受着短暂的休息时光。

路遥虽然来到了甘泉县，但是在紧张的创作中，他还不得不亲自处理一些事情。5月19日，路遥专门给西北大学中文系负责作家班招生工作的刘建勋教授写信，希望弟弟王天乐可以进入“作家班”学习。

时间过得飞快，路遥越来越觉得力不从心，他盼望着《平凡的世界》完稿已经盼望了太久，可是这一天越近，他却越不安。

1988年5月，离截稿的日子还有不到一个月的时间，路遥的工作量不得不加大，高度的精神紧张让他的腿不断抽筋，甚至短短几个小时的睡眠时间里，他也常常被惊醒。除了来自中央人民广播电台的压力，大型杂志《黄河》也给身在甘泉县的路遥发来了两封催稿电报，最迟截稿日期——6月1日。路遥必须在6月1日前将《平凡的世界》第三部二稿交到中央人民广播电台，不然，上面两部分的播出就会被中断。

六年的不断奔跑，终于迎来终点！1988年5月25日，路遥永远不会忘记的日子。这一天，即将完稿的路遥抑制不住内心的激动，他的手因激动而不停地颤抖，泪水不断滑下，为了不打湿稿纸，他只能将脸转向桌子上的空处。临近结尾，路遥的心抑制不住地狂跳，似乎随时都可能晕过去，手不听使唤了，甚至僵硬得连笔都握不住。路遥急坏了，马上截稿了，怎么还遇到这等怪事，没办法，路遥急忙找来暖壶，将暖壶里的热水倒在脸盆里，接着从床上扯上两条枕巾扔进去，再把自己僵硬的如“鸡爪子”的手放到浸满热水的枕巾上来回捂。就这样捂了一刻钟，路遥的手慢慢张开了，恢复了原状。喜出望外的路遥连忙跑回桌前，拿起笔，继续写了下去：

“第二天，孙少平提着自己的东西，在火车站发出了那两封信，就一个人悄然地离开了省城。

中午时分，他回到久别的大牙湾煤矿。

他在矿部前下了车，抬头望了望高耸的选煤楼、雄伟的矸石山和黑油油的煤堆，眼里忍不住涌满了泪水；温暖的季风吹过了绿黄相间的山野；蓝天上，是太阳永恒的微笑。

他依稀听见一支用口哨吹出的充满活力的歌在耳边回响。这是赞美青春和生命的歌。

他上了二级平台，沿着铁路线急速地向东走去。他远远地看见，头上包着红纱巾的惠英，胸前飘着红领巾的明明，以及脖项里响着铜铃铛的小狗，正向他飞奔而来……”

5. 《平凡的世界》终于诞生

1988年5月25日傍晚，路遥在平日已经出门吃晚饭的时刻，他的最后一次冲刺结束，当最后的一个句号划下，他不由自主地站起身，将手中的圆珠笔远远的抛出去。结束了！路遥的心里五味杂陈，他走到卫生间，将脸盆里的水倒掉，然后重新接水洗了洗脸。六年了，路遥第一次如此这般站在镜子前观察自己。这张陌生的脸就是他路遥吗？他还以为自己是青年，可那白发丛生的鬓角，脸上横七竖八的皱纹都明明白白地告诉了他，此时的他已经像一个憔悴的老人。

路遥对着镜子，泪水不受控制地涌出来，他一脚将卫生间的门踢住，靠在卫生间的墙上，放声大哭起来。此时的路遥似乎被一分为二了，那个伤心、委屈如儿童一般的路遥尽情释放着自己的情绪。而那个如父亲一般冷静、沉稳的路遥制止住了他的哭泣。路遥擦干脸上的眼泪，重新洗了把脸，然后走出了卫生间。他开始收拾桌面，把自己带来的资料、书籍等重新收进行李箱中，原本拥挤的桌面变得冷清，独留下那十本抄写完毕的书稿安静地躺在桌子中央。对着书稿，他点燃了一支烟，沉默地坐着，让自己从复杂的情绪中走出来。约莫过了一刻钟，路遥认为此时已经能够参加宴会，接待朋友了，便起身朝着在酒桌前等待自己的朋友大步走去……

这是1988年的5月25日！

“在我的一生中，需要记住的许多日子都没能记住，其中也包括我的生日。但是，一九八八年五月二十五日这个日子我却一直没能忘记——我正是在这一天最后完成了《平凡的世界》的全部创作。”在随笔《早晨从中午开始》中，路遥记录下这难忘的一刻。

5月25日晚，路遥参加完好友为他举办的庆祝酒会后，在弟弟王天乐的陪伴下，一起动身赶往延安。大型杂志《黄河》为了发表《平凡的世界》第三部已经推迟了二十多天的发稿时间，路遥不能再让他们等下去了，所以在完稿的第一时间，路遥和弟弟从吴家堡过黄河到达太原，将第三部的复印稿交给了《黄河》。拿到稿件的《黄河》加紧了对小说校对、排版、印刷等一系列工作，他们要赶在6月底刊出《平凡的世界》第三部。

在山西期间，《远村》与《老井》的作者郑义接待了他们，路遥和王天乐时间很紧，他们在交完稿件后，立马赶往北京，给中央人民广播电台交稿。郑义很尽心地将兄弟二人送上火车，而就在火车要开车的时候，路遥突然想起来一件大事，他的钱包落在宾馆角落里那个不起眼的方桌里了。

这个插曲打断了兄弟二人一同赴京的计划，没办法，二人临时决定，由路遥先行去北京送稿，王天乐在找到钱包后乘坐下一辆列车与路遥汇合。

在路遥从事创作的这六年时间里，弟弟王天乐成为他全能的“后勤部长”，尽全力为哥哥解决一切后顾之忧。有弟弟在的地方，路遥什么都不用担心，这一次，王天乐疏忽了，把钱包落在了宾馆的房间里。好在最后钱包找到了，王天乐再次从宾馆出发，买了最近的车票一路站到北京。而已经到站的路遥因担心第一次来北京的弟弟走丢，竟然在火车出站口等了足足八个小时。

路遥和弟弟汇合之后住在了中国文联出版公司的招待所。虽然那时候的路遥已经成了名作家，可是他的手头却一直不宽裕，这次来北京花钱的地方不少，所以对于住处，他们也不那么讲究。5月末的北京已经进入夏季，炎热的天气常常让兄弟俩大汗淋漓，无奈招待所的房间里没有洗澡设备，禁不住热的兄弟俩只好端着水去厕所里冲澡。

6月1日，路遥准时赶到中央人民广播电台，给叶咏梅送去了第三部的手稿。叶咏梅看到路遥很是高兴，他把路遥兄弟俩叫到一个办公室，指着那堆成一座小山的信件说道："看，这都是写给你的，写给《平凡的世界》的！"路遥看着那一座"小山"，疲惫的脸上露出了欣慰的笑容：看来，广播已经将他的劳动成果传播到大众之中了。拿到稿件的叶咏梅着实松了一口气，路遥还是很准时的，在最后的截稿时间里，他送来了稿件，解决了燃眉之急。

当天，叶咏梅带路遥参观了中央人民广播电台，还把青年播音员李野墨介绍给路遥认识。中午，叶咏梅将路遥、王天乐、李野墨带到自己家里，并做了一桌子饭菜招待他们。

在饭桌上，路遥的状态有些不好，他的神情很是疲惫，看着一桌子饭菜，路遥并没有太大的食欲，他夹了几块豆腐，慢慢地吃完，又扒了几口面就放下了碗筷。当时叶咏梅和李野墨以为路遥长途跋涉过于疲惫，休息几天就会好。他们没有想到，路遥这两个月来是靠着牺牲自己的身体完成了最后的创作，可以说，正是这最后的创作加速了路遥身体的崩溃。当然，这一点，叶咏梅是在路遥病逝之后，看路遥撰写的《我与广播电视》时才知道的，文章这样写道：

"小说前两部在电台播出的时候，我还带病闷在暗无日光的斗室中日夜兼程赶写第三部。在那些无比艰难的日子里，每天欢欣的一瞬间就是在桌面那台破烂收音机上收听半小时自己的作品。对我来说，等于每天为自己注射一支强心剂。每当我稍有委顿，或者简直无法忍受体力和精神折磨的时候，那台破收音机便严厉地提醒和警告我：千百万听众正在等待着你如何做下面的文章呢！我不得不一次又一次面对那台收音机庄严地唤起自己的责任感，继续往前走。按照要求，我必须最迟在一九八八年六月一日将第三部完成稿交到中央人民广播电台。五月二十五日，我才在陕北甘泉县招待所用激动得像鸡爪子一样的手为六年的工作画了句号。然后当夜启程，截近路从山西过黄河赶到北京，六月一日准时赶到中央台。当我和责任编辑叶咏梅以及只闻其声而从未谋面的长书播音员李野墨一起坐在中央台静静的演播室的时候，真是百感交集。我没有想到，这里已经堆集了近两千封热情的听众来信。我非常感谢先声夺人的广播，它使我的劳动成果及时地走到了大众之中……”

叶咏梅在读完这段文字后，感到难以言语的悔恨与愧疚，她在心底责备自己，为什么没有发现路遥身体上的变化，为什么把稿子追得那么紧……路遥的这段叙述，更让叶咏梅钦佩，这样一位有责任、有担当的作家，纵使他的生命消逝，他留下的精神财富与人格魅力也值得后人永久珍藏。当然，这些都是后话了。

路遥来到北京，除了给中央人民广播电台送手稿外，还给中国文联出版公司的编辑李今遇送去了第三部的手稿。尽管《平凡的世界》前两部的征订数仅仅达到起印的标准——三千册，但是在李今遇编辑的坚持下才让《平凡的世界》能够出版，所以，路遥遵守自己的承诺，将第三部手稿交到李今遇的手中。

路遥和王天乐在北京停留了半月有余，期间，中央电视台向路遥投来了橄榄枝，他们希望将《平凡的世界》改编成电视剧在中央台播出，路遥很乐意，既然这部书已经乘上了广播的翅膀，何不让它通过电视这个平台，飞得更高更远呢?

《平凡的世界》终于诞生了，自此路遥实现了他的愿望，在40岁之前，完成一部大作。借用德国作家托马斯的一句话：“……终于完成了。它可能不好，但是完成了。只要能完成，它也就是好的……”

6. 中央人民广播电台的连播

1988年3月27日，这个对于多数人来说再平凡不过的日子，路遥、叶咏梅、李野墨等等一切与《平凡的世界》有关的人员迎来了不平凡的一天，从这一天开始，中央人民广播电台“长篇连播”节目每天分出两个时间段，向全国广大的听众朋友们播送长达一百二十六集的长篇小说——《平凡的世界》。一百六十集，按照每天一集的速度，全部播完整部小说需要一百六十天。在这一百六十天里，在广播还是重要传媒的年代，有多少听众听到了《平凡的世界》？又有多少人跟着这部小说，一直听了一百六十天，听了四个多月？路遥没有计算过，叶咏梅也没有，他们只知道这部书从开播以来就备受好评，也是这种好评能够让这部书持续播出四个多月。

路遥《平凡的世界》乘着广播的翅膀大获成功，从开播到结束，《平凡的世界》录制组收到了从全国各地飞来的听众来信。这些信件一开始还是几封几封的被送进来，可随着《平凡的世界》播送到第二部，这类信件骤然增多，竟让收发室的大叔用麻袋背了进来。再看来信的人群，他们之中有学生，有教师，有工人、农民、军人，甚至还有已经退休的老干部。信件太多，工作人员不能每一封都拆开，可从他们拆开的那些信件来看，这些来信表达了共同的心情：“听了《平凡的世界》，它教我们走路，教我们生活，教我们如何去实现自我人生价值。在这个天地里，我们领教了作家手中笔的厉害，体会到了作家撼人的魅力……”一封听众的来信说出了大多数人的心声。

“书中的故事五花八门的，但都十分感人。”一位学生听众的来信中这样写道，“我们系有三个队，共二百七十人住在一栋四层的楼房里，大约有一百多部收音机、录放机，您能想像得到吗？每到中午十二点，几乎所有人的收音机都锁定了一个频道，接着，整个大楼里都是李野墨深情演播《平凡的世界》的声音。”除了这位学生，一个新疆马兰基地的军人也寄来了信件，他叫柴俊峰，在信里，他表达了自己对于这部小说的痴迷：“我真的太喜欢这部作品了，每天中午，我都准时收听，听一遍对我来说是不够的，我只能把它录下来，等有空了，就一遍一遍地‘复习’，听得太多了，我竟能够背出其中的一些精彩片段。”除了对这部书的痴迷，更值得一提的是，在这部书的影响下，他开始学习写作……

信件从四面八方继续涌来，这一年，中央人民广播电台因播放《平凡的世界》而收到的来信创当年“长篇连播”节目听众来信之最。叶咏梅曾经有过预料，这部作品会产生一定的社会反响，可是她没想到的是，这部书的反响竟如此之大，出乎了所有人的预料。

20世纪80年代，中国社会正处于转型期，这一期间，社会矛盾涌现出来，人们的内心开始迷茫、无助，这时候，一部《平凡的世界》如黑暗中的莹莹之光，带给人们光明和美好，更带给人们温暖和继续坚持奋斗下去的力量！

《平凡的世界》成功了，它的成功是多方面作用的结果。首先，它的成功归功于路遥，是他创作了这部精彩的作品。而具体到“长篇连播”中《平凡的世界》的成功，就不得不感谢叶咏梅，是她对小说进行了精当的分解处理和删减，使得小说更适合广播，对播出成功起到了重要作用。除了叶咏梅，演播员李野墨的作用也不可忽视，他在广播中进行了二次创作，用他那粗犷、憨厚又不乏深情的声音将作品缓缓送入听众的耳中，吸引了听众的耳朵，更抓住了听众的心。

1988年夏天，中央人民广播电台的广播不仅让电台的信件满天飞，更是直接带动了《平凡的世界》纸质版图书的销量。《平凡的世界》第一部问世时，因订户不足，仅仅印了三千册。在《平凡的世界》不受好评、无人问津的时候，这三千册足以满足市场的需求。可是当《平凡的世界》通过广播传到听众的耳中，当听众们想要买书却哪里都买不到的时候，《平凡的世界》供不应求了，出版社不断加印以满足读者的需求，加印、加印、加印，从三千册一直到几十万册……

路遥《平凡的世界》究竟“火”到什么程度呢？中国文联出版公司副总编辑顾志成曾如此回忆：“我作为几十年来书报刊都编过的老编辑，每当看着读者排队购买浸透自己心血的报刊或书籍时，心里就像溢满了蜜一样甜，倍觉编辑这行，是世上最神圣的职业。可是，这几年情况大变，读者越来越少，就连后来获得第三届全国茅盾文学奖和全国首届图书大奖的《平凡的世界》，当初也很少有人问津，通过多方努力，新华书店征订数刚够三千册。读者这么少，哪会有社会效益？经济上要亏本数万元！怎么办？我为它失眠了……”

“不料，中央人民广播电台的编辑选择录用了这部一百万字的《平凡的世界》。电台以博大的胸怀接纳了它，用听觉艺术——‘小说连播’的形式将它送给千千万万个听众。原来是书少读者见不到，不买。而听了广播后，那些热情的听众拥向书店、出版社，来信更像雪片似的飞向中央人民广播电台。于是，广播的威力推动着印刷厂的轮转机，出版社一印再印，总也满足不了读者，直至它获得茅盾文学奖时已印了几十万册，出版社的经济效益也可想而知了……”《平凡的世界》的滞销曾让老编辑愁得睡不着觉，可一旦这部书乘上广播的翅膀，它“火”了，供不应求了，可见，这广播给《平凡的世界》带来了多大的好处。

“凡有水井处，皆能歌柳词”，是说柳永诗词在当时争相传唱的盛况。而在1988年《平凡的世界》播出后，在全国的大街小巷却出现了另一种盛况：每天中午十二点，听李野墨演播《平凡的世界》。

《平凡的世界》在播出的日子里赢得了亿万听众，而亿万听众也从这部作品中获得了巨大的精神力量。后来，这部作品走出中央人民广播电台，在新疆、陕西、内蒙古、云南等省区广播电台重播。当时的数据表明，在那一年，《平凡的世界》的直接受众竟达三亿之多。

“可以回顾一下，我们中国近代、现代、当代的文学史，其中刻画农民形象、农民生活的作品不在少数，偏偏《平凡的世界》如此经久不衰，对此答案我是感受出来的，此前的作品有同情农民苦难的，还有敬佩农民坚忍不拔精神的，但是就我所读到的作品来说，其作者不是高高在上地俯视农民，就是或多或少地审视农民，而真正地置身于农民当中，打心眼里觉得自己跟农民没有什么两样，以平凡的心感受，平凡的人的眼睛观察，来撰写《平凡的世界》的只有路遥。”多年后，当《平凡的世界》的演播者李野墨回忆起这部书所产生过的盛况时曾这样说。

《平凡的世界》成功了，它乘着广播的翅膀，越飞越高，越飞越远……

7. 无休无止的病魔

1988年夏天，路遥从北京回到西安，这次回来，他的心情不错，可是也明显感觉到自己的身体已经大不如前。一天，他像往常一样坐在书房里听广播，李野墨富有磁性的声音传来，他认真听着，似乎伴着自己已经半月有余的咽痛也好了一些。

“咳、咳……”路遥一阵猛咳，似乎要将自己的五脏六腑都咳出来，这阵咳嗽持续了很久，稍有好转，就用手为自己顺气，他抚着自己的前胸，转脸看到一侧的镜子里，映出自己那张气色不佳的脸。他走近看，观察着自己，自从上次病情好转后，他从未像今天这样狼狈。

“看病吧。”路遥终于开始在意自己的身体了，1988年6月末，他离开了炎热的西安城，去往陕北榆林，并在榆林与延安之间寻求名医。一天，在榆林街头闲逛的路遥与西安的朋友、作家刘劲松偶遇，刘劲松在路遥叫出他的名字时，瞪大眼睛看着路遥，似乎难以置信。

“头发蓬乱，满脸的胡子有四五寸长，面皮黝黑，他艰难地对我说他病了，得了咽炎，来榆林看病。”从刘劲松后来的描述中我们可以知道，那时候的路遥看起来的确很糟，他再一次病了，只是这病不止“咽炎”那么简单。

路遥的真正“病因”还要从1987年说起。

1987年初，路遥还在省作协的工作室里写稿，在《平凡的世界》第二部完稿时，突然吐了一口血。他盯着那张旧书桌上的血迹，揉揉眼睛，确认这不是自己的幻觉。路遥一向认为自己的身体很好，怎么会吐血？来不及想，先把桌子擦干净，然后打电话给弟弟王天乐，让他立刻来西安。

王天乐接到哥哥的电话，立刻请假来到西安。第二天，在王天乐的陪同下，路遥来到医院，经过一系列的检查，终于查出了吐血的原因：

“……路遥必须停止工作，才能延续生命。但路遥是不惜生命也要完成《平凡的世界》第三部。我能理解他的这一选择。路遥让我永远也不能给任何人说他的病因，我痛苦地在他面前放声大哭……”

这里王天乐没有说出路遥的病因，但在路遥病逝之后，人们知道，这时候的路遥已经患上肝硬化。

得了肝病的路遥不想让任何人知晓，或许是碍于自己名人的身份，或许是介意这“传染病”的名号，总之，无论后来路遥病到何种程度，他都没有选择去医院治疗，而是在隐瞒病情的基础上，把希望寄托在中医身上。

人们都知道路遥病了，路遥告诉所有人，他得了咽炎，然而咽炎只不过是“表象”，路遥隐瞒了自己真实的病情，在这种隐瞒之下，他的病痛也注定得不到根治。

1988年7月初，已经在榆林城逛了数日的路遥并未找到能够给自己治病的“名医”，张鹏举老先生已经去世了，找不到医生的路遥只好在榆林休息了几日，回到西安的家里。

1988年7月中旬，中国电视剧制作中心导演潘欣欣为了拍摄根据路遥的长篇小说《平凡的世界》而改编的同名电视剧，从北京出发，去往西安寻找路遥。在路遥逝世后，潘欣欣撰写《忆路遥》回忆起当时的场景：

“他是陕西省作协副主席，于是我先到西安，在西安仅作短期逗留便与路遥一同去了陕北。车一进黄陵县就感觉到，接待的人们更加热情，路遥的话也随之多了起来，一山一水、一草一木地给我介绍着。我来的目的就是体验生活，了解陕北，有路遥陪同，不虚此行。”

路遥陪潘欣欣来到延安，体验生活的同时，他来到母校延安大学，并给母校题词。后来，路遥的老师，当时延安大学党委副书记申沛昌回忆道：

“1988年7月，我正在忙着筹备延安大学成立五十周年校庆活动，路遥的三卷百万巨篇《平凡的世界》也全部完稿，正好来到延安。我们有机会在延安宾馆进行了一次亲切而坦率的交谈。俩人主要交谈了各自工作和事业方面的情况。路遥则主要讲他创作《平凡的世界》的艰难过程。交谈中我直率地问他：‘听到有些人说，你现在成名了，不愿承认自己是延大中文系的学生吗？我是不相信，但社会上一直在流传着，到底是怎么回事？’他听后很激动地对我说：‘申老师，你应该知道，我从上大学前开始直到现在，一直有人告状、诬陷，这十几年，我就是在一些奸佞小人的诽谤和攻击中走过来的，用这种卑鄙下流的手段毁人名誉实在是无耻之极，好在我已习惯。说我不认延大，这只是个小谣言而已，绝无此事。我们不是一直在来往联系吗？’……接着我就说：‘那好，现在学校马上要举行首届校庆，你给学校题个词，到时候回来参加校庆活动，并给中文系师生作一场文学创作的专题报告。’他当即爽快地答应了，并且全部落到实处。他给延大的题词是：‘延大啊，这个温暖的摇篮……’这个题词现在珍藏在延安大学档案馆。”

路遥和申沛昌在交谈中留下了合影，合影中，路遥除了身体微胖，看不出与正常人有何差异，或许也是因为他病得不够明显，所以很多人都认为路遥的病情在张老的治疗下已然康复，也并没把他当做病人看待。

路遥的《平凡的世界》的创作已经结束，可是路遥似乎过于相信自己的身体，因而，他从不选择去医院，而是用一些奇怪的“偏方”自己料理自己的身体。

“长篇小说《平凡的世界》杀青以后，路遥就有点体力不支，后来的漫长修改，更加摧残了他。一个异常强壮的陕北年轻汉子，看上去相貌比年龄大了许多，上楼走动都喘气。”作家京夫看得出路遥的身体大不如前，可是路遥却有些固执的只听那些中医的“摆布”，京夫还说：“那时他笃信北郊一位医生，用一种粗不拉几的药汁将胸口和脖子涂得污脏。我问起他这是干什么时，他说内病外治。内病？我不知他所患何病，他说内火，火伤肝，用外敷药把内火往出赶。‘赶’了一个夏天，似乎又一个秋天，这个意志坚强的人自我感觉比以前好了，实际上这时已经为后来的病大发作埋下了伏笔，如果当时他住进医院，全面检查，不把肝病当‘肝火’也许愈后会好得多。强悍的性格也有其弱点，有时会把一种暂时还不明显的现象掩盖了，路遥对自身的病的轻慢，也许是由于自身的性格造成的。”

路遥知道自己得了肝病，纵然瞒着别人，但自己是十分清楚的，可是他选择藏着掖着，甚至用消极应对来代替积极的治疗。其实京夫说得没错，路遥的病重，多是他性格造成的。

8. 婚姻是他永远的痛

“名作家、省作协副主席、劳动模范……”这是路遥，“生活拮据、家庭不幸福、疾病缠身……”没错，这也是路遥。外人眼中的路遥是光鲜的，可是在家里，他是一个不称职的丈夫、不尽责的父亲。弟弟王天乐曾预料，路遥与嫂子林达离婚是迟早的事情，可见路遥与林达夫妻不睦已经到了无法改善的地步。

人们常常将“积劳成疾”作为路遥“大病”的原因，其实路遥的病痛又何尝不来自于夫妻关系的不合。列夫·托尔斯泰的作品《安娜·卡列尼娜》中有一句名言：“幸福的家庭是相似的，不幸的家庭各有各的不幸。”路遥与林达的婚姻或许从一开始就是个错误，所以，他们的结合也注定成为一个悲剧。

路遥在榆林看病期间曾谈到自己和林达是如何走在一起的：“我原来谈的对象，不是现在这个。那一个也是北京知青。谈了一阵以后，由于在‘文化革命’中我是造反派头头、县革委会的副主任，人家要逮捕我。我那个对象的一个同学给我写信说，你现在处境不好，不要把她牵连了。我就给她的同学写信说，那就解除恋爱关系吧。而我如今这个婆姨和我头一个对象在一块儿插队，她很同情我……后来，人家不逮捕我了，我又上了延大。我当时的想法是，谁供我上大学我就和谁结婚。”路遥在当时还和朋友们说，自己沾了妻子不少的光，

“人家家里光景好。”

路遥口中“原来的对象”说的就是林虹。林虹与林达一样，是从北京来到陕西插队的知青，林虹聪明、漂亮，从她身上散发出的是一种与当地姑娘截然不同的都市文明的气质。路遥第一次见到她就被深深的吸引了，后来，路遥甚至把能够改变自己命运，让自己跳出“农门”的指标让给了林虹。而后面的情况如路遥所说，在林虹好朋友的干预下，他们分手了。许多人说林虹工于心计，她与路遥的接触从一开始就目的不纯，这种种的揣测我们先放在一边，单看在这次恋爱中路遥的表现，他一个比其他同龄人都要成熟，且从来知道自己要什么的人竟为一个姑娘放弃了惟一的“招工”指标，这让当时的人都把他当成了“情种”。的确，对于林虹，路遥很是痴情，他这一场恋爱谈得很是浪漫，但结局也很是凄惨。

再说林达，路遥要与林达交往时，好朋友曾提醒过他，找一个陕北姑娘，踏踏实实过日子，不要再做“鸡飞蛋打”的事情。好朋友的提醒显然是暗指路遥第一次的恋爱失败。然而路遥却说：“陕北的姑娘能供我读大学吗？”从这句话不难发现，路遥与林达的恋爱充满着现实性。这一次，路遥不再像第一次那样付出什么，而是想着能得到什么。后来，林达果然供路遥读书，而路遥也在1978年元月和林达结婚了，他们的婚姻让当地人竖起了大拇指，瞧，路遥多厉害，找了一个北京姑娘。

像路遥这样不对等的婚姻形式，这在电视剧里是很浪漫的，像“穷小子迎娶了白雪公主”“王子爱上灰姑娘”等等，人们只见二者结合之前的浪漫，却不曾想维持这样一种婚姻的成本有多高。“白雪公主”真的能够与“穷小子”幸福快乐生活一生吗？路遥或许给了我们其中一种答案。

人们说婚姻是两个人的经营和维持，而在路遥与林达的家庭中，他们共同的经营与维护不均等，也远远不够……

两个人结为夫妻，在一起生活，首先要有相互适应的生活习惯，而路遥的生活习惯显然与正常的家庭生活格格不入。路遥长期从事写作，从他搬到单元楼开始，“早晨从中午开始”的生活习惯已经形成了。他常常中午起床，晚上一直工作到凌晨三四点，这种方式在家庭生活中造成了一系列问题，比如吃饭、穿衣、接送孩子等等。这些问题在路遥的家庭里完全由林达一手承担，而路遥则完全“甩手”，似乎还在过一种单身生活一般。林达在杂志社上班，她的工作需要按时上下班，所以在按时工作的前提下，她只能保证照顾好女儿。在路遥起床的时候，老婆孩子已经上班、上学都走了，老婆不在家，自然也没有热汤热饭。路遥是不会做饭的，所以他只能吃剩下的油条、一根黄瓜或一个西红柿这些家里还有的食物凑合，实在没东西可吃，就去街上买一个煎饼，或者去邻居家要个馒头。完全不合拍的生活必然造成两个人的矛盾，林达作为新时代女性，不可能不工作，而路遥也不可能不创作，两个人都不妥协，他们的问题也就不能得到解决。

除了生活习惯，在每日必需的饮食上，两个人的差距也不小。路遥出生于陕北农村，那里主要以面食为主，由于家庭贫困，路遥从小就饥一顿、饱一顿的，对于吃，他不讲究。而林达就不同了，她是南方人，主食是米饭为主，对于饮食，林达有她作为南方女子的讲究，这样，两个人爱吃的食物完全不同，连吃饭都吃不到一块儿去，又怎么能够相互靠近呢？

路遥除了不管家务事之外，还对烟有着很高的要求，海波曾说：“路遥在生活上非常简朴，可以说不讲究吃，不讲究穿。但也不是什么也不讲究，比如说抽烟，他就很讲究。打从进西安之后，路遥抽烟的‘档次’就提高了，甚至提高到和他收入不相称的地步。从上世纪80年代初，他就开始抽三四块钱一包的香烟，每天最少两包，一月光烟钱就得花掉两百块，而他每月的工资仅为一百多块，还不够抽烟。就此，我多次建议他把烟的‘档次’降下来，至少做到量入为出。他不同意，说，这不是生理上的需要，而是心理上的需要；不是打肿脸充胖子，而是为营造一种相对庄严的心情；而保持庄严的心情，为的是进行庄严的工作。”路遥除了要抽烟，出身“农裔”的他还要给老家人寄钱。想像一下，路遥自己的工资都不够自己抽烟，怎么够贴补家用，又怎么能给家里人寄钱呢？不够的，就要动用林达的工资，甚至借钱也不能让农村的弟弟妹妹空手而归。原本就不富裕的两个人还要不惜借钱贴补亲戚，林达难免会在心里委屈。

上述这些矛盾，其实都建立在路遥是个大男子主义者的基础上，他似乎从不站在林达的角度上考虑，所以也就谈不上体贴。林达在生活上得不到路遥的帮助，在精神上得不到路遥的体贴，她又怎么能够有信心继续维持这段婚姻呢？

1987年，在路遥完成《平凡的世界》第二部，身体出现问题之时，妻子林达终于明确提出离婚。这在众人的预料之中，可是路遥却坚决不同意。弟弟王天乐也劝过哥哥，找一个陕北的姑娘，不需要她多有文化，只要能够一心一意的好好照顾你……可是路遥却拒绝了，他为了不伤害女儿，也为了自己作为“名人”的影响，坚决反对离婚。

早已形同陌路的两个人，纵使不离婚也过着“离异”的生活，很多人劝路遥夫妻俩重归于好，然而两个人无论如何也再回不到从前。

家家有本难念的经，二人从夫妻到陌路人，其中经历了什么，没人知道。这个从一开始注定是悲剧的结合也最终以悲剧结尾。这段婚姻，也注定成为二人心中永恒的“痛”。

9. 心爱的“毛锤儿”

1992年9月的一天，路遥住进西安西京医院传染科已经半月有余了，女儿远远已经有些日子没来了。路遥躺在病床上，思念着自己心爱的“毛锤儿”。路遥心想，远远不会又哭闹着要来医院吧，自己得的是传染病，不好让远远来，怕传染。远远那么懂事，又怎么会哭闹，路遥闭上眼睛，想起远远那张天真可爱的笑脸，被病痛折磨得扭曲的脸强扯出一丝微笑。

路遥是一个在创作方面有着突出成就的作家，对于他的职业，他毫无亏欠，而提到女儿，路遥则是满满的歉意：

“在这些漫长的外出奔波的年月里，我随身经常带着两张女儿的照片，每到一地，在摆布工作间的各种材料之前，先要把这两张照片拿出来，放在最显眼的地方，以便我一抬头就能看见她。即使停笔间隙的一两分钟内，我也会把目光落在这两张照片上。”

路遥长期在外创作，陪伴女儿的时间很少，他知道自己是一个不称职的父亲，所以无时无刻不想给女儿最好的，以弥补自己对女儿的亏欠。

路遥是很爱自己的女儿的，尽管在家的时间不多，可是陪伴女儿的每一分每一秒，他都尽全力让远远感到快乐。在远远还小的时候，每当路遥从外地归来，总是抱着女儿，在床铺上、地板上，玩个不停。路遥和很多父亲一样，在女儿那里，变成了“小狗”、“大马”，他趴下来，让女儿骑到自己的后背上脖子上，玩个尽兴。路遥对远远采用的是一种溺爱的方式，他喜欢带女儿上街，让女儿骑到他的脖子上，远远总是要这个要那个，路遥舍不得委屈了女儿，都一一照办。路遥知道自己这样的教育方式不妥，可是他实在狠不下心拒绝，就这样，路遥在远远那里，成为了一个“慈父”。

路遥对远远的疼爱在作协里是出了名的，1991年春天，已经获得茅盾文学奖的路遥难得休息一段日子，他住在西安的家里，每日看看书，写些东西，等女儿回家再和女儿聊聊天，问问功课，过得很是舒心。一天，远远放学回家，兴奋地告诉路遥说：“爸爸，明天我们学校组织春游，我们要自己带吃的东西了。”

路遥看着女儿那兴奋的小脸，笑着问：“毛锤儿，明天路上想带些什么吃的呀？”

远远知道爸爸什么都会依着自己，她依偎在爸爸的怀里，给爸爸列出了一长串需要购买的东西，路遥一一记下，怕有什么差错，他还写了个购物清单让女儿检查。远远看了一眼清单，没什么问题就回到房间做功课，路遥也放下手中的书，拿着清单上街采办。

小孩子春游的东西买起来很简单，很快，路遥把大部分零食和饮料购置齐全，可那重中之重的三明治却总也找不到。远远点名要吃三明治的，买不到怎么可以。路遥一路走，一路找，最终，他站在西安的一家五星级酒店——西安凯悦酒店门口，向里面走去。

路遥心想，三明治是洋快餐，这酒店总有外国人出入，想必也一定有这洋快餐了。

“请问先生，有什么可以帮助您的？”路遥一进门，一个身材高挑、长相端正的女服务员就迎了上来，微笑着询问。

“请问这里有三明治吗？”路遥问。

“哦，有的。”服务员回答。

“好，我要两块三明治。”得到肯定回答的路遥很高兴，找了那么久，终于找到了，这下远远一定会高兴。

“您请稍等。”女服务员离去，不一会儿，服务员端着托盘走来，那托盘上，放着两块肥皂大小，包装极其精美的小盒子，“先生，一共60元。”

60元？路遥惊呆了，在20世纪90年代，大家的工资都很低，路遥作为省作家协会的副主席，一个月的工资才140块。60元，那岂不是要花掉他半个月的工资？路遥不敢相信，这两个肥皂大小的东西，竟值普通人一个月的工资？他又问了一遍：“多少钱？”

服务员耐心地答道：“两块三明治，一块30元，两块60元。”

路遥看着面前这位依旧微笑着的服务员，一脸尴尬，都让人家拿出来了，怎么好退回去。算了，毕竟是远远要的，就当让孩子高兴。路遥硬着头皮去柜台付款，付完钱，路遥带着空空如也的钱包和远远的零食走出来，一路上，他脑子里都是那60元钱，他在心里暗暗叫苦：实在太贵了！

采购完毕的路遥大步走在回家的路上，回到省作协大院，路遥来到《延河》编辑部副主编晓雷的办公室，见晓雷和李天芳夫妇都在，路遥迫不及待地将自己刚才的经历说出来，说着，路遥还从背包里拿出那两块包装精美的三明治，问道：“猜猜，这两块三明治花了我多少钱？”还没等有人回答，路遥就继续说道：“60块！”大家被这价钱吓了一跳，没等朋友反应过来，路遥又宽慰地说：“哎，贵是贵了些，但总算满足了远远的心愿。”

路遥对远远的疼爱之深是整个作协大院的同事们有目共睹的事情，子页在《在最后的日子》里曾写道：“第二天，远远去学校前，路遥又从头到脚检查远远的装备，水壶的水满不满？巧克力够不够给小朋友分？样样都问到了。还一再嘱咐女儿，不要去玩水，不要去爬山，以免危险。这时候的路遥简直成了最细心的保姆。”

除了三明治事件，路遥为女儿“一掷千金”的事情比比皆是。在远远还小的时候，路遥问女儿：“你最喜欢什么呀？”

远远回答：“我最喜欢音乐。”

“音乐好啊。”路遥几乎觉得女儿喜欢什么，什么就是好的。过了些日子，路遥拿出自己积攒下来的稿费，在琴行给远远挑了一架钢琴。新钢琴刚刚送来的那几天，远远带着省作协大院里的小朋友们来到家里参观她的新钢琴，十几双小手轻触钢琴的黑白键盘，弹出凌乱的音符，路遥听着，露出满足的笑容。

然而孩子们的兴趣总是那么短暂，钢琴买回来没多久，远远就和爸爸说：“爸爸，我们的音乐老师说，我的手指太短了，不适合弹钢琴。”

路遥不仅没责怪远远兴趣短暂，反而捧起女儿胖乎乎的小手，再对比自己那又粗又短的手指，疼惜道：“都怪爸爸！都怪爸爸！”远远没了学习钢琴的兴趣，那昂贵的钢琴也就成了路遥家里价值不菲的摆设。

后来，远远又喜欢上了英语，路遥更是找来了子页的儿子，在某大学英语系读大二的小刚给远远做辅导。子页原想让儿子义务给远远辅导，可是固执的路遥偏要付给小刚报酬。就这样，两个人最终谁也没说服谁。

路遥深陷到思念女儿的情绪里，亲戚朋友们了解路遥，就叫来远远陪路遥说话。路远来到病床前，看着有些憔悴的爸爸，心里很不是滋味。她不知道爸爸得了什么样的病，她只知道爸爸说他很快就会好。

路遥看着床边的女儿，心里突然痛了一下。女儿才上中学，还是需要人照顾，可是自己现在躺在这里，林达又调去了北京，这让他怎么能不心痛……

路遥和远远在病房里说话，询问她的学习、生活情况，远远到底还是个小孩子，她手舞足蹈地给爸爸讲述她的生活，路遥被女儿的情绪感染着，在病痛中也被女儿逗得眉开眼笑。

和女儿相处的时光是多么快乐，可是这种快乐又是短暂的。路遥知道自己得的是传染病，他不想让女儿在传染病房待太久，就这样，远远被送走了，而路遥又陷入到一种孤单的境地之中。

10. 创作之路永不停息

1988年，路遥的长篇小说《平凡的世界》终于面世，这部几乎耗尽路遥心力的作品为路遥赢得了众多听众、读者，然而，尽管这部作品“火”了，书店脱销了，可是文艺界的反应依旧冷淡。路遥是十分在意文艺界对这部作品的看法的，文艺界冷淡的反应让路遥有些失落，然而在1988年12月16日，《文学评论》副主编蔡葵先生竟然公开发声支持路遥，这是第一个支持的声音，虽然只有一个人，可这足以让路遥感动万分。

1988年12月16日，蔡葵在《光明日报》发表文章《〈平凡的世界〉的造型艺术》，路遥读后十分激动，12月31日，路遥经过反复斟酌，给蔡葵写了一封长信：

“您好！

我刚从外地回来，见您信，十分高兴，同时也拜读了《光明日报》您评拙作的文章。非常感谢。这部小说至今除镇南写过一篇有分量的文章外，您这篇是最重要的一篇。我反复读了好几遍，现在也还在手头带着。虽然我也看出来您的文章是被‘剪裁’了的，但文章的论述使我很激动。您公正地用了一些大胆的褒词肯定了我的努力。您应该看得出来，我国文学界对这部书是冷淡的。许多评论家不惜互相重复而歌颂一些轻浮之作，但对认真努力的作家常常不屑一顾。他们一听‘现实主义’几个字就连读一读小说的兴趣都没有了。好在我没有因此而放弃我的努力。六年来，我只和这部作品对话，我哭，我笑，旁若无人。当别人用西式餐具吃中国这盘菜的时候，我并不为自己仍然拿筷子吃饭而害臊……”

信中，路遥表达了他对蔡葵先生的感激之情，同时，他也较为系统地阐述了自己的文学观念和艺术追求。路遥是一位在人生之路上跋涉却不曾停歇的人，他作为一个专业作家，将创作作为自己的事业，他不断超越，超越他人，更超越自己。1989年，路遥在完成了《平凡的世界》之后，开始着手规划自己的“第三段创作”，他从没把自己的健康问题放在心上，在他看来，《平凡的世界》绝不是他创作之路上的终点，更不是巅峰。1989年1月5日，路遥写了一份个人小结：

“我的创作历程是艰苦地摸索前行的历程……我也极注重自己的创作个性，不愿意盲目地趋赶潮流（不管这种潮流多大），好多情况下，我正是因为对某种潮流感到不满足，才唤起了一种带有‘挑战’意识的创作激情。我在学习研究各种流行的艺术流派的时候，力求不尾随，不被淹没，而使这些营养溶化在自己创作个性的血液之中。

我认为，作家如果没有深厚的生活基础，或者有了生活，而又不能用深邃的目光洞察它，作品就都将会是无根的草或不结果的花朵。我要求自己，在任何时候都不丧失一个普通劳动者的感觉，要永远沉浸在生活的激流之中。

所有这些我都仍将坚持到底。”

在“现实主义”创作手法中坚守的路遥，在这一次的个人小结中给出了所有的答案，他注重个性，但绝不盲从。

路遥还在《业务自传》中提到了自己对于今后新创作的设想：“今后准备继续深入到生活之中，同时集中一段时间，更深入地研究中国历史和世界历史，广泛地研究西方现代派艺术的源流，在此基础上确立自己的‘第三段创作’。”

这一天，路遥还在《本人对目前专业设想建议》中这样写道：“就个人来说，要更深入地投入社会急骤变革的大潮中，同时力争将这一历史进程放在人类历史的大背景上思考、体察和理解，以求写出更有深度和广度的作品。”

《个人小结》《业务自传》《本人对目前专业设想建议》，这三篇总结向人们传达出一个讯号，路遥要重新“起航”了，“第三段创作”即将展开。

其实，路遥的确有创作新作品的设想，路遥曾为朋友描述他那因穷困和疾病而受尽磨难从而早夭的妹妹的故事。路遥说，在他的家乡，那黄土的沟壑中有一颗老槐树，那棵树孤零零地立在那里，充满着生命的张力。路遥告诉朋友，他想要将老槐树和妹妹的故事结合起来，写一部二十多万字的小说，名字暂且就叫《生命树》。在老槐树下，几对青年男女经历着幸福与苦难。路遥说：“那是关于黄土高坡上亚当和夏娃的历史，凝聚着数千年的中国文化沉淀和亿万斯年的黄土堆积……”除了这部《生命树》，路遥也有过写《崩溃》和《十年》的打算，《崩溃》的灵感来源于东欧和苏联社会主义雪崩似的解体，他想写陕北某城几个老干部家庭的崩溃。而《十年》则写的是文化大革命的那十年。

路遥是一个有了计划就会行动的人，1989年，路遥进入到读书与思考阶段，为新作品的创作做准备。在这一阶段，路遥最主要的任务就是阅读与沉思，由于还未开始写作，他也会抽出时间参加一些社会活动。

1989年7月11日，路遥跟随观光团去黄河壶口瀑布游览，这个有些情绪化的文人，在黄河壶口瀑布面前，竟抑制不住自己内心激昂的情绪，一个人站在瀑布面前，唱起了陕北的民歌。路遥遗传了母亲的细胞，他有一副天生的好嗓子，只是平时的他不唱。这一次，面对着让他激动的景色，抑制不住自己想要唱歌的冲动，一张口，就征服了在场所有的人。

1990年7月，路遥依旧为新作品做准备，一天，喜讯传来，他的职称评为“创作一级”，即正高职称。职称提高了，工资也自然提高了，根据陕西省职改办1989年一号文件精神，路遥的工资标准为艺术一级十档，从176元调整为197元。这时候，路遥的工资在当时才真正算得上较高水平了。

这一年，路遥除了职称有了变化，他的阅读兴趣也发生了转变，喜爱文学作品和时事政治的路遥在这一年爱上了中国历史和世界历史。路遥的同事、好友晓雷回忆：“前年开始，他把阅读的兴趣转向历史，他读《新唐书》《旧唐书》，读《资治通鉴》，他专门买了豪华型版本的《二十四史》，要随时查阅。谈到兴奋激动的时候，就要向我推荐，他说《万历十五年》这本书对中国官场的摹写和对政治改革的剖析达到了难以企及的程度，他惊异一个美国人何以把中国的历史研究得如此精到和透辟。他说柏杨的《中国人史纲》是一部非常独到的历史著作，他说柏杨的杂文并没有引起他多大兴趣，而读了他的这部史书，才深知他是一位大家……他如此如饥似渴地贪婪地穷经探史，是想建立他自身的思想深度和广度，进而构筑他的未来作品的深度和广度……”

路遥的阅读兴趣一向与他的创作分不开，这一次，也是如此。这一年，路遥吃着黄瓜就着馒头，正式开始了“下一部”作品的准备工作，路遥的心里，一定有着更高、更远的文学理想，他正在朝着目标进发，为创造一个又一个的辉煌而奋斗。

11. 获得“茅盾文学奖”

1991年元月，人们沉浸在告别旧的一年、迎接新的一年的欢乐之中。普通人的欢乐在于新年，而这一年的作家们都在期待着第三届“茅盾文学奖”。这时候，“茅盾文学奖”已经到了终评阶段，到底谁会获奖，人们揣测着，等待着……

“茅盾文学奖”是我国最高的文学奖，能够获得此项大奖，意味着他的作者受到了中国作家协会的高度肯定，并且获得国家文学体制的表彰。由于“茅盾文学奖”的高端性和特殊性，所以，很多作家都有“茅奖”情结，似乎只要没有得到此项大奖，他们的创作之路就算不上完整。

路遥和多数作家一样，也有“茅奖”情结。更为重要的是，第三届“茅盾文学奖”的评奖范围是1985—1988年间发表的长篇小说，路遥《平凡的世界》正好在这段时间内，所以，他格外关注和期待这次“茅盾文学奖”的评选。

“茅盾文学奖”每四年评一次，它的评奖对象是四年之内的长篇小说，第三届“茅盾文学奖”本该在1988年12月进行，由于一些事情，“茅盾文学奖”被推迟两年，也正因为它被推迟了，所以这一次的“茅盾文学奖”格外引人关注。

路遥的《平凡的世界》是由出版单位——中国文联出版公司报送

至中国作家协会的评奖办公室的，路遥期待北京方面能够给予《平凡的世界》应有的评价，所以评奖之前，路遥的心情忐忑、紧张。他希望自己获奖，同时又觉得自己获奖无望，在纠结中，他给自己的陕北老乡，同时也是自己的好友白烨写了一封信：

“……评奖一事，我尽量不使自己抱太大希望，今日中国之事，随处都是翻云覆雨，加之我这人不好交往，只能靠作品本身去争取。朱寨、蔡葵、老顾等人虽交往不多，但我相信和信任他们，他们是凭学识和水平发言的，我内心对他们都很尊重。至于其他人，我大部分都不熟悉……评委原十六人，现看报道，康濯已死了。尽管中国是这个样子，但这个奖对我还是重要的。另外，也想给西北和老陕争点光，迄今为止，西北还未能拿这个奖。这一届作品中，凭良心说，我的作品还是具备竞争力的……”

这是1991年1月23日，路遥写给白烨的信，信中，路遥想要得奖的心情溢于言表。那一年的“茅盾文学奖”竞争十分激烈，白烨也不确定《平凡的世界》到底能不能获奖，那时候白烨在北京，评委们刚投完票，有了一个结果后，蔡葵给白烨去了一个电话，告诉他，路遥的作品被评上了。过了一会儿，朱寨也给白烨打了个电话，说路遥《平凡的世界》得票属名列第二，得奖没问题了。白烨问是否可以将消息告诉路遥，朱寨说当然可以。就这样，白烨怀着激动的心情，跑到最近的邮局给路遥拍了一封电报：

“大作获奖，已成定局，朱蔡雷白同贺。”

“朱蔡雷白”分别是指朱寨、蔡葵、雷达、白烨，这样写是为了省去一些不必要的费用。

电报送到作协大院信箱的那一天，路遥正好在省作协的院子里溜达，他百无聊赖地走出门口，想去外面转转，不经意间，他看到信箱里一封孤零零的电报插在那里。或许是因为“茅盾文学奖”的评选让路遥高度紧张，他总觉得那封电报与自己有关。路遥从信箱里拿出电报，果然，是他的，等他打开，再看到电文，整颗心都几乎要从心脏里跳出来了。

“成了！成了！”路遥在院子里走来走去，他想大叫，想呼喊，想和朋友们分享这份喜悦，可是，那一天作协大院里只有路遥一个人，所以，他也只好独自享受这份成功的快乐。

1991年3月10日，《人民日报》发表了第三届“茅盾文学奖”获奖作品名单：

“被誉为当今全国最高文学大奖的第三届茅盾文学奖评奖今天在北京揭晓。六位作家的五部作品获奖：路遥的《平凡的世界》，凌力的《少年天子》，孙力、余小惠的《都市风流》，刘白羽的《第二个太阳》，霍达的《穆斯林的葬礼》。另有老将军肖克的《浴血罗霄》和已去世的徐兴业教授的《金瓯缺》获荣誉奖。”

《平凡的世界》获奖是路遥早就知道的，他不知道的是，《平凡的世界》竟然名列第一，这对他来说，绝对是意外之喜。得知路遥获奖，朋友们纷纷以各种方式表示祝贺，路遥一边要招待朋友，另一边开始准备进京领奖的事宜。当然，他也不会忘记给欣赏自己并帮助自己的蔡葵先生写信，在信中表达了自己的感激之情，同时，他还向蔡葵先生汇报了自己今后的打算和工作安排。蔡葵是“茅盾文学奖”评委中最先看好《平凡的世界》的，也是第一个支持路遥的。

“像《平凡的世界》在中央人民广播电台播出，深受广大听众欢迎，听众来信达两千余封，创中央台‘小说连播’节目听众来信量历史之最。此后，许多省又重播了这部作品，都收到了轰动效应。”评委朱寨认为：“从艺术角度看，我很欣赏《平凡的世界》，这么长的三部头，作者一气呵成，毫无虎头蛇尾之感，这在近年的长篇创作中并不多见。”蔡葵这样向人们解读《平凡的世界》。

第三届“茅盾文学奖”颁奖大会于1991年3月30日在北京举行，《平凡的世界》排名第一，因此，这一次领奖，路遥不可能像以前那样默默无闻，相反的，他不仅要代表获奖者致辞，还要接受记者的采访。

作为第一次获得“茅盾文学奖”的陕西作家，路遥十分珍惜，也很是看重这次上台致辞的机会，他用了三天时间，写了改、改了又写，完成了名为《生活的大树万古长青》的一千四百字的发言稿。

参加领奖对路遥来说是一件不容易的事情，由于进京需要很多花销，他连路费都负担不起，怎么还能有钱请客和买书送人？自然，这些路遥不用担心，因为弟弟王天乐会为他准备好一切。3月25日，路遥乘火车去往北京，临行前，弟弟将借来的5000元送到路遥手中，并说道："今后再不要获什么奖了，如果拿了诺贝尔文学奖，我可给你找不来外汇。"当时，路遥无奈地答道："日他妈的文学！"可见，这奖带给他荣誉的同时，也带给他不少经济负担。

当年3月30日，颁奖大会如期举行，路遥在大会上，看到了艾青、冯牧、林默涵、陈荒煤、李瑛、陈涌、袁鹰、葛洛，看到了王震、杨成武、萧克、刘白羽、魏巍……路遥看着他们，看着这些曾经在文坛上叱咤风云的老作家，一下子想起了自己的童年，想起了自己小时候的艰难……

轮到路遥上台致辞了，他放弃了自己精心准备的演讲稿，换了一篇不足500字的"致辞"。路遥的"致辞"真实而诚恳，赢得了热烈的掌声。

领奖完毕，路遥在北京宴请曾关心和帮助过自己的朋友，路遥这次获奖的奖金有5000元，他请了一桌人吃饭。可是由于他的好人缘，不断有人加入进来，不一会儿，一桌变成两桌，两桌变成三桌……这顿饭就吃光了路遥所有的奖金。

12. 繁华过后终归平静

1991年，《平凡的世界》荣获“茅盾文学奖”并名列第一，这是对《平凡的世界》的肯定，是对路遥的肯定，更是对饱受非议的“现实主义”文学创作手法的肯定。获得“茅奖”之后的大半年时间里，路遥在掌声与忙碌中度过。

从北京领完奖回到西安，朋友们纷纷道贺，路遥被邀请到各地参加文学讲座和各种形式的庆功会。紧接着，许多作家朋友或是年轻的后生找到他，请他给自己的文章作序，或撰写推荐语。除此之外，路遥还开始创作随笔《早晨从中午开始》。这大半年的时间里，路遥可以说是“风光无限”，他的周围是无数歆羡、崇拜的目光，他的脚下是无数的“鲜花、地毯”，甚至他的周围，也聚满了人们难以接触到的名流、高层。路遥享受着欢呼与掌声，在外人面前维持着一个名人该有的“光鲜”，可是私下里，路遥却常常处于心情不佳的状态中。

其实，导致路遥心情不佳的原因有三点，首先是他的身体越来越差，身体的病痛让他无法专心从事创作，甚至连参加一些讲座、座谈会也有些力不从心，心高气傲的路遥怎能忍受自己被快要垮掉的身体禁锢。当时，尽管路遥身处于鲜花与掌声之中，他依旧感受不到快乐。除了身体问题，家庭问题也是让他心情不好的一大原因。

1991年10月22日，路遥给蔡葵写信，在信中，他透露出一些让自己烦心的事情，其中，家庭问题和身体问题都被提及：“我家里出了一些事，心绪极不好，无心顾及其他，加之身体不好，又要四处奔波一些烦乱事……给《文学评论》撰写文章的事情，深感集中不起精力，希望在时间上宽限。”路遥还说道：“现在的问题是体力不支，一旦激动就透不过气来。”

蔡葵是路遥的长辈，路遥不可能直白地向蔡葵说太多自己面临的琐事，而白烨就不一样了，他是路遥的老乡兼好友，路遥会经常向他诉苦，说出自己面临的种种不如意。10月22日，在给蔡葵写完信之后，路遥给白烨也写了一封信：

“7月及不久前的信均收读，本来早应复信，但身体近段极差，加之内外有许多难言之苦，心绪不佳，杂事繁乱，几个月不能坐在桌前写一字，今天急忙回复，已太晚，只能请你谅解，好在朋友之间，想必能理解，有机会见面再详述原因。

两篇大作均细细阅读，十分赞赏，看来你是真正理解了我，也理解了我的创作。尤其是最近这一篇好到令我拍案而起！分析准确，行文相当漂亮（简练而讲究，又有深度），论断自信，是《平》书评论中最好也是最重要的一篇，这篇文章完全穿透了作品内核，猜到了我当时的心理机制。由此我看到了你评论的广阔前景。某个时候应该是白烨的时候！

雷达兄的文章也写得很不错，具有大家的功夫，只是我还不满足，本应更放开一点，又想到这是《求是》，因此也就不能苛求了。

换届一事仍拖着，已有一年，都已麻木，当今世事，就是如此，不必认真。重要的是我们不仅能庄严地生活，也能玩世不恭，因此不会有什么大影响……

最近心很烦乱，放任自流。十二月四日去泰国，还是个团长，估计十一月底去京，到时再和你联系。”

从与白烨的信中，我们还可以发现，在当时，困扰路遥的问题还有一个，那就是省作协的换届问题。1991年10月22日，路遥写信时心情很不好，等到12月5日，路遥给自己的小老乡、文学青年高玉涛复信时，信中表现出来的情绪绝对是差到了极点：“因个人私生活的原因，心情不是很好，只能是走到哪里再说哪里的话。身体状况也不好，时有悲观悲伤悲痛之情默然而生。自己祝福自己吧。”

路遥由于个人私生活的原因，很快从得奖的快乐中跳出来，去面对生活中的各种不如意，然而他也并非没有顺心的事情。1991年的秋天，路遥就遇到了自己想要做的事情——《早晨从中午开始》的创作。

这年秋天，陕西师范大学中文系教授、著名文艺评论家畅广元先生准备主编一本名为《神秘黑箱的窥视》的评论集，而评论集的内容是陕西当代著名作家创作心理的研究。这里，畅广元先生选择了五位陕西作家，路遥也名列其中。

“畅老师，你主编这本书，我鼎力支持。这次我下决心回答评论界朋友提出的一些问题。”路遥说着走到写字台，从抽屉里拿出一个笔记本，翻开，执笔边说边写道：“提纲我已经拟好，写四个问题：一、关于创作中作家的情感；二、作家的态度和人物性格；三、评论家的视野与作家的艺术感受；四、关于黄土地。你觉得这样写行不？”路遥放下笔，仔细为畅老讲解自己将要写作的内容，讲解完毕，畅老师拍案叫绝，说道：“太好了，就这样写，这才是路遥……”

畅广元对路遥这部随笔在意得很，约稿成功后，他曾两次到路遥家里，亲自催稿，路遥被畅广元老师的认真与执着打动了，他反复说：“我一定写好，一定完成任务。”路遥从不是一个随意承诺的人，既然答应写好，就一定要完成。这样，路遥最终放弃了去泰国访问的机会，忍受着病痛的折磨，全身心地投入到创作中去。

路遥这篇随笔的题目叫《早晨从中午开始》，副题则是为弟弟而写：“献给我的弟弟王天乐”。出于对弟弟多年照顾的感激，路遥用了文章的一节来讲弟弟对自己的贡献：“在以后漫长的写作过程中，我由于陷入很深，对于处理写作以外的事已经失去智慧，都由他帮我料理。直至全书完结，我的精神疲惫不堪，以致达到失常的程度，智力似乎像几岁的孩子，走过马路都得思考半天才能决定怎样过。全凭天乐帮助我度过了这些严重的阶段。的确，书完后很长一段时间，我离开他几乎不能独立生活，经常像个白痴或没经世面的小孩一样紧跟在他后边。我看见，这个世界上所有的人都比我聪敏，我常暗自噙着泪水，一再问自己：你为什么要这样？你怎么搞成了这个样子？有关我和弟弟天乐的故事，那是需要一本专门的书才能写完的。”弟弟王天乐承担了妻子本应该承担的一切，这部作品，也暗指着路遥与林达二人夫妻关系的破裂。

繁华之后，路遥的世界回归平静，他投入创作，然而病痛似乎并未打算放过这个已经不堪一击的青年。路遥再次病魔缠身……

尘埃落定

——一世短暂却永恒

第七章　轻舟已过万重山

有人曾经说过："一叶轻舟随波去，燕归时节不见君。"生命是短暂的，来时来，去时去。在你的笔下、你的风景里上演了多少的生离死别和爱恨情仇，你仍旧潇洒，你仍旧坦荡。你随一叶轻舟轻轻飘过，就像白云一样看尽世间云卷云舒，像流水一样经历过壮美山河，最后留给世人的是你笔下感情浓厚的故事。一叶轻舟去，人隔万重山。

1. 没有温暖的夏天

1992年这一年，从春天就开始注定不平凡，空气里似乎充斥着各种炽热与躁动的因子。3月26日，举世瞩目的邓小平“南巡讲话”发表，为这一年奠定了激情的基调。西安的初夏说热就热，没有一丝的过渡，来不及抓住春天温和的尾巴便急匆匆地赶往下一个季节的眉梢。

1991年末，路遥为共青团陕西省委机关刊物《少年月刊》撰写的随笔也慷慨激昂地预告着美好的未来：“为了明天，我们应该有无数美好的梦想，为了实现美好的梦想，我们要不懈地努力和奋斗。只要努力和奋斗，现实将比梦想还要美好。”病入膏肓的路遥，那份积极向上的心与祖国的进步同在，那份昂扬的信心也随着时代共同鼓舞着人心。

6月份，西安的天气渐渐炎热起来。路遥的女儿路远小考已经结束了，马上就要升初中了。妻子林达也已经在北京办好调动手续，过来准备把远远接到北京外婆家过暑假。其实此时的路遥和林达已经达成离婚协议，女儿的抚养权归路遥，林达放弃这里的一切回北京工作。在路遥心里，这是对于这个名义上的家庭最好的解决办法，他爱他的女儿，女儿也留在了自己的身边，他下定决心给女儿创造一个良好的生活环境，最起码让孩子的内心得到一丝的安慰。

7月的西安比以往想的更加闷热，空气里总是弥漫着灼热的气息，带给人们更多的烦闷与不安，火辣辣的太阳烤得人们无处躲藏，在哪里都不能搁置住自己的心情。在这炎炎的夏日里，路遥决定装修自己和女儿的家，然而如果可以预料到以后的事情，路遥是坚决不会做这个实属下策的决定的。家里开工后，路遥借住在朋友家里，生活环境非常的简陋，堆满了东西的几平方米的屋子里只为路遥的床留下一个小角落。小米粥成了路遥每日的食粮，纵然再是可口，可是也抵不过患有肝病的人所需要的营养，更何况肝病的人本应该多吃高热量、高蛋白的食物。

即便如此，路遥从开始闹拉肚子渐渐地加重病情，还一直固执己见不去治疗，依然蜗居在朋友的小屋子里，依然是每日不变的小米粥，就这样错过了绝佳治疗的时期，加快了他离去的速度。如果他珍惜自己的身体，及早医治，也许就不会留有那么多的遗憾走了。

也就是在当年7月中旬，路遥渐渐地觉察到自己的病情已经加重了。那时候他整日蜷缩在自己的小床上，几乎很少下床走动，而且时不时的还不由自主地呻吟起来，似乎只有这样才能缓解自己的疼痛。好朋友海波曾去家里看过他，当时他就像个年迈的老人，精神不济，萎靡不振地躺在省作协大院那个破藤椅上，连抬眼看海波的力气都没有，昏昏欲睡，整个人都混混沌沌的，大多的时候都是闭着眼睛不说话。据海波回忆说：

“我清楚地发现他病得不轻，是在他去延安住院之前不久。那天天气很热，我在作协附近办事。办完事后去找他，想和他说会儿话。敲了半天门，敲不开；正准备离开，听见一个微弱的声音说：‘你是谁啊？’那声音不是来自他家，而是来自对门；仿佛是他的声音，但又不像。我说：‘你是谁啊？我找路遥！’他告诉我说：‘门没关，你自己进来。’这回我听清楚了，他确实是路遥，但也确定不在家里，真的在对门。

一进门，我大吃一惊。那是一间很小的房子，最多五六个平方；屋里堆满了杂物，靠墙放一张小床；路遥躺在小床上，脸色铁青，身子比原来小了许多。我急忙问：‘你怎么成了这种样子，为什么不去医院？为什么住在这里？’他说：‘家里正搞装修，临时借了这个房子；病了好几天了，治了感冒拉肚子，治了拉肚子又感冒，现在软得动也动不了了。’我说：‘赶快去医院，可不是有什么大病啊。我来照看你。’他说：‘医院去了，大夫说不要紧。作协有人照顾，你住得远，来回跑不合算。’之后，他给我说了他出文集的事，说着就睡着了，我只好退出来。”

在这个炎热的夏天里，路遥就像个被遗弃的孩子，享受不到夏季的美丽，只能软软地窝在自己的壳子里，不声不响地忍受着自己的痛苦，坚守着自己的固执。

真正引起路遥和身边朋友的重视还是多亏了航宇。为装修忙了一天的航宇想到路遥，便去了作协的大院看他，到了他家发现屋子里没有开灯，黑乎乎的一片，只能感觉到路遥在床上缩成一团，低低地痛苦呻吟着，航宇一看才知道路遥发起高烧，紧忙找来陕西作协的徐志昕、李国平。他们三个人想尽了一切办法为路遥降温，可是起不到任何作用，路遥还是高烧不退。

最后，三个人没有办法决定用自行车推着路遥去附近的陕西省商业职工医院看病。当时医生只是给他打了一剂退烧针，并没有继续留院观察，四个人又回到了大院，路遥的体温也渐渐地降了下来。其实这次发烧已经为路遥的身体拉起了警钟，此时的他已经肝硬化腹水了，可是路遥一次又一次地忽视病魔发出的信号，不知道他是真的不知道自己的病已经很严重了，还是故意压在心里不说，着急装修房子和出文集的事。然而，就是这样，病魔也就加快了剥夺路遥生命的速度，病情开始渐渐地加重。这一年炎热的天气似乎都被病魔冷冻住，在路遥的院子里透露出丝丝的寒意和凋零衰败的气息。

7月的尾巴已经渐渐靠近，路遥心想家里的装修也接近了尾声，妻子林达和女儿远远马上就要回来了，在他们回来之前必须要完成装修工程。就这样，路遥满怀着期待，在航宇的陪同下拖着自己已经病入膏肓的身体开始选购新家具，很快新的家具一件件地拉回家，就等着妻子林达和宝贝女儿的归来。

也许是好事多磨，妻子林达和女儿的归来简直是历尽千辛万苦。最开始时，林达发来电报时说是后天到，可是紧接着又发来一份电报说是：“车票和钱被盗，速汇一千四百元，具体啥时回来，另告，林达”。就这样终于等到了第三封电报，路遥叫了省作协的车随他一起去火车站。路遥买了站台票静静地等待着，火车却晚点了十多分钟，这十分钟在路遥心里是那么地煎熬。

随着汽笛声传来，火车进站了，路遥随着人群追赶着火车，他在每个车窗外仔细地打量着，找寻着自己女儿。随着一声熟悉的“爸爸”呼唤声后，路远一下子就抱住了爸爸，路遥看着自己的女儿眼睛里泛出了泪光。女儿的到来似乎刚刚为路遥这个没有温暖的夏天带来一丝的感动。

女儿回来了，可是妻子林达就要离开了，这个家就要解体了，无法给女儿一个完整温馨的家。不管是自己病痛的折磨还是家里的变故，这所发生的一切，路遥都无法面对，更不要说去接受了。

1992年的夏天对于路遥，一点都不温暖，炎炎的夏日里，路遥的生活却像是蒙上了一层薄冰，阵阵寒冷不断袭击着他的生活。路遥心中那份向死而生、放松灵魂、重启生命的航船似乎只是他的一份浪漫幻想。

2. 难以忘怀的画面

1992年，这个专属于路遥的没有温暖的夏日，已经为路遥的身体一次又一次地拉起了警报，身体亮了红灯的路遥，并没有接受治疗。身边的朋友也都为他着急和担心，可谁又能想到这一年便是病痛给他生命的最后期限，一次次相聚时的谈天说笑和分离时不舍的背影成了最终难以忘怀的珍贵画面和最深处的记忆。

8月，路遥的房子装修完毕，妻子林达和女儿远远也已经回来。虽然这次回来这个家就要支离破碎，路遥的心里也隐隐作痛，对他的精神是个很大的打击，但是路遥没有享受装修后窗明几净的敞亮的新家。第二天，路遥背起那个陪伴他外出的军绿色大背包就出发了。

路遥要去延安！要回陕北老家！这一天是8月6日，而西安开往延安的铁路客车是8月1日通车的。路遥终于等到了这一天。他做完了家里眼前的工作，那就要出远门，回老家！

这天清晨，阳光透过枝叶洒向家属院和办公院之间的那条青砖小路，空气里都弥漫着阳光散发的味道，令人放松愉悦，似乎预示着一天的顺利和收获。路遥从家属院走出来，整个人都散发着活力，比起之前的衰老和虚弱，今天的他显得格外的精神，他单肩上挎着他的再熟悉不过的军绿色双肩背包，背包里鼓鼓囊囊的，但是他却背得很轻松，就像背包里什么都没有。那溢于言表的喜悦和兴奋，映照出他经历这么多天精神和身体的折磨后第一次感觉到的快乐和轻松。

共同住在家属大院的晓蕾、李星等邻居见到路遥背着大包兴冲冲地往外走，就都问他："去哪儿呀？"路遥非常开心地回答道："回家，回陕北！"

大家一听路遥的回答，看着精神不错的他，心里也为他感到高兴。大家都知道路遥的老家在陕北，但是不知道他回出生地清涧还是成长地延川。院子里的人都挥挥手向他告别，目送着他看起来精神奕奕的背影远去，等着他再次回来。同事们看着路遥的背影，从没有想过这竟然是最后一次他自己健康、独自行走离开。他们都以为这只不过是路遥像往常一样回家，无数次的离开，无数次的回来，很正常也很普通，他来来回回的背影在他们眼中经常出现。没有人觉得今天的路遥是虚弱的，心里都想的是过一阵子路遥还会回来，依然像以往一样出现在大家的视线里。

不料，他们心中认为最平常的一件事却没有发生，8月14日得到一个坏消息：路遥到达延安时，身体虚弱得被人抬下火车，如今正在延安地区医院抢救。世事无常，当人们回想起路遥的时候，1992年8月6日清晨路遥离去的背影，竟成了他们心中最难以忘怀的画面。

谁也没想到，8月7日，出发后的第二天，本应该是欢欢喜喜、心情愉悦地在回家的路上畅想回家场景的路遥却在延安火车站被人抬下车。最初时路遥住在延安宾馆，可是他却什么也不想吃，脸色泛黄，一直躺在床上蜷缩着。当时，延安地委宣传部部长白崇贵和曹谷溪来看望路遥时，看到如此虚弱病态的路遥，便劝说他要陪他去医院看病，可是路遥固执地不肯，说自己吃些药就会好。两人又劝路遥，希望他在延安休息几天后就回西安，那里医疗条件好，可以好好的检查。可是路遥依然拒绝说，他没有事情，没必要回西安。

看着如此虚弱的路遥，怎么可能身体没有事，白崇贵和曹谷溪说，要不然就去延安地区医院住院检查，这样也可以好好休息，避免繁杂的事情打扰。路遥摇头说道："你们就别再做工作了，我的身体我自己清楚。”两个人听到此话，甚是无奈，但是却依然坚持劝路遥要去医院检查身体。后来他的朋友每天都来做工作，在大家的软硬兼施下，路遥没有办法终于住进了延安地区人民医院。

就这样，路遥在延安地区医院传染科18床住了下来。住院后的路遥情绪极度不稳定，他担心自己患了癌症，怕自己就这样卧床不起命不久矣；他担心自己的工作计划没有办法按时完成：更担心自己的宝贝女儿没有办法承受，怕女儿没有了父亲……此时的路遥是那么的消极，不停地叹息。或许，路遥的这些担心就是他一直不肯住进医院的原因吧，害怕看到检查结果和自己担心的一样。当化验结果出来时，路遥非常的开心，就像打了胜仗一样庄严地宣布：我们胜利了！第一，化验结果表明，没有癌病变；第二，医生同意我每天少抽几支烟。他补充说，这就有点活的趣味了，否则太无聊。可是，这只是路遥看到的化验结果。医生为了瞒着路遥，稳定他的情绪，有意把“晚期”、“硬化”之类严重的词避开了。

就这样，得知自己病情后的路遥，情绪时好时坏，病也时轻时重。最初在延安地区医院住院，要是精神状况好时，一天下来输完液，还能自己下床在医院的后院溜达一会儿，不要他人搀扶着，手里仍然时常拿着他极度喜爱的“红塔山”，从没有间断过。他的主治医生和护士不止一次劝过他，为了自己能早日康复出院，还是不要抽烟了。

情绪不好时，路遥就常常流泪。他想念自己的女儿远远，放心不下仅有13岁的女儿。他担心自己的女儿会受委屈。路远就像他的精神支柱一样，是他一生中最宝贵的礼物。

渐渐地，路遥生病在延安地区医院住院的消息就传开了，延安和母校延安大学的文友与同学来了，给路遥带来了自家做的陕北家常饭。曹谷溪更是嘱咐家人，让他们给路遥变着花样做饭。有时半夜路遥饿了。曹谷溪也会起床给他做饭。然而，路遥的饭量越来越小，甚至出现了厌食的现象。不管朋友们拿来什么他喜欢吃的东西，路遥只是摇头，一口也不想吃。朋友们看着不想吃饭的路遥，内心很着急也很担心，不知道怎么办才好，只能苦口婆心地劝着，可是他依然不动饭菜，他吃不下去，就算是吃也就是象征性地吃一点就不再动筷子了。

有时腹部疼痛的时候，路遥更是整夜整夜没法睡觉，坐着难受，躺着也难受，一天一天的不得休息。就这样，他吃饭吃不进去，睡觉也睡不好，没有几天，就瘦得不成样子。朋友来了，看着路遥又黄又瘦的样子，很是心疼，但也只能是为他干着急。

痛苦的路遥一度的想自杀结束自这份恼人的折磨，可是他放心不下的事情太多，他也不舍得这么早就离开自己热爱的土地和家乡。

路遥从没有想过，自己在一星期前还健健康康、精神焕发地从家里离开，那时的自己是满怀期待，内心是那么的愉悦和兴奋，可是现在却像个年迈的老人一样忍受着病痛的折磨，一天天在煎熬中度过。

可是那些省作协大院的朋友们又有谁想过，离开时路遥那潇洒、兴冲冲的背影竟然成了回忆，以前的路遥再也不能回来了。延安的朋友也一直担心着，他们内心也害怕着在延安地区医院住院的这些日子将成为他们和路遥最后的难以忘怀的画面。

回忆总是最伤人，但是回忆也叫人深深地记住一个人，一些事。不管是路遥离开作协大院前往陕北那个精神奕奕的背影，还是在延安住院时精神状况好的路遥，都叫人在以后的日子里深深地遗憾着，悲伤着，更是怀念着。

3. 最后的时光

1992年8月份住进延安地区医院的路遥，身体越来越糟糕。也许他想不到这就是他最后的时光，是他的至亲至爱与他在一起的最后时光。

这段时光，永远是最让人记忆犹新和久久不能忘怀的，更是让人永远不舍离去，不舍忘记。最后的最后，不管是痛苦还是悲伤，都是一段不可磨灭的念想。对于身患重病的路遥来说，这段最后的时光是那么的百经痛苦也不愿离去，是那么的弥足珍贵。

那时候的西安异常的炎热，和被病痛折磨的路遥形成了鲜明的对比，对于路遥来说，病痛仿佛让他掉进了万年彻骨的冰窖，身体越发的衰弱。那些在不同时期支持过路遥的朋友们，也为路遥的病情深深地担心着急着，有的专程来延安看望他，也有的从不同地方打来电话慰问他。不管以一种什么方式关心着他，大家都劝告他要把病情报告给单位，但是路遥这个倔脾气就是不同意。而且大家还建议路遥回到西安或者北京住院治疗，毕竟医疗条件好。可是路遥却说，又不是癌症，在延安就可以治自己的病，更何况在延安还有一口饭吃，去西安或者是北京去哪里吃饭？大家听到路遥这么说，也无可奈何，不知道怎么才可以把固执的路遥说通，每个人都替他着急难过，可是路遥依然坚持，留在延安。

最后，还是因为陕西省委常委、组织部部长支益民到延安调研，得知路遥患重病住在医院，便打电话通知了省委书记张勃兴，就这样省里单位才知道路遥患病的事情。8月20日，中共陕西省委宣传部将《关于路遥同志病情的通报》迅速印发给陕西省委、省政府、省人大、省政协等有关领导传阅。9月1日，张勃兴在省委宣传部的这份通报上作出批示：

请卫生厅党组关心一下，是否派专家会诊，可同延安地区商量，如回西安，可安排在条件较好的大医院精心治疗护理，以便尽快恢复健康，并问候路遥同志。

张勃兴

1992.9.1

直到这份批示下发，陕西省的领导和省作协的成员们才真正地意识到路遥的情况的严重性，省作协大院里的朋友们，听到这个消息都觉得非常震惊，走的那天还是好好的，大家还都等待着他回来，没想到时隔几天竟然病重在床。

陕西省作协的王观胜、子心和李国平带着作协大院的人的关心和问候来延安看望路遥，路遥看到最亲爱的同事朋友非常开心，那一天他的精神非常好，一定要带着他们去杨家岭看看。在前往杨家岭的路上，路遥兴致勃勃地给大家介绍延安的景色，到了的时候他带大家去参观毛泽东等中央领导曾在这里驻扎的旧居。返回医院时，路遥精神不好，沉默地坐在一旁不说话，大家看到这样状态的路遥，非常为他担心，一路上说些单位里的事情安慰他，劝解他回西安检查治疗，路遥还是一句话都不说。

路遥的病情越来越严重，延安地区人民医院多次建议转到条件更好的医院接受进一步的治疗，经过朋友、家人和医院多方的劝说，路遥终于决定同意回西安治疗，延安地委将情况报告给陕西省委。很快，陕西省委办公厅和陕西省作协联系好医院，作好路遥动身回西安的准备。

可是回到西安之前，路遥有一个决定，他要在回西安之前想去一次宝塔山，最后看一眼延安，看看自己的家乡，看看黄土高原，看看这片他深爱的土地，他就要和她告别了，也许这一别再也看不见，回不来了。路遥的内心着实的不舍，可是没有办法，自己的身体越来越提出抗议了，他希望在这最后的日子里完成自己的心愿，不给自己留一丝遗憾。

9月5日，距离路遥这次出行一个月后，路遥转院到西安接受治疗。这一天，送行的朋友挤满了医院，路遥在朋友的搀扶下从病房慢慢走出来。不管是认识的不认识的人，都来送他。送行的车辆排成了一串，陪着路遥去往延安火车站，在延安火车站的站台上，也早已有很多的陕北老乡等着他，准备送走这位老乡作家，深深地为他祈福和担心，希望他能早日康复。

路遥在张世晔的搀扶下上了火车，坐在紧挨着窗户的床铺上，他努力克制自己离别的悲伤不舍之情和病痛的折磨，忍住泪水，对张世晔说："世晔，快把烟拿出来给亲人们抽。"

列车缓缓地驶离了延安火车站，看着送行的人离自己越来越远，路遥终于忍不住伏在车窗，泪流满面。他舍不得离开自己的故乡，舍不得离开自己的父老乡亲，他的内心隐隐地觉得这一别便是永不再见。

当天下午6时10分，开往西安的火车渐渐准时到达了车站，路遥这一路上由延安地区人民医院的马安柱医生和高洁护士照顾，终于安全顺利地把他送回西安，悬着的心也可以暂时放下了。路遥由进入车厢的晓蕾和自己的弟弟王天乐搀扶着走下了火车，站台上站满了许多迎接他的朋友们，他艰难地抬起手，向自己的朋友们打招呼。朋友们看着如此虚弱衰老的路遥，都忍不住流下眼泪，不敢相信路遥现在怎么变成了这个样子。

下了火车没有回家直接就去了医院，很快路遥就被送到了中国人民解放军第四军医大学西京医院传染科。躺在七号病房里，路遥才缓过劲儿，精神也稍微好转，他吃力地和朋友们说话聊天，让朋友们不要担心，也说到自己现在的世界观有了很大的转变：“人要宽容。”然而这一切都有点晚了，住进七号病房的第二天，医院就下达了病危通知：肝炎后肝硬化（失代偿期），并发原发性腹膜炎。

毕竟是省医院，医疗条件都相对较好一些，在医生和护士的悉心照顾下，路遥的病情有所稳定，路遥自己也渐渐地有了精神，朋友们紧绷的弦也放松了下来。

住在医院的路遥，其实还是放心不下自己的工作和国家的任务。得知10月12日召开中国共产党十四大会议，路遥专门向医院要了一台电视，以便随时了解十四大召开的情况。其实路遥除了自己的文学创作外，一直想为陕西省作协做一些别的事情，他希望通过自己的努力可以繁荣陕西的文学创作，改善现阶段的文学家的生存地位。可是，现在只能是想一想，不能身体力行。路遥现在病倒在床上，而且这一卧床就是三个月了，腿部肌肉都有些萎缩，连站起来都很费力气。大家都希望路遥早日站起来，像以前一样带领着大家。路遥也很希望自己可以早日站起来，他充满了恐惧，他害怕自己就这么结束了。

11月1日，已经调到北京工作、公差回西安的白描来看望路遥。当见到虚弱得连站起来的力气都没有的路遥时，怎么都不相信这个事实。路遥看到白描，眼泪顿时就流了下来，拉着白描的手久久说不出话来，过了好一阵才说：“已经感觉慢慢好起来。我一定要站起来！”所有人都相信路遥，一定可以重新站起来，因为他是钢铁人，有着坚强的意志。

路遥的身体从西安炎热的夏天一直拖到了天气微凉的秋天。路遥认为这只是一个劫难，一个挫折和考验，只要自己挺过去就好了。没有人会认为这是路遥的大限，没有人相信这是路遥最后的时光，没有人相信路遥正在渐渐地离大家越来越远。现实似乎总是玩弄人于股掌之间，让人恨不得，气不得，只有深深地把遗憾留给自己。

4. 七号病房里的病人

西安进入10月，夏天渐行渐远，看似明晃晃的日头早已没了盛夏时的强势，用尽最后一丝炙热向人展示它曾经的轰轰烈烈。它静悄悄地照进古城西安西京医院传染科的七号病房里，生怕惊动那个被病魔折磨着的人。

住院已有一个月的路遥侧卧在病床上，现在，他只能倚靠在床头垫高的枕头上来支撑自己已经没有力气的身躯，费力地将头望向窗外，去感受那善待他的阳光。

明亮的窗户毫不吝惜地向这位嘴唇乌黑、脸色蜡黄的病人展示窗外那亮丽的秋色，阳光透过密密麻麻的树叶变得星星点点，轻轻的闪烁。时不时的传来几声麻雀叽叽喳喳的鸣叫，却不见它们的踪影，只有树枝抖动之处，才会惊现它们的身影。此时的路遥听着看着，惊喜过后黯然神伤。

如今的路遥脸色蜡黄，黑黑的眼圈深深地凹陷进去，嘴唇乌黑，眼球布满血丝包围着黄色的瞳仁，身体瘦得近乎只剩骨架，只有松弛的皮肤能证明他曾经拥有魁梧的身材。曾经的路遥虽个头不及一米七，但堪称虎背熊腰，稳健的肌肉，有力的双臂，如今早已不见踪迹，替代的是瘦小的身材，满手因输液造成的针眼，整个如同没了生机的枯树，萎靡地躺在病床上，蜷缩着。

记得当年为纪念当代著名作家柳青，路遥于1980年4月写了一篇悼念文章——《病危中的柳青》，其中有一段文字：

“为了塑造起挺拔的形象来，这个人的身体现在完全佝偻了。他本来就不是一个体格魁梧的人，在进行一生紧张繁忙的艺术创造后，加上越来越危急的病情，身板单薄得风能吹倒。整个躯体像燃烧过熊熊大火的树木，变得干枯而焦黑，一切生命的嫩枝叶似乎看不见了。

这就是他吗？这就是那个令人敬仰羡慕的艺术家吗？这就是他。此刻，他正蜷曲在西安陆军医院内科二楼一间普通的病房里，时不时就喘成了一团。体重肯定已经不到一百斤了，从袖筒里和裤管里伸出来的胳膊腿，像麻秆一般纤细。

除了眼睛透露出内心的生机外，这个蜷曲在病榻上的人，现在看起来完全是一副弱不禁风的样子。”

回头再看这段文字，惊觉这就是此时路遥重病的写照。眼前这个西北汉子瘦小、虚弱，就像干枯的老井，烧焦的木炭，毫无生机的枯藤。

西京医院位于古城西安，这家医院不仅是陕西省，也是全国著名的一所学科专业齐全、医疗技术精湛、师资力量雄厚、科研实力强劲的融医疗、教学、科研为一体的大型现代化综合性医院。其前身是延安抗战烽火岁月里诞生的中央医院。1954年原第五军医大学与第四军医大学合并，改建成第四军医大学第一附属医院。1984年对外始称“西京医院”。

在1992年9月5日这一天，当西京医院传染科的医护人员得知将迎来一位他们既熟悉又陌生的病人——作家路遥时，他们显得无比激动。

在那个文学兴盛的年代，人们对文学表现出无比的挚爱。所以，只要是有点关注文学的人，即使没见过路遥，也多多少少听过他的名字；不知道他名字的，也看过他的作品；没有看过作品，也看过他作品改编的电影——《人生》，听过中央人民广播电台的小说连播——《平凡的世界》，这似乎成为了一种常识。

甚至西京医院指派的最好的医生和护士，几乎都读过路遥的小说，或者看过他的小说改编的电影。但是，他们还没有机会见到这样一位全国闻名的大作家。然而，当1992年9月5日，路遥从延安人民医院转进西京医院，被抬进传染科七号病房的当天晚上，令医生、护士吃惊的是此时这个虚弱不堪的“老人”，竟然是一个不到43岁、正当壮年的大作家。更令众人吃惊的是，当天晚上8点，医院就下了病危通知：肝炎后肝硬化（失代偿期），并发原发性腹膜炎。路遥的肝脏已经失去了供给体能需要的功能。而此时医院里医术精湛的医生们都很清楚，这个时候，他们所能做的，是尽力控制病情，尽可能地减轻路遥的病痛，进而延长路遥的生命。

在西京医院里，七号病房是这家医院传染科最好的病房，虽然摆设简单，家具单一，但是医院对这间病房的重视程度确实非常高。西京医院为路遥配备的医护人员是传染科最强的：对肝炎、肝硬化治疗有丰富经验的阎荣教授、副主任医师段满堂和住院医生康文臻。他们先后组织了七次院内会诊，还邀请中医科、消化内科等有关科室的专家教授，汇集多方的智慧和经验，以严谨的科学态度，使用最好的药物，试图向濒临的死神发起一场艰苦的争夺战。

路遥对这些医术精湛的医生们说：只有你们能救我了。我的命就交给你们了！除此之外，医院还为路遥破例允许陪住人员陪住，所以在路遥床边添加了一个陪护床，以方便照顾路遥的生活起居。病房里堆满了小米、大米、面粉、黄豆等等各种食品，以及源源不断的探视者送来的各种水果、鲜花。房间里仍然是特为路遥破例，允许使用电炉子、电热杯。散发着清香的鲜花摆放在路遥床边的柜子上，几乎每天都有探视的人送来鲜花，由此病房里多了一丝芬芳。

在七号病房的日子里，随着病情不断加重，路遥由开始可以自理，到最终难以下床，身边已离不开人照顾了。来医院伺候路遥的是同乡文学青年张世晔、弟弟王天笑，两人尽心尽力地服侍着。

即使两人很是尽心，但终究是男人，免不了粗心大意，而且不懂如何正确护理病人，所以住院医生康文臻就接替二人照顾路遥的日常起居，并负责治疗及病情观察。温文尔雅的康医生那时只有26岁，是一名研究生，是路遥住院期间接触最多的医生，而路遥也成了康医生工作中最重要的人。她每天的工作除了负责照顾路遥外，还要进行自己的研究生实验课题，丝毫没有闲暇的时刻。康医生对路遥的照顾无微不至，例如为了适应路遥的作息时间，她改变了每天的查房时间，等到路遥睡醒再去病房查看。路遥每天的饮食也归康医生管，在详细了解了路遥饮食方面的喜好、加之考虑病情需要，尽量做路遥爱吃的饭菜，有时手擀面，有时烧个青菜豆腐，有时来碗鲜美的鲫鱼汤，不但如此，而且很少重样。

在路遥近一百天的住院时间里，几乎天天如此，未曾间断过。生病的路遥每日心情低落，食欲也不很好，然而护士宇小玲的出现，给路遥的住院生活带来一丝欢乐。宇小玲时常将低沉的路遥逗笑，使路遥多日的阴霾心情见了晴天，而宇小玲那无微不至的照顾更是使饱受病魔折磨的路遥感动至极。

繁华落尽，病痛不仅让路遥饱受折磨，也给他身边的亲戚朋友带来了巨大的苦痛。对路遥而言，他内心渴望着重生，渴望着在笔下重新挥洒自己的感情和才华。但是，七号病房似乎成了他最后的家。路遥不是圣人，但他更不是一个臣服于命运的男人。几十年的饥寒、贫穷已经将他塑造成一位内敛的人，就算在七号病房里的日子，是那么压抑与痛苦，尽管日日夜夜卧床不能自理，是那么消磨人的意志，但是他始终没有放弃治疗和拥抱新的希望。

43岁的路遥，被病痛折磨得像个年迈的老人，可是在他眼里一切都是充满着光亮的。对他来说，对未来充满希望就是活下去的最大理由。

5. 短暂而拥挤的探视时间

西京医院传染科的探视时间是相当严格的，只有星期天才允许探视病人，而且只能从一个铁栅栏中间的小门才能进入传染科住院部，况且是在特级护理中的路遥，探视他不是一件容易的事情。

1992年10月11日，这一天是星期天，更是路遥盼望的日子。早上八点半，门外响起轻轻的敲门声，路遥将自己专注的目光从窗外调转到门前，目不转睛地看着进来的人，路遥很高兴地叫着："合作。"紧接着又说："今天数你来得最早。"这个人是榆林地区群众艺术馆的朱合作，也是路遥的老乡。朱合作说："要不然还会早一些的，被挡在住院部门外等了半小时哦。"护理路遥的小弟王天笑见到朱合作后，也非常高兴，接过朱合作带来的苹果。

路遥看见苹果就对王天笑说，酸苹果很好吃，让小弟先给朱合作削苹果，看着朱合作吃着苹果，路遥让天笑也给自己削了个苹果，说自己也想吃了。路遥拿着苹果侧身躺在床上，费力地咬了一口，慢慢地品嚼着苹果汁。朱合作在路遥的枕头边放了一张卫生纸，让他把苹果渣吐出来。路遥吃得很开心，没一会儿一个大苹果就吃完了。来探视之前，朱合作在陕北就听说路遥的病情非常之严重，几天昏迷醒过来后直到前两天才只能喝一点榨出来的苹果汁，今天能吃掉一个苹果，看来路遥的病情和心情都有好转。

看着心情不错的路遥，朱合作心里也是非常之高兴，就开始和路遥拉着家常。当聊到路遥的病情时，路遥说：“我这病非得不可。我光在街上就吃了十几年的饭。”朱合作一听就不动声色地转移路遥的注意力，开始谈论起自己在《女友》杂志上看到连载的路遥创作的《早晨从中午开始》，这让路遥很兴奋，立刻就忘记了自己的病情，急忙询问自己文章的具体情况。路遥认真地听着，脸上不由自主地流露出欣慰的神情。

或许是因为对自己的作品有了十分的期许与欣慰，路遥非常开心地对朱合作说：“陕西省组织了西北地区最好的肝病专家给我会诊，主治医生是前任西京医院传染科的主任，本来已经不再看病，而是专心科研和著书，这次为了我又亲自担任了主治医生。而且省委、省政府对我的病很重视，专门拨了专项医疗费治病。

待病情好转之后，可以选择全国最好的疗养胜地疗养。并且可以去两个人陪护，一个是亲属，一个是工作单位的陪护，这回省委、省政府抢着给我治病呢！”

其实路遥并不知道自己已经是肝硬化晚期，医生和朋友都告诉他是早期，这是心理上的迷幻剂，所有人都希望路遥可以树立信心，保持愉悦轻松的心情，积极地接受治疗。朱合作听着路遥这些打趣的话，着实地为他感到高兴，他内心里知道，路遥其实对自己的病有着深深的恐惧，更有着强烈地活下去的渴望和期盼。他希望路遥就这样一直有信心、有希望地活下去。

路遥和朱合作愉快地聊着，说着病好后回到王家堡老家让老妈做饭把自己喂胖，又说起和张泊他们三个人的约定。

这时，七号病房的门再一次被推开，进来一个有着延安口音的小伙子，他就是《平凡的世界》连环画的绘画作者李志武。他说，一方面来看望路遥，另一方面是和路遥商量把《平凡的世界》改编成礼品式的盒装连环画，希望路遥写一封信函便于他与出版社联系。

路遥被扶着斜坐在床边，一边写着信，一边对朱合作说：“这人画得好！绘画的《平凡的世界》水准肯定不低。”由于路遥的身体虚弱，信件的文字不如以往的工整，一行比一行向右偏着，只有落款处的签名还是与平日里一样，透露出自信和洒脱。小伙子等路遥写好了信，又对他说，希望在正式出版这套连环画前，想请路遥为此书写篇序言。路遥无奈地说道：“序言恐怕写不成了。我的手捉不稳笔了。到时候，我题上个词。”

就这样，由张春生文字改编、李志武绘画的《平凡的世界》连环画在1995年1月出版，绘画生动地展现了书中陕北的窑洞、集镇、沟沟峁峁，在读者眼前形象地再现了这部精彩的百万字的长篇小说《平凡的世界》的全貌，更加淋漓尽致地表达出陕北人朴素憨厚、敢爱敢恨、坚强不屈的品性，这是一本体现中国北方农耕文明的风情画卷。可是那时路遥却看不到自己的书了，也许这是他的遗憾，但是这本连环画对《平凡的世界》的再现是对他深厚感情的故事的传承，更是对路遥深切的怀念。

这个年轻的小伙子走后不久，七号病房又陆陆续续的来了许多朋友，大家都是一样的心情，也几乎说着一样的话语，大多是安慰路遥，让他好好养病，一切都会好起来的。也有极少数给路遥出主意，劝路遥练练气功，也许会治愈他的病。朋友们看着被病痛折磨得如此瘦弱的路遥，心疼不已，都希望他早日康复。

上午十点半左右，病房里的访客越来越少，四周也越来越安静，路遥闭上眼睛，静静地躺着。这时候，他听见自己的女儿远远叫着爸爸，爸爸，就像是一只欢快的小鸟蹦蹦跳跳地进了七号房间。路遥睁开了眼睛，目光里充满着柔情和明亮，看着他的女儿，嘴里回应着：“毛锤儿。”这是他永远的宝贝女儿。他整个人似乎都被女儿可爱的小脸蛋照亮了。在路遥的心里，远远永远是他活下去的希望和动力。

这天上午，不断有探视路遥的人，不管是自己的好朋友，还是自己的宝贝女儿，都是匆匆地来了，又匆匆地走了。每个人都显得很忙碌，整个病房也都是显得拥挤嘈杂但又充满着热闹。其实在路遥的心里，看着来来往往的朋友们和自己的“毛锤儿”，不管是大家说着什么样的话，如何安慰自己，不管是拿不拿东西，他都是非常高兴的，似乎只有这时候在他的内心里才觉得自己是一个健康的人，才让他忘记了病痛。他内心十分渴望自己和大家生活在一起，一起创作，一起谈天说地。

路遥珍惜大家在一起的时间，尽管短暂，但是对于不能自理的路遥来说，这确是弥足珍贵的时光。记得曾经在李康美的《华山脚下忆路遥》中看到过这样一段话：“路遥似乎已经敏感地捕捉到渐渐走近的脚步声，耷拉的眼皮一下子就睁开了。此时的他，已经欲喊无声，下肢萎缩僵硬，双膊简直是无缚鸡之力了，但是头脑还是异常地清醒，目光里仍然闪烁着不甘屈服的光芒。”这是描述路遥在七号病房里住院时的状态。看到这段文字，对路遥内心感同身受，似乎就看到了那时病重中的路遥对亲友的探望的那种渴望与期盼。

路遥害怕离去，害怕离开自己的朋友们，更害怕离开自己的女儿远远，他希望自己尽快恢复健康。每周日都显得拥挤和短暂，可是留给路遥的总是一群人离开的背影。看着离开的人，路遥一个人在七号病房里静静地躺着。热闹落幕后的孤单其实是最可怕的，也是最难耐的，在路遥的心里，朋友和家人的陪伴是一时的快乐，更是无尽的寂寞。

6. 永远再见

人生就像一趟旅程，一场无法预计而又毫无目的的旅程。除了知道起点是生，终点是死亡，过程中的一切事情都是未知的。我们自己无法选择这个旅途的过程搭上哪一班车，也无法选择自己的起点开始的地方和终点结束的地方。这一切都发生得很偶然，不知道何时我们就会结束自己的一生，不必期待又无法预料。路遥的人生旅程就像是乘上了特快列车，不容他去浪费。

已经是1992年的11月份了，距离路遥生病住院已经过了一个难耐的夏天。秋天的尾巴也要溜走了，路遥的身体却不见好转。那句说给白描也说给自己的承诺“我一定要站起来！”依然坚定在他的内心里，依然是他的愿望，没有放弃。

11月上旬，由于路遥的主治医生康文臻有工作需要不能继续给他治疗，医院里给他换上一个更有实践经验的大夫。可是路遥心情很沮丧，在他的内心里似乎就失去了一个依靠。不管康医生怎么安慰，都难以平复他的心情。

11月15日早晨，路遥醒过来，他的脸色非常差，躺在病床上痛苦地呻吟着。弟弟王天笑给他端来洗脸水，他怎么也不洗。在以前，他每天醒来一定都要刷牙洗脸，绝对不含糊。可是不知道今天怎么了，不想洗漱。天笑见哥哥这样恹恹的，便把熬好了的小米粥端给他。路遥却一口也不想喝。天笑再三地劝哥哥吃点东西，路遥这才吃了两口。吃了饭，路遥靠在床上，一句话也不说，只是不时地流着眼泪，天笑看在眼里也只能干着急。

11月16日下午，赵熙和晓雷来看路遥，此时的路遥很平静地坐在床上。看到他们来了，便和他们聊着家常，没有什么不舒服的感觉。主治医生向赵熙和晓雷介绍路遥的病情，并把路遥的病历本拿给他们看。医生说，路遥的病是要准备打持久战，需要路遥的积极配合。可是路遥的任性一次次地让他处在危险的边缘，不听医嘱，偷偷吃不干净的水果，结果引起腹泻。这样的事情很多，也多亏了路遥一次又一次地挺过了危机。二人看着被病痛折磨得不像样子的路遥，非常的心疼，在临走时劝告路遥，一定要听医生的话，不能任性，要坚持，路遥也欣然地答应他们了。可谁又能想到仅仅过去半天，路遥就永远地离开了。

16日晚，路遥突然肚子痛，被疼痛折磨的他，喘着粗气，大声地呻吟，可是还是无法缓解自己的疼痛。新来的主治医生给他打了一针，可没有起到作用，路遥蜷缩着身子，头深深地埋到胸前。到了夜里12点多，痛苦不堪的路遥让天笑给好友霍世仁打电话，让他想办法帮他转院。天笑听了路遥的话，急急忙忙地跑到值班室打电话，可就是没有人接。被病痛折磨的路遥，看着垂头丧气的天笑，心里顿时绝望了。他只好自己努力缓解疼痛，一会让天笑揉肚子，一会又让天笑把自己挪到地板上，嘴里痛苦地喊着："九娃，快救救我，快救救我……"王天笑想不出办法可以帮助哥哥缓解疼痛，只能抱着路遥流泪。

17日凌晨4时许，疼痛不已的路遥意识开始不清楚，嘴里总是喊着话，时高时低，可是天笑听不清楚到底在说什么，只知道路遥有时说着："爸爸妈妈可重要哩……爸爸妈妈可亲哩……"这之后，路遥便陷入了昏迷，不省人事了。

值班室的医生和护士赶紧把各项设备推进了病房，对路遥进行抢救。所有人都在等待着奇迹出现，都希望路遥的心电图可以再一次波动起来。在路遥的心脏停止跳动70分钟以后，医生们不放弃自己的努力，希望通过电击唤醒沉睡中的路遥，但是一切都已来不及，一切都无济于事了，路遥真正地永远长眠下去了。

1992年11月17日晨8时20分，路遥，这位在文学场上驰骋了几十个年头的勇士，在最后关头被可恶的病魔打败了。护士为路遥擦拭全身，看着如今骨瘦如柴的路遥，在场的人都不禁啜泣。大家为他换上新的衣服，洁白的内衣内裤，暗绿条纹的涤纶长裤，水洗布的浅咖啡色夹克，纯毛的灰大衣，以及现代味儿十足的白色旅游鞋；还将一顶深蓝色的博士帽，放在他的枕边。这是路遥一生中最合体、最高级的一套衣服，可是路遥却再也醒不过来，看不到自己穿着新衣服自我陶醉的样子了。

1992年11月17日的清晨，万物肃寂，空气里充满了寒冷的味道。陕西省作协的大院里，树木凋零，满地落叶在空中胡乱地飞舞着。路遥去世的消息更给这个院子带来了寒冷，给院里的每个人带来了寒冷，所有人都不相信自己的耳朵，无法接受这个事实。听到路遥去世的消息时，曹谷溪正在黄陵县采访，他不敢相信路遥去世了，急忙赶到了西安。当他看到已经长眠不起的路遥时，终于忍不住嚎啕痛哭起来。

这天下午的西安，竟然飘起了雪花。早冬的雪花随意地飘洒着，更加增添了凄凉的感觉，似乎为这位英年早逝的勇士而哀悼。路遥的悼念厅设在大院后院的第一个小院东面空置的房子里，数不清的来自四面八方送来的花圈和挽联堆满了前院，堆满了路遥生前经常自己深夜孤独走过的那条小路。来祭奠路遥的人们，有熟悉的作家的面孔，有来自全国各地的文友，有延安的老乡，有自己的学生……每个人都沉默不语或低声哭泣，步履沉重地来到这间普通的平房里，深深地哀悼和思念着这位文坛巨匠。

夜幕降临，哀悼的人们络绎不绝，来来往往的人让小院显得更加拥挤，但是却静默肃寂，悄无声息。11月18日晚9点，路遥的妻子林达从北京赶了过来，林达面色苍白，红肿的眼睛里总是噙满泪水，她忍不住痛哭。直到路遥的丧事办完，林达依然泪水盈眶，尽管她和路遥已经办完了离婚手续，可是她心中的痛苦是任何人都难以体会的。

1992年11月21日早晨，初冬的寒气逼人，但是阻挡不住众多人前来告别路遥的步伐，五百多人早早地来到这里，静静地等待与路遥的遗体告别。

这是一次极其沉痛悲伤而又隆重的告别仪式。每个人的视线都被泪水模糊，在哀乐中缓缓地向路遥的遗体告别，人们都想多看一看路遥，让这个时间过得缓慢一些，都希望路遥再用那独特的陕北口音和他们讲述这个平凡的世界，告诉他们自己没有离开，依然活在大家身边。

已故作家史铁生生前说过："死是一件无须乎着急去做的事，是一件无论怎样耽搁也不会错过了的事，一个必然会降临的节日。"路遥的一生就这样在43岁画上了句号。没有时间欣赏风景的路遥，不管是在清涧，在延川，在西安……他却永远成为了别人眼中一道亮丽的风景。

路遥是幸运的，无论是在生前还是逝世后，他深爱的这片土地也深深地厚爱着他，而他43载的人生旅途中所结识的亲朋好友也深深地怀念着他。路遥用43年给大家讲述了一个平凡的世界，大家用一辈子去怀念他，纪念他。

7. 永远的宝贝女儿

今世的女儿前世的情人。路遥这一生除了写作还有一个他最爱最珍惜的宝贝，那就是他的女儿路远，小名远远。那一年，远远只有13岁，是一名初中一年级的学生。

路遥最爱他的女儿，对远远是千般疼，万般爱。远远刚出生时，路遥便欢喜的不成，总用陕北话说："俺那娃娃。"他觉得自己的女儿就是一朵兰花花，实实地爱死人了。路遥总说不能让你自己的女儿受了苦。在他眼里，女儿就像是他的命根子。在他心里，女儿远远的要求就是必须要满足的，女儿的话就是圣旨。他毕生除了写作就是好好地保护他的宝贝女儿。

路遥在西安病倒的时候，西京医院已经下了病危通知书，但病情一直瞒着他的女儿，她只知道爸爸生病住院了。远远曾两次去医院看望过爸爸，每一次路遥都早早的醒来打起精神去洗漱，他用了女儿推荐的黄瓜洗面奶，因为女儿说，用黄瓜洗面奶洗脸，会让爸爸粗糙的皮肤变得细腻年轻，路遥便每天洗脸都坚持用黄瓜洗面奶。在长达三个多月的时间里，谁也没有和远远说过爸爸病情的严重性，远远还是按时每天背着书包上学，按时放学回家做作业。

那时候，远远的妈妈林达去了北京，作为一名初一的学生，远远便自己当起了家，一个人自己生活。即便是雇了小保姆，但是保姆毕竟年纪小，好多家务事也不会打理，有时候还是需要小小年纪的远远指导着料理家务、做饭。路遥每当了解到这些时，深深的谴责和无奈之情都写满了苍老的脸上，可是除了叹气也什么都做不了。

路遥见不到女儿，女儿也见不到自己的爸爸，父女两人心里都有着一个不可触碰的伤痛，一片阳光照射不进的阴云。路遥的心里一直挂念着“俺那娃娃”，每当和人提起自己的女儿时，就潸然泪下。在他的生命里，女儿是他生活的动力，他多想为了女儿好好的活下去。

1992年11月17日，路遥永远地离开了他的至亲至爱。去世的消息没敢告诉他的女儿，那天作协一人陪着远远上学，放学时，作协的同志把远远亲自接回家里，而且不让远远经过作协的院子，更不让远远看见花圈和前来悼念的人，不让她知道在给爸爸办丧事。

11月18日，路遥去世的第二天，这个消息已经在报纸上登出了。远远一如既往的开开心心上学，到了学校，同学们都在问：“你看见报纸上登的吗？……”同学们都吞吞吐吐，不敢接着往下说后半句。远远被大家弄得莫名其妙，就追问同学：“你们都说报纸上登，登的啥？”同学们一听，吓得都不敢告诉她实情。其实，就在这一天，远远还上街买了音乐卡，准备送给爸爸作为生日礼物，在她心里总是期待着和幻想着父女听着美妙的音乐，幸福地团聚在一起，愉快地过生日。可是远远怎能料到，父亲并没有等到12月3日这一天，并没有等到生日这一天，就永远地离开了他。

路遥去世，女儿一直被蒙在鼓里，那天学校的老师跑到路遥的家里，抱着远远痛哭时也被阻止了，害怕远远知道事实。远远就这样还是不知道爸爸已经去世了，即便是作协的院子被花圈摆满，即便是唁电唁函从各地传来，远远已然开开心心的上学，恍然不知发生了什么事情。

就在路遥去世的第三天，已经是11月19日。这一天路遥的遗体准备从西京医院搬往三兆公墓，就在这一天，作协的同志才委婉地告诉了远远：“你的爸爸去世了！”远远当时觉得很震惊，一点也不相信这个悲惨的事情，她不相信自己的耳朵，哭喊着说："不可能！我不相信！二十天前我还在医院看望我爸爸，我爸爸好多了，我准备接我爸爸出院！"作协的同志听着远远的话，不禁也哭了起来。

一阵撕心裂肺的痛哭之后，远远慢慢平静下来，她不相信这件事是真的，可是看着作协满院悼念爸爸的花圈，似乎又在提醒她，告诉她：接受事实吧，你的爸爸真的离开你了！她也许一辈子都不敢相信二十天前的那一面竟然是这辈子自己与爸爸最后一面，从此天人永隔。远远跑到太平间去看望爸爸的遗体，起初她有点恐惧，不敢上前看爸爸的遗容，当看见时，远远竟然平静地对着爸爸说："爸爸，你咋不起来，你咋不看我一眼，你咋老躺着，你是不是睡着了？"在场的人听见远远的话都开始哗哗地流眼泪。而远远似乎永远看不够一样，一直看着看着……

11月21日，路遥的追悼会在三兆公墓举行，前来悼念的人很多，路遥的女儿远远被两个人扶着，一直都呜呜地哭着，向爸爸的遗体告别，这一别便是永别，便是远远和爸爸的永不再见。路遥的遗体火化时，远远扑上去看了今世的最后一眼。年仅13岁的她永远地失去了爸爸。

这世的父女缘分到此就成了远远一个人的念想。路遥这辈子放不下他的写作，更是放不下他的女儿，女儿是上天赐予他最珍贵的礼物，是他难以割舍的宝贝。路遥离开之前，他的内心所想是她的女儿，担心的是她的女儿，不甘的是她的女儿。在路遥眼里，女儿就是他的全部，就是他忍受病痛折磨活下去的勇气和希望，他是多么地渴望活下来和女儿一起生活，看着她慢慢地长大。然而生活就是这样，永远会和人开玩笑，生命的无常让人们措手不及，来不及去抓住什么，来不及去珍惜什么。

血浓于水的亲情，失去亲人的肝肠寸断之情，所有的悲痛都会被时间这个良药慢慢治愈。路遥在这个世界上留下了他的作品——他的女儿。他相信女儿远远会是他永远的骄傲，会是他在天之灵的慰藉。

第八章　平凡世界里平凡的他

路遥本是凡人，活在平凡之中，亦在平凡的世界里逝去，然而不甘平凡的他却在这个平凡的世界写下不平凡的一笔。作为一个人，作为一个作家，他的灵魂是有分量的，他保持了一个作家对人生的真诚，于是一个个经过生活锤炼、知道真诚可贵的平凡的人，读懂了路遥，并成为他的挚友、知己。路遥走了，他直面人生的勇气，是除了文学之外，留给世人的另外的精神财富，他让人们在平凡的世界里，用心活着。

1. 并不称职的丈夫

路遥和林达的婚姻代表的是两个人的缘分，更代表两个人经历点点滴滴的感情积累后所取得的美满的结果，然而婚姻更多的是需要两个人一起经营。其实，路遥是爱林达的，他是感激林达的，然而婚姻不单单是有感情就够了。

林达与路遥是北京知青下乡那时候认识的。林达被路遥浓厚的文学气息和放荡不羁的精神以及远大的理想抱负深深地吸引着，而路遥对这个来自北京的姑娘也颇有好感。向往着和路遥结婚后琴瑟和鸣的生活的林达，为了路遥放弃了回到北京的机会，留在延川继续供路遥念大学。

路遥延川的母亲对林达也是称赞有加。正是因为林达，路遥在延安大学才能安心读书，继续自己所热爱的文学创作。1978年路遥和林达喜结连理，1979年生下了他们的女儿远远，然而婚后生活并没有最初设想的那么顺利和甜蜜，更谈不上和谐。他们享受婚后恩爱的时光很短暂。

其实婚姻的稳固不单单取决于二人的感情，更多的是取决于一些日常生活小事方面两个人的配合与协调。爱情只是感情的事，路遥和林达的感情是非常深厚的，然而婚姻是由感情、理智等多方面因素组合而成，需要两个人合作与经营。也许正是因为两个人都是艺术气质的人，对于庸常繁乱的家庭琐事，往往都没有经验，难以应付；又或许是人终究是生活在这个平凡的人间，而平凡的事情往往就有着许许多多说不清讲不明的困惑，林达与路遥面对的正是这些剪不清理不明的问题。

路遥和林达有着截然不同的家庭背景：路遥自小就生长在贫苦的农村，而林达是生长在知识分子家庭，是为了理想才远离大城市。作为“农民的儿子”的路遥一直都希望自己的妻子可以体贴自己，帮助自己照顾家庭，在自己的学习、工作上能够无条件支持自己，毫无怨言地做一位标准的家庭主妇。但是林达是来自北京这种大城市，具有一定的小资情调，思想比较先进，意识独立，而且事业心非常强，让她放弃自己的事业心甘情愿地做一个家庭主妇是不可能的。

其实，最终的原因还是夫妻两人的生活习惯和作息时间很不协调。路遥曾经在《早晨从中午开始》提到过自己的生活规律：

“通常情况下，我都是在凌晨两点到三点左右入睡，有时甚至延伸到四到五点。天亮以后才睡觉的现象也时有发生，午饭前一个钟头起床，于是，早晨才算开始了。

午饭前这一小时非常忙乱。首先要接连抽三五支香烟。我工作时一天抽两包烟，直抽得口腔舌头发苦发麻，根本感觉不来烟味如何，有时思考或写作特别紧张之际，即使顾不上抽，手里也要有一支燃烧的烟卷。因此，睡眠之后的几支烟简直是一种神仙般的享受。

用烫烫的水好好洗洗脸，紧接着喝一杯浓咖啡，证明自己同别人一样拥有一个真正的早晨。这时，才彻底醒过来了。”

每天早晨，林达给女儿远远做完早饭，然后送远远上学，紧接着自己就骑着一辆自行车去单位上班。这时候路遥刚刚回到屋子进入梦乡不久，呼噜声震天响仿佛正在宣告我的夜晚才刚刚开始。

到了中午，路遥醒过来，这时属于路遥自己的早晨便开始了。此时林达也从单位骑着车匆匆地赶回家做饭，饭菜也只是依照自己和女儿喜欢的口味，刚刚睡醒的路遥看着家里的饭菜不合自己的口味，他便起身出去上街买吃的。有的时候只吃一根大葱和两个馒头，或者一碗面条，这还算是最细致的饭。

简单吃过中午饭的路遥便又进入他简陋的工作室，只要一坐下来进入创作状态，就经常忘记时间，有的时候索性连晚饭都不吃了。但更多的时候，因为忘记时间过了晚饭，便去大院里的其他人家蹭饭。有时到了深夜，家家都已经熄了火准备休息，这时的路遥除非自己真的忍不住饥饿，是绝对不会上街买吃的，因为在他眼里这就是在浪费时间。就这样一直忍着饥饿到了后半夜，拖着饥饿、疲惫不堪的身子回到家中，此时的妻子林达和女儿远远早已进入甜甜的梦乡。

就这样，路遥和自己的妻子林达由于生活作息时间不协调，两个人几乎没有交流的时间，见个面都难，到最后感情越来越疏远，再也没有当时谈恋爱时候的甜蜜与幸福。

对于林达来说，路遥这样一心投入创作而忽略自己的家庭是对林达非常不公平的。身材瘦小的林达，几乎都是她一个人去支撑这个家。家中的不管是重活轻活，不管是抬煤气罐、搬蜂窝煤上楼，还是洗衣做饭，再还是照顾来自陕北的路遥的亲戚们……这些事情都需要林达自己一个人承受，路遥几乎从来不管不问，可是来自大城市北京的林达，从小到大何时干过这么多重活。

半夜写作、通宵到第二天，并且喜欢独处而又时常封闭自己的路遥让林达难以习惯，在林达心里，她希望自己的丈夫能够体贴自己、与自己过着正常的夫妻生活。她需要的是一个疼她爱护她的好丈夫，而不是一个家庭的“管家”，一个只顾自己的生活并且贴着各种光环的人，她需要夫妻之间的平等与尊重。其实作为一个著名作家的夫人是非常的不容易！嫁给他那一刻就注定冠上了“某某夫人”的称号，也许在别人眼里这是一件光荣的事情，可是别人不知的是，自己的光芒永远都会掩盖在自己的丈夫之下，要付出更多的心血和努力来维持这个家。

由于生活习惯、性格和理想追求差距越来越大，短短几年两个人就形同陌路，1992年初，林达正式提出和路遥协议离婚。在之前，林达已经无数次地提出离婚，只是路遥那时避而不谈。

那时候路遥把离婚的事情交给了自己的弟弟王天乐去办。在王天乐写的关于路遥的文章《苦难是他永恒的伴侣》中提到过自己对二人离婚的看法：

“1992年初，我嫂子林达正式提出了和路遥协议离婚，对此，我无话可说，我也十分理解林达，她不知提出过多少次要离婚了。作为一个女人，当一名作家的夫人是十分不容易的。天下女子就是找一个农民也不要找作家为丈夫。当作家可能献出生命，但当作家的夫人同样要经受普通女人无法容忍的各种心灵灾难。在这一点上我不恨林达，也不恨路遥。此时，路遥正在写《早晨从中午开始》的绝笔文章。他把离婚一事的工作交给了我，实际上路遥只把这件事当了‘工作’，不存在任何情感。林达是开通的，她不要任何东西，准备一个人到北京成家立业。因为她是北京知青，回故乡也一直是她的梦想。就在准备很简单地了结这桩悲剧之时，路遥住进了医院。我知道，他这次进去肯定是出不来了。”

对于路遥来说，离婚这件事情在他看来是一件非常伤自尊的事，而且更是让他回想到以前自己失败的恋情，这对后来路遥的身体也产生了很大影响。可是在其他方面来说，路遥的确不是一个称职的丈夫，他自己其实是认同的，也觉得亏欠自己的妻子林达，所以这一次才会同意离婚。

离婚是所有夫妻都不愿看到的结局，不管路遥是不是一个称职的丈夫，但是在林达和路遥的心里，他们都是爱着对方的，只不过爱情不足以解决二人生活中的矛盾和困惑。

2. 习总书记忆路遥

《平凡的世界》这本平凡的书曾经影响了一代人。主人公对外面世界的强烈向往，对生育他的土地的热爱，对实现祖祖辈辈改变生活方式的愿望的渴望，还有那份强烈的自尊和艰苦奋斗，真实地阐释了20世纪五六十年代人的内心世界和对新的生活方式的渴望，深深地影响了那一代犹如路遥一般的奋斗者，更是诞生了习近平当今这位党和国家领袖。

如今热播的《平凡的世界》电视连续剧让习总书记想起当年二人共怀青春梦想的知青岁月，并勾起了他与路遥、谷溪等人同在一起的青春记忆。

习总书记曾在全国两会上提及电视剧《平凡的世界》时说："路遥我认识，当年下乡办事时还和他住过一个窑洞，曾深入交流过。"当提到路遥时，习总书记似乎兴奋了不少，"我跟路遥很熟……路遥和谷溪他们创办《山花》的时候，还是写诗的，不写小说。"当时一说到路遥，总书记的兴奋之情显现出来，脸上乐开花。那神态似乎有点"我跟你说个秘密"的感觉，着实为真情流露。

习总书记所说的《山花》是诗人谷溪在1972年9月创办的延川县文艺小报，由谷溪担任主编，路遥常在《山花》上发表诗作。就像《痛悼路遥》一文中所写："计算成功的方式是吃苦和受罪，他拼命工作，玩命写作，自我折磨式的付出，在文学创作这条艰辛寂寞的道路上，竭尽全力，一路血汗向高峰攀登。”对人生的执着追求，对他所热爱的故乡的钟情，以及对他的现实主义写作手法的自信，这使他的诗文备受追捧。路遥从此在文学创作之路上便一发不可收拾，由诗文再到小说，可见他的才华。

此时，路遥就如同陕北那满山遍野的红艳艳的山花那样红火，像初升的旭日那样光芒四射。他从此在文学路上努力创作，用自己的道德观来拯救世人，警醒世人。

路遥生于陕北，对这片生他养他的黄土地有着深深的情感。在路遥的创作时期，延安就如同他的灵感源泉，任由他放荡不羁的灵魂四处流浪。他始终怀抱着深沉的故乡情和生命的沉重感去感受生活。在陕北这片神圣的土地上，让路遥结识了习近平、曹谷溪、史铁生等众多好友，更是在这里认识了自己的妻子林达，并生下了自己的“毛锤儿”路远。陕北就是他人生的开始，更是他人生的进步，陕北大地就是深埋在他心中的亘古不变的诗意的象征。

路遥和习总书记的渊源其实是来自陕北窑洞，二人在窑洞里互相了解，互相真诚相待。窑洞就像二人真诚的友谊的温床，随着时间推移，越发的深厚。当年习总书记作为北京知青来到陕北，而路遥是当地的回乡知青。路遥爱结交见多识广的北京知青，就这样他俩成为了好哥们。而同住窑洞更是拉近了彼此之间的距离。

当年，习近平来到陕北所住的地方梁家河离县城约有25里山路，交通不便，只能靠步行。习近平有时到县城开会或办事，完了回不了梁家河，他就会找路遥长谈。据好友曹谷溪回忆，当年习近平和路遥进行彻夜长谈的窑洞是“三间房”，这是专门供来客住的客房。可惜，这些窑洞经历多年风雨已经拆了，如今只留下一张1970年拍摄的珍贵照片。

其实，习总书记与路遥何止是认识，如果仅仅是认识怎么可能就住一个窑洞彻夜长谈呢？在那个水深火热的年代里，在那个激情澎湃的岁月里，当金子和金子碰到一起便会发出耀眼的火花。是互相理解的心把他们紧紧地联系在一起。据曹谷溪说，习总书记当年也爱文学、爱读书，他和路遥等谈文学、谈民生、谈理想、谈国家……话题非常广泛，充满家国情怀。

正是这份青春年少、热血澎湃的理想，抱负国家民族的志向把他们牵引在一起。那时国家政策正是支持青年上山下乡，“文化大革命”也还在如火如荼地进行着。那时的习近平正是下乡知青，而路遥曾是那造反司令，或者可以说是正在成长的革命小将，两个人共同见证了一个特殊的时代，特殊的背景，两个人对这个时代有着共同的见解和想法，有着共同的理想抱负，有着共同的心酸苦楚。

正是因为两人有如此相同的爱好和思想共鸣，才会有那么多次的彻夜长谈，正所谓知音难觅。就像伯牙与钟子期，只有彼此才能理解对方的想法。两人在窑洞里度过的一夜一夜，思想得到了高度的切合，也是彼此更加了解，更加惺惺相惜。只不过，在今后的岁月里，一个从政，另一个从文，两人虽然选择走不同的道路，但是两人的理想还是一致的。

路遥曾经说过：“有时候当我在都市喧闹的大街上走过时，我常常会在一片人海中猛然停住脚步，我的思绪回到了遥远的陕北，我看见荒山秃岭之间，光着脊梁的父辈们在挥着镢头开垦土地，我虽然没有继承父辈的职业，但我永生崇敬他们伟大的劳动精神，没有这种精神，就不会有这个世界上的一切，艺术创作需要的也正是这种劳动精神。我们应该具备普通劳动人民的品质，永远也不丧失一个普通劳动者的感觉。像牛一样劳动，像土地一样贡献。”这篇路遥的经典语录正体现了他不平凡的人生，更不平凡的世界观，这份世界观也正是习总书记在今后的政治道路所坚持的，不忘初心，兢兢业业。

平凡的世界里不平凡的路遥，尽管只度过43年的短暂人生，但那时的他有博大的情怀，有远大的理想，有坚定不移的信念和人生观，所以他与和他拥有一样心胸的习近平总书记总有着说不完的话题。如果路遥还活着，以他对生活的深刻的体验和思索，以他严肃认真、严谨刻苦的创作态度，他一定还会继续为这个不平凡的世界写下新的不平凡的篇章。他是那个艰苦时代敢于逆流而上的勇者，更是现代中国文学界的巨人，用自己独特的文笔来表现自己的世界观、价值观和人生观，与这个时代不道德的事物作斗争。岁月总是匆匆流走，但是那份价值观和人生观一定不会被侵蚀、被改变，因为这是路遥的笔尖的力量来源，更是他的脊梁骨。

时间的力量是非常巨大的，时过境迁，沧海桑田。平凡的世界总是有着不平凡的人出现，让这个平凡的世界变得不平凡。不管是习总书记现在在政治道路上为我们的国家辛辛苦苦、任劳任怨地努力着，还是已逝去的路遥在文学这条道路上熠熠发光，影响着后来人，都是我们生活中的勇士，在他们身上拥有着需要我们一辈子去纪念和发扬的精神。

习近平总书记怀念挚友路遥，回忆那个时代一位像钟子期那样的知音，一位情系延安的游子，一位有博大情怀的爱国文人。更是回忆两个人青春年少时的那份勇气、理想和到现在依然在坚守的信念。

3. 听邢仪说

著名女画家邢仪曾经有一幅名为“母亲”的油画，在当时轰动了全中国，引起了文人画家的广泛关注。画中一位白发苍苍的老人穿着厚厚的深色的棉袄，坐在大树下的石头上一直在望着远方，内心在期盼着，等待着。这幅画的原型就是路遥的养母，一个翘盼自己儿子早日回来的孤独可怜的老母亲。

其实，人的一生不管是生老病死，还是爱情、友情、亲情，都是上天早就安排好的。人的一生会遇到什么朋友，也是冥冥中注定好的。邢仪要画路遥，到后来画路遥的母亲，不是因为路遥写小说成为了名人，而是因为两个人结识多年那份深厚的友谊，很简单，这就是作家和画家之间的缘分。

邢仪，1951年生于北京，1969年到延安插队，1972年在西安美术学院上学。邢仪与路遥的妻子林达是清华附中的同班同学。在北京知青下乡插队开始时，两个人便一块到了陕北延川县的同一个生产队，后来也是前后到了西安发展。不管是在北京还是在陕北，两个人在日常里都是对方家里的常客，邢仪是林达最好的朋友，更是路遥和林达从初恋直到后来十多年家庭生活的见证人，她是一点点看着路遥与林达从爱情浓厚到形同陌路最后到离婚的。在林达的女性朋友中，邢仪是惟一一个可以这般深入长久地介入路遥与林达的家庭生活的人，没有谁像她那么了解路遥与林达的感情。

邢仪早在林达和路遥谈恋爱早期，便随着林达去过路遥的家里，认识了那位养育了一位优秀作家的母亲。路遥的养母非常的和蔼而且普通。自这之后，这位母亲的形象深深地留在了她的心里。邢仪对路遥养母的印象，也使她渐渐明白了路遥的性格和人品是如何养成的。如果非要谈一谈邢仪对路遥的印象，其实她更多的还是那位普通母亲给她的感受。在邢仪心里，这位伟大而又平凡的母亲带给自己的感触能更好地代表自己的感受。

1992年11月17日，路遥永远的离开了他最亲爱的朋友们，所有的朋友都沉浸在深深的悲痛与不舍当中。邢仪当时的内心是万分的难过，然而她内心更多的是担心着还在陕北的路遥老母亲。1996年，路遥逝世四周年，早已回到北京的邢仪与丈夫带着儿子重返陕北时，特意奔往路遥老家看望老人。路遥的家乡没有太大的变化，山川依旧，只是抵不过物是人非的凄凉。儿子英年早逝，儿媳离去，老伴也早在十年前去世了，陪伴这位老人的只有夜晚的灯火和那不曾改变的夕阳，空荡荡的窑洞里无处不在透露出孤寂。

此次陕北之行，老人那种孤寂的形象更是深深地印在了邢仪的脑海里，那种晚年孤独，白发人送黑发人的悲痛更是给她带来了震撼。邢仪在思考着自己可以做点什么，为逝去的路遥，更为了这位养育他的可怜的老人。

回到北京后，邢仪产生了一个念头。起初，她以为自己只是不经意间的一个想法进入脑海，犹如流星般短暂的光亮后划过天际，可没想到之后这个念头和想法再也没消失过，一直盘踞在自己的心头，久久都挥之不去。

她要为这个身世悲苦、命运多舛的老人画一幅肖像，为这位相识二十余年的老人画一幅画。邢仪被自己的这个想法弄得兴奋不已，她将这个想法告诉了白描，白描与邢仪、路遥两家都是很好的朋友，而且那时邢仪要开个人画展，便和邢仪说：“既然有了这样的创作冲动，那么，你的画展里缺了这一幅作品，无疑将是巨大的遗憾，我不知道哪位画家比你更有资格去画这幅画。”在白描心里，其实他认为邢仪是再合适不过为路遥做这件事的人了。

出发去陕北路遥老家准备绘画时，邢仪就开始写了这次画画的日记。其中有一篇日记是在见到老人前的心情：

“又踏上了这片土地，又走进了这条川道，久违了这陕北的蓝天，这高原的风，阳光下黄土墚峁的景色是这样鲜亮，而背阴处的色彩又是如此柔和，陕北在粗犷的外表掩盖下，其实藏就着更多厚重的母性的本质……这是路遥早年曾走过无数遍的路，也是老人走过无数遍的路，路遥永远再不可能踏着这条路回来，老人还会守望在村头路口吗？”

那天邢仪赶往老人家正逢集市，川道里的土路上总是不断有来来往往的行人或者是坐满人的毛驴车。陪同邢仪一起的县文化馆干部冯山云突然跳下自行车，说前面毛驴车上的人好像是路遥的母亲，于是两个人便掉头追了去，果然上面坐着的是路遥的母亲。老人怀里抱着一个篮子准备去集市买东西，听见有人叫她便回头看，等看清叫她的人是邢仪时，就赶紧爬下驴车，拉着邢仪掩不住满心的激动与开心对她说：“七八天前县上就有人捎话说你要来，这阵可来了，走，回家！”

邢仪随着老人回到家中，路上老人对邢仪说，自己知道邢仪来是为她画像的。告诉她，儿子去世后，隔三差五的就有些不认识的人来看她。不管是什么人，对于这些来到这个土窑洞的人，老人都怀着一种感激和亏欠的心理，老人说，她老了老了还要害人为她担心。邢仪听着这话，看着此时苍老的老人，她的心里非常不是滋味。

到了老人家里，还是那时的旧窑洞，三孔土窑，是几十年前掏的，经过了这么多年风雨的洗礼敲打早已破败不堪，窑洞外没有院墙围着，里外的泥皮已经大块大块的剥落，从未刷过漆的门窗显得更加破旧，不知道哪一年的对联已经褪了色，零零散散的残片还粘在门框上。老人觉得自己住着孤独，便找来自己一家的远房亲戚住在一孔窑洞里，好歹有个做伴的不至于那么孤单。剩下的两孔老人自己住一间，一间放东西。

邢仪在屋子里支起画架，可是内心里满满的纠结，复杂难言的感觉溢上心头。她看着老人一边说着不知道自己今天来，说不能给公家人丢脸，一边把一件蓝上衣穿上，看着那没有梳理好的满头苍灰的头发，看着那有些浮肿的脸，邢仪非常难受，内心里为这个孤单可怜却善良的老人感叹命运的不公。邢仪一直没有整理好的自己的心情，不知道如何下笔去更好地把这位老人的善良表现出来。

两天过去了，更多的是深深的回忆袭上心头：

“记得1975年大年初二，我和吴伯梅来这里过年，路遥、林达和我们坐在炕上玩扑克，老人忙前忙后，为我们摆了一炕席的吃食，满窑都是我们四个人的笑闹声，那时这个家里多有生气、多开心啊……”

想着往日大家一起的欢声笑语，如今却看着老人自己无依无靠的生活着，邢仪的心里越来越难受，不知道此次能否完成画作。最后邢仪在一个黄昏日找到了自己的灵感，她出了窑洞看见老人正一个人静静地坐在那棵槐树下，面向村口的大路，神情中透露出强烈的期望，周边的背景让老人显得更加孤寂。邢仪看着坐在石头上的老人，内心非常感动，不禁湿了眼眶。老人到底在看什么呢？是盼望着自己的儿子的身影可以从村口出现吗，可是儿子早已不在了。也许老人也不知道自己在期盼什么，等待什么，但是依然专注地望着村口……据说这位老人连儿子最后的一面都没有见到，连悼念会都没能参加，这对于这位老人是多么残忍的事情。

邢仪画好后就要离开陕北回北京，可是她心里非常挂念着这位被命运捉弄的沧桑的善良的老人。也许，邢仪对于路遥很多话是放在心里，也许邢仪与路遥、林达那么多回忆只能放在心里，不用邢仪过多地去说什么，邢仪的一幅《母亲》已经把要说的完全地表达出来，已经把自己对路遥的深深的思念完全的表达出来了。邢仪帮助路遥让世人知道而且记住这位伟大而又平凡的母亲。

这位普通老人只能永远背依着那棵老槐树，永远无望地守望着。在她75岁的生命岁月里，最牵肠挂肚的只有一人，那就是她的儿子——路遥。

4. 与厚夫的忘年交

厚夫说过这样一句话："因路遥坚定'文学梦'！"在他的心里，路遥亦师亦友！

路遥年长厚夫16岁，他和厚夫的外公是真正意义上的忘年交，厚夫的外公在生前经常反复念叨他，路遥那时对厚夫很好，很大一部分是外公的原因。路遥对于厚夫来说，既算是自己的文学启蒙老师，更是自己一生挚爱的忘年交。据厚夫自己说："路遥是我的文学前辈，我是路遥的追随者，我们都是延川人。我少年梦的形成，人生的展开与飞翔，均与路遥、谷溪、闻频、陶正、史铁生等人的文学引导分不开。"

同为延川人的厚夫，从小就受到了路遥和北京知青的影响。

"文化大革命"期间，延川地区接纳了两千多名北京知青。1971年，厚夫在当地的禹居小学上学，学校里有好几位从北京来的知青为他们上课。由于北京知青长期在这里教学上课，那时村子里的孩子都可以用标准的普通话朗读一些小诗歌、小短文之类的。那些知青深深地影响着他们，孩子们从小就养成了刷牙、讲卫生的习惯。

那时的路遥，正在延川投入较大的心血进行创作。因为和这些知青志同道合，所以路遥和他们走得很近，从这些来自北京的青年中感受不一样的生活状态和信念理想。厚夫看着激情澎湃的路遥和有远大志向的北京知青们在文学创作的道路上努力奋斗的身影，渐渐地坚定了自己的“文学梦”。

路遥的中学时光是在延川县中学度过的，和厚夫其实是校友。在延川县中学老师的眼里，路遥就是他们的骄傲，路遥的每一篇故事，每一个荣誉，老师们都可以很清楚也很自豪地说出来。1981年，路遥的中篇小说《惊心动魄的一幕》获得了全国“首届优秀中篇小说奖”，延川县中学的老师非常兴奋，总是跟别人这样夸路遥：“我们路遥就在这孔窑洞里住过！”、“我们路遥的小说获奖了！”……所有的老师都用这种自豪而又亲切的口吻说着“我们路遥”。

这种称呼是多大的一种荣耀，厚夫那时听着老师用这种语气称呼着，内心就觉得当作家真好。这是他中学时代对文学最简单朴素的理解和认知。从那以后，厚夫的心里就渐渐地崇拜起了路遥，他用自己的心去感受路遥的文学作品，也有了文学创作的冲动，更有了成为路遥一样的作家的向往。

据厚夫回忆那时候对路遥满腔热情的喜爱时曾写到过：

“中学时期，我经常与三五位同学相约，到县中的后山上，进行所谓的精神会餐；曾记得，电影《人生》在延川拍摄时，我骑几十里路单车，去看高加林和刘巧珍“谈恋爱”；曾记得，在京求学时，我跑遍了大半个京城才买到刊登《平凡的世界》第一部的《花城》杂志；曾记得，1989 年春，已经辗转到西安求学的我，第一次与延川籍的几位文友跑到文学讲座会上找路遥；曾记得，1989 年深秋，我把路遥请到学院作文学讲座，使一千多名师生目睹了他的风采；曾记得，1990 年夏，路遥专门写信推荐我，包括我到延大任教也与他不无关系；曾记得，1992 年路遥病重后，我先后两次跑到医院去探视……”

其实，厚夫和路遥这两代作家的气质是一脉相承的。在某种意义上说，厚夫心存路遥这么一个在文学史上的勇士，向他学习，尊敬他，追随他。长期以来，厚夫一直坚持着学术研究和文学创作兼顾的创作习惯，用厚夫的话说，这样使得在创作过程中他可以很好地在理性与感性之间找到平衡点。这种创作方式的思维理念，为他后来创作出《路遥传》奠定了很好的方向基础。

创作《路遥传》这个想法，厚夫是在2002年路遥逝世十周年纪念大会上产生的。那时厚夫在大会上发言，郑重地提出了渴望具有学术品格的《路遥传》的设想。这篇发言稿在后来整理成了《路遥研究述评》公开发表，再后来被国内众多的研究路遥生平的书籍多次转载发表。看着自己的想法被广大文学爱好者认同，厚夫当时就暗暗下定决心，他要自己撰写一本介乎于文学性和学术性的《路遥传》，以此来纪念缅怀自己的好友，让这个时代的人更好地记住路遥，记住这个讲述平凡世界的不平凡的作家。

2007年的夏末秋初时节，厚夫受到了学校的委托，希望他可以筹建并建成一所国内第一个可以用来纪念、研究与文学交流的“路遥文学馆”。这个任务对于当时下定决心撰写《路遥传》提供了很好的收集资料的机会。厚夫两份工作同时进行，在当时时间紧、任务重的情况下，厚夫只用了短短两个月时间就高质量地完成了路遥文学馆的资料征集、馆舍设计、装修乃至布展等工作，为日后撰写《路遥传》做了充足的准备。

厚夫在回忆这一段筹建文学馆的日子时，曾有过这样一段清楚的记忆：

我清楚地记得，2007年9月18日是文学馆完成布展的日子。那天晚上，连日劳累的我倒头就睡，鼾声不断。那晚，我做了一晚上梦，梦见路遥一直跟我说话，梦见他还像生前一样鼓励我。第二天早晨醒来后，我头像炸裂一般疼痛。我赶紧打电话给研究生，让他以最快的速度去花店买一束黄花与一束红花，让他把黄花直接献到路遥墓，并告诉路遥这是我让送去的。我则把那束红花献到文学馆的序厅，给路遥毕恭毕敬地鞠了三个躬，大声地说：“路遥老师，我终于把文学馆建成了。还是用您当年最爱引用的托马斯·曼的话来说：‘终于完成了，它可能不好，但是完成了。只要能完成，它也就是好的。’不管怎样，文学馆终于建成了，就请您包容与谅解吧！……”我把这番话说完，头也不痛了，精神也特别好。从此，我再也没有梦见过路遥。看起来，身在天堂的路遥听到我的话了！

2007年11月17日，这一天也就是路遥逝世十五周年的祭日，路遥文学馆正式开馆。当时路遥的女儿专门发来名为《瞭望父亲精神的一面窗口——写在路遥文学纪念馆开馆之际》的感谢信，路遥文学馆馆名由著名作家王蒙先生题写。路遥文学馆的建成开馆，对于逝世的路遥是一种安慰，对于怀念他的人是一种念想和感动，对于后来的文学创作者更是一种鼓励和教导。

自2002年那个决心坚定之后，在厚夫心里撰写《路遥传》是一份神圣而又艰巨的责任使命，经过长期的资料准备，2010年的寒假，距离路遥逝世十八年，厚夫正式启动了撰写这本书的工程。那时为了体会路遥创作时的艰辛，厚夫在创作《路遥传》过程中，也采用了非常耗时的手写方式。当整本书写完后，手写稿堆了厚厚的一摞。厚夫说：“撰写《路遥传》的过程，也是我深入学习与研究路遥的过程。我是以路遥为榜样，坚持打完‘一个人的战争’。”

在厚夫看来，他“十年磨一剑”写下的《路遥传》，是怀着一颗报恩的心。在他撰写的《路遥传》的序言中，最后说了这样一段话：“作为深受路遥影响的作者，我有责任也有义务做好路遥人生与精神的解读工作，给社会提供更多‘向上与向善的正能量’。惟其如此，我才能对得起自己的不懈追求！这就是我与路遥的故事。”厚夫耗费大量的心血创作的《路遥传》似乎是在向世人传递，尽管路遥和他延川两代作家在创作环境上不一样，但陕北文化中的品质是一脉相承的。

在现在很多文学创作者看来，厚夫是研究路遥的权威。殊不知，在这份权威背后包含了厚夫与路遥多少的故事。路遥对厚夫的鼓励对他坚定文学梦产生了巨大影响，而厚夫在这文学创作道路上一直深深怀念与敬仰着自己的忘年交。这份权威承载的是厚夫与路遥深厚的友谊，以及厚夫对路遥沉重的怀念与感激。

5. 路遥与海波

人生一辈子最幸福的事情，莫过于知己一两个，把酒欢笑，畅谈人生，畅谈理想。放下一切的顾虑和伪装，互相敞开心扉诉说惆怅，互相鼓励，共同进步。路遥的一生的快乐一大部分就是就是由众多的好朋友簇拥而起的，而对于路遥的朋友来说，路遥更像是自己的精神慰藉。

路遥与海波是长达三十年的好朋友，他们相识于1963年，那年路遥14岁，海波11岁。这个年龄正是小男孩玩在一起的时候，可以说两个人是从小玩到大。那时候路遥与海波都在延川县城关小学读书，一个六年级，一个五年级。再后来两个人先后考上了延川县中学，路遥是六六届，海波是六七届。二人从小到大就像是师兄师弟的关系。海波与路遥那时候都非常热爱文学，因此两个人经常在一起研读文学作品，二人的关系也比与其他小伙伴的关系近得多。据海波回忆说，从认识路遥那天起，交往从没有中断过，一直到他不幸早逝。在海波心里，路遥是自己一生中最重要的朋友。

路遥在少年时代就是一个要强的人，在精神和知识匮乏的年代里，在延川中心小学里最有话语权的当然是那些经常看电影的干部子女。那时一毛钱一张的电影票对于一个农民来说那就是相当于一天的收入，而普通干部的月薪就有大约30元。但是路遥有他自己取胜的办法，他经常和海波两个人去县城中心的新华书店和阅览室翻阅最新的报纸杂志，两个人都没有钱去买，他们就用笔抄，就这样两个人也慢慢地在读书吸取新的知识的道路上结下了深厚的革命友谊。

渐渐地，由于路遥和海波具有丰富的知识，两个人不仅受到了老师的刮目相看，更多学生的家长也鼓励自己的孩子与路遥和海波做朋友。在这段“好强争胜”的日子里，路遥和海波并肩作战，互相鼓励，互相监督，这种深厚的情谊在此后两人成长的道路上也越来越坚固。

路遥在生前经常与海波通信，在《路遥全集》收录的书信中，差不多有二分之一都是写给海波的。在他们两个人眼中，对方就像是自己精神的食粮，只有彼此才能通达自己内心深处的渴望和向往。

在海波心里，路遥不仅仅是自己深爱的挚友，更是自己在人生、工作道路上的贵人，海波永远都记在心里，怀念着。在路遥心里，海波更是自己在人生道路上的榜样，也是从普通农民转为真正的作家的另一个自己。

路遥曾经为海波的小说《农民的儿子》写过一篇序，到现在海波依然把它放在自己的博客里，深深地怀念和感谢这位挚友。在这篇序中，路遥写过这样一段话：

“正如小说的篇名那样，海波是个真正的农民儿子。他的小说散发着一股土腥味，读他的小说，就像在读生活本身。他对土地有着一种近似偏执而狂热的激情，这同时构成了他作品的非凡和不足。是的，一个人的财富也可能就是他的负担。”

在路遥眼里，海波是着实的顽强的，他从来不听从命运的摆布，拼搏出一片天地。海波内心对于实现理想的渴望是那样的热烈，那样坚持不懈地追求和努力。

2010年，海波在自己的博客上发表了一部中长篇纪实文学，名字为《我所认识的路遥》，以此来讲述自己眼中的路遥。这本书分上、中、下三部分，其中中部名称为“兄弟情深”，记录了海波与路遥长达三十年的交往和友谊。

在这本回忆录中，海波用了大量的篇幅来回忆自己与路遥之间的故事。在海波挫折不断、坎坷不断的人生旅途中，路遥曾经多次给予他卓有成效的帮助和鼓励。1976年，路遥帮助海波摆脱“文革”影响当上了公社中学的民办教师，使他结束了面朝黄土背朝天在土地里刨吃喝的艰难岁月，改变了海波的生活状态，这一次就是他人生路上的转折点。1984年，路遥又介绍海波到青海省文化厅《现代人》编辑部工作，这一次在路遥的帮助下海波真正地过上了大都市的生活。

以海波自己的话说，路遥在创作上对他产生了很大的影响，并给予了他不少的帮助。那时候，通过路遥，海波认识了一大批文化人，让他的视野也随之扩大了。在路遥的影响下，海波在那个年代结识了许许多多优秀的北京知青，在他们身上学到了许多新的理念和知识。路遥在上大学之前在延川县文艺宣传队当创作员，那里时常聚集一大批的文艺创作者，大家坐在一起交流思想和自己的一些感悟。海波作为路遥的朋友，时不时的也能参加他们的聚会，在这种文人交流会上，海波总是认真听着他人的想法，认真思考，从中学习了不少东西。

由于两人年纪相仿，又是从小玩到大的朋友，海波其实内心对于路遥的成功充满着羡慕和嫉妒，路遥当时就对他说：“你应该以更大的人物为目标，成天眼睛明鑻鑻地盯着我，像个眼红‘先后’的农村女人。”海波听着这话嘴上不说什么，心里想着：我连你也赶不上，哪有本钱赶更大的人物？“打了卧虎再打跑虎”，先赶上你再说！那时候海波每天都努力向路遥看齐，一直都心存着不能被路遥甩得太远的目标。而这一切的心里想法却从来没有影响过路遥在海波心目中的地位，从没有撼动过二人的友谊，也只有从小玩耍到大的朋友才可以做到这么无所顾忌地对对方提出意见。就这样二人一起度过了三十多年的风风雨雨，拥有着坚不可摧的友谊和情感。

在这本书的最后，海波提到了这份对于路遥沉甸甸的回忆时所思所想。其实，据海波写这篇回忆录时说道，这本书他构思了好久，提笔开始写了不下十次，但都没能写下去。他说，自己就是“提着灯的瞎子”，“写不下去的原因不是因为没得写，而是能写的太多；不是对路遥不熟悉，而是对他太熟悉。”对于海波来说，他对路遥是非常的熟悉，路遥一直都非常关心他。这也是海波写这本书的原因，更多的是怀着一种感激的情感去回忆自己和路遥从年少直到路遥逝世发生的点点滴滴。

其实，不管这本《我所认识的路遥》有没有把海波与路遥的故事写完，有没有把海波对路遥的深深的思念表达彻底，这些都不重要。在现在看来，这本书已经将海波与路遥的深厚感情完全地展现给了我们，那是一种令人羡慕的深厚友谊，一方面，对于海波来说，我不因你比我强而仇恨你，反而会努力向你学习，追随你；另一方面，对于路遥来说，我不会因为你一直以我为目标，一心想要超越我而不和你往来，反而是帮助你，让你更快地进步。这才是真正的志同道合的好朋友。

路遥这辈子是幸福和欣慰的，因为有着深爱的挚友深深地怀念着自己。海波也是幸福的，这一辈子永远无法忘记，永远无法磨灭自己精神上的朋友带给自己的影响。虽然路遥已经离开，但是在海波心里，路遥是与他同在的，路遥依然是他的不竭动力和永远追随的目标，更是他用一生去怀念和记忆的亲人。

6. 他的早晨从中午开始

在路遥的《平凡的世界》的创作随笔中，有这样一篇文章《早晨从中午开始》。文章中真实而细腻地描写了在创作《平凡的世界》时的生活习惯和精神状态，而这也成为很多文人的心声。

在路遥创作的日子里，似乎并没有几个真正意义上的早晨，因为他的早晨都是从中午才开始的。一般情况下，他在凌晨两点到三点左右才会进入睡眠，更有甚者，有时直到四点或者五点才能进入睡眠，“海棠花一夜未眠”的现象也是家常小事。对于这个习惯，路遥自己很是释然，他知道自己这个习惯不好，也曾下过决心要改正，但都没有成功，长此以往，他也就不再耿耿于怀，既然不能改变，那就索性顺从，愈加放肆了，他常常对自己的朋友说，“这是积习难改”，自己也就放任自流了。

对于路遥来说，午饭前的一小时是非常紧张与忙乱的。首先，他要接连抽上三到五支香烟。对于工作状态的路遥来说，每天的正常量是两包烟，有时候抽得口腔和舌头都失去知觉，根本尝不到烟味是什么样的，只觉得这个嘴里都是苦的、麻的。有时候忙着思考或者写作，根本抽不出时间抽烟，即使这样，手里燃烧的烟卷也没有中断过。对于路遥来说，一觉之后的那几支烟简直是赛过神仙一般的享受。

过瘾地抽过几支烟之后，路遥才会去洗脸，紧接着泡上一杯浓郁的咖啡当做早餐，以此来证明自己的早晨和别人的早晨没有什么不同，至此，他才算彻底从昨夜的睡眠中清醒过来。简单的吃过一点“早餐”之后，路遥就正式地投入了一天的工作之中，他几乎是没有任何过渡行动的，立刻就扑到写作的桌子上。有意思的是，土生土长的路遥却和洋气的西方人有着一个相同生活习惯，那就是从来不睡午觉。他甚至对这种睡午觉的习惯感到十分费劲与滑稽，每每想到白天里正是日上中天的时候，中国十几亿公民却在这一时间沉浸在自己香甜的梦乡的时候，他都会感到一种莫名的荒诞之感。但是这又是中国几千年来的传统民族习性，也算是“积习难改”的一类，跟自己不睡午觉是一样的，想到这里，他就有些释怀了。

午后对路遥来说是一天中最佳的工作时间，整个下午他都专心致志地投入在创作中，除了上厕所等必要的事情，整个下午他都是头也不抬地端坐在桌前。一直到吃晚饭，他还念念不忘地沉浸在午后的工作状态中。晚饭过后，他会有一到两个小时的休闲时间，看看中央电视台的新闻联播，读读当天的报纸杂志，跟到访的朋友们谈谈自己的思想和趣事，这是路遥在一天中最为休闲和自由的时光。

当夜晚降临，人们再一次进入甜蜜的睡梦当中的时候，他的思绪再一次活跃起来，进入到一天工作的第二高峰。如果当天有没有完成的写作任务，他就会像小学生一样补上没有完成的“作业”，然后进入到阅读时间，通常情况下，路遥会在同一时间交替阅读很多本书籍，一本读腻了就换下一本，下一本读腻了回头接着读这本，这对他来说是人生的一大趣事。

在夜深人静的时候，他也会为明天的工作内容做一些规划或者对全书杂七杂八的各种问题做解释与说明，并且会将自己的思路想法随手记在纸上或者笔记本上，以便于日后想起来的时候方便查询。很多时候，他的思绪并不全是集中在作品上的，他会脱离开作品，脱离开眼前的现实，穿过黑暗寂静的夜晚，穿过绵绵无尽的时间，漫无目的地流向四面八方，自由，且随意。路遥说，人睡前一定是要读书的，这是世界上最好的安眠药，读到睡着后书自动从手中脱落，这便是最好的结果。

直到第二天中午醒来，新的一天又开始了，如此周而复始，他在《平凡的世界》的创作过程中几乎都是这样的节奏，他的早晨都是从中午开始的。对于路遥来说，中午写作不仅是一种生活习惯，也是一种生活象征，当生命进入到正午的时候，工作却要求他像早晨的太阳一般将青春与朝气全部投入其中。

然而，小说《人生》发表之后，他这种早晨从中午开始的生活习惯完全被打破了，众多的信件从四面八方蜂拥而来，这使路遥不得不加班赶看，回复这些信件，更有很多陌生的崇拜者登门拜访，跟他切磋讨论各种问题，还有很多剧团电视台制片厂要求改编作品，总之电话电报连连不断，常常在半夜三更将他从沉寂的思绪中惊醒。为此，路遥曾苦恼过很长时间，虽然人们都羡慕他的风光，但对他自己而言，他恨不得在地上找一条缝赶快钻进去，好讨得清闲。

对他而言，尽管创作的过程无比艰辛，创作的结果无比荣耀，尽管创作的初衷是为了功成名就，但是，比成功更大的幸福与享受是创作的过程，而不是结果。他清楚地知道，他不能长久地沉浸在这张被荣耀和鲜花编织的罗网里，他必须重新投入到一种新的沉重的劳动中去，因为，只有劳动才会让人感到充实。

当然，他也不是圣人，不食人间烟火，但几十年的饥寒、贫穷、挫折和磨难已经将他打磨得稳重而内敛，他清楚地知道自己追寻的任何一个目标、任何限度的成功对他都至关重要。他会为自己牛马般的付出而得到的回报而感到欣慰与温馨，他不拒绝掌声和红毯，但是他也绝不可能在这种过分戏剧化的生活中长久生存，那只是一个不真实的梦。

也正是这种不沉溺与成就的自觉与省悟才让他能够超越自己，创造一个又一个人生的巅峰，雷达说："他就像拳击台上的拳击手，既是红方，也是黑方。”这也是他由一个平凡人成长为一个不平凡人的原因所在。

创业容易，守业难；守业容易，终业难。一个人取得一时的成就简单，取得一世的成就才最困难。因为成功的光环会掩盖奋斗的激情，让你迷失前进的方向与目标。而路遥恰恰克服了这一点，在他的人生走向巅峰的时候，他没有因此沉迷在鲜花和掌声中，而是在沉寂的黑夜中反省自己，沉淀自己，重新认识自己，这就是“夸父”给我们的启示。